E. M. CIORAN

Lehre vom Zerfall

Übertragen von Paul Celan

KLETT-COTTA

Die Originalausgabe erschien unter dem Titel
»Précis de décomposition«

Zweite Auflage, 1979

Printed in Germany
Umschlaggestaltung: Heinz Edelmann
Druck: Gutmann & Co., Heilbronn
ISBN 3-12-901861-1

LEHRE VOM ZERFALL

»I'll join with black despair against my soul
And to myself become an enemy.«

(Richard III.)

Genealogie des Fanatismus

Ideen als solche sind neutral — oder sollten es zumindest sein. Aber der Mensch haucht ihnen seinen Atem ein, entfacht sie mit seiner Glut und seinem Wahn; unrein, in Glaubenssätze verwandelt, schalten sie sich nun in die Zeit ein, werden Ereignis: der Schritt von der Logik zur Epilepsie ist getan ... Es entstehen Ideologien, Doktrinen, blutiges Possenspiel.
Götzendiener aus Instinkt, münzen wir Erträumtes und Ersehntes in Unbedingtheiten um. Die Geschichte ist nur ein Nacheinander falscher Verabsolutierungen, eine lange Reihe von Tempeln, die Scheinbarem zu Ehren errichtet wurden, sie ist das Sicherniedrigen des Geistes vor dem Unwahrscheinlichen. Selbst wenn er von ihr abrückt, bleibt der Mensch im Banne der Religion, reibt er seine Kräfte auf im Ersinnen von Trugbildern, die er fieberhaft zu Göttern erhebt: sein Fiktions- und Mythenhunger trägt den Sieg über das Augenfällige und die Lächerlichkeit seines Tuns davon. Daß er der Anbetung fähig ist, trägt die Schuld an sämtlichen Verbrechen, die er begeht: wer einen Gott über Gebühr liebt, zwingt auch die andern zu dieser Liebe, ist entschlossen, sie auszurotten, falls sie sich weigern sollten. Keine Unduldsamkeit, keine ideologische Intransigenz, kein Bekehrungseifer, in denen die jeder Begeisterung zugrunde liegende Bestialität sich nicht kundtäte. Der Mensch gehe seiner Fähigkeit, gleichgültig zu sein, verlustig: virtuell ist er bereits ein Mörder. Er vergotte *seine* Idee: die Folgen davon sind unabsehbar. Nur im Namen eines Gottes oder einer seiner Nachbildungen wird getötet: Exzesse im Namen einer Nation, Rasse oder Klasse sind nah verwandt mit denen der Inquisitions- und Reformationszeit. Zeitalter des Glaubenseifers zeichnen sich durch Blutgier aus: die heilige Therese konnte nur eine Zeitgenossin der Autodafés, Luther nur ein Zeitgenosse der Bauerngemetzel sein. In Zeiten mystischer Exaltation hält das Gestöhn der Opfer dem Aufschrei der Verzückten die Waage ... Galgen, Kerker, Bagnos: sie gedeihen nur im Schatten eines Glaubens, im Schutze jenes Glauben-Müssens, das den Geist für alle Ewigkeit verseucht hat. Neben demjenigen, der über *seine* Wahrheit *verfügt,* ist der Teu-

fel eine recht blasse Erscheinung. Wir sind ungerecht gegen einen Nero oder Tiberius: sie haben nicht den Begriff der Ketzerei geprägt; sie waren nur entartete Träumer, die sich durch den Anblick von Massakern zu zerstreuen suchten. Die wahren Verbrecher sind diejenigen, die eine religiöse oder politische Orthodoxie stiften, diejenigen, die zwischen Rechtgläubigen und Schismatikern unterscheiden.

Wird die Auswechselbarkeit der Ideen untereinander bestritten, so beginnt Blut zu fließen. Wo Entschlüsse gefaßt werden, ragen Dolche; glühende Blicke künden Mord. Zaudernde, »von des Gedankens Blässe angekränkelte« Gemüter sind noch niemals verderblich gewesen: das Prinzip des Bösen beruht auf Willensspannung, auf Ruhelosigkeit, auf dem prometheischen Größenwahn eines von Idealen und Überzeugungen strotzenden Geschlechts, das sich darin gefällt, Faulheit und Zweifel – Laster, die edler sind als seine sämtlichen Tugenden – mit Spott und Hohn zu überschütten, und das damit einen Weg ins Verderben einschlägt, in die Geschichte, in jenes ekle Gemisch von Banalität und Apokalypse ... Hier, in der Geschichte, gibt es Gewißheiten in Hülle und Fülle: man räume mit ihnen auf, man räume namentlich mit allem auf, was aus ihnen folgt, – und man wird das Paradies neu erstehen sehen. Was ist der Sündenfall denn weiter als die Jagd nach einer Wahrheit, als die Gewißheit, sie erreicht zu haben, als die Gier nach Dogmen, in denen man seßhaft wird? So entsteht der Fanatismus, jener Kapitalfehler, der den Menschen Geschmack finden läßt an Tatkraft, Prophetentum und Terror; so bildet sich jener Begeisterungsaussatz, mit dem der Mensch die Seelen verseucht, sie unterwirft, aufreibt und verzückt ... Nur die Skeptiker, die Müßiggänger und die Ästheten entgehen ihm, weil sie nichts *anbieten,* weil sie – wahre Wohltäter der Menschheit – die vorgefaßten Meinungen der Fanatiker zerstören, weil sie deren Wahn analysieren. In der Nähe eines Pyrrhon fühle ich mich geborgener als in der Nähe eines Paulus: wortspielerische Weisheit ist sanfter als entfesselte Heiligkeit. In einem eifernden Geist erkennt man – getarnt – das Raubtier wieder; vor den Klauen eines Propheten kann man sich nie genug in acht nehmen ... Hörst du ihn im Namen des Himmels, des Gemeinwohls oder unter irgendwelchen andern Vorwänden die Stimme erheben, so meide ihn: ein Vampir deiner Einsamkeit, verzeiht er dir nicht, daß du *diesseits* seiner Wahrheiten und Gefühlswallungen lebst. Seine Hysterie, seine Habe: er will sie mit dir teilen, sie dir aufzwingen, er will dich entstellen. Denn ein vom Glauben Besessener, der nicht danach trachtete, diesen Glauben seinen Mitmenschen mitzuteilen, wäre ein fremdartiges Phänomen auf dieser Erde, auf der man vor lauter Heilswahn nicht mehr atmen kann. Wohin man sich wendet: überall Larven, die predigen; jede Institution erfüllt eine Sendung; jedes Gemeindehaus besitzt sein Absolutes, wie jede Kirche; die Verwaltung hat ihre Ordensregeln –: Metaphysik für Affen ... Ein jeder will der Not eines jeden abhelfen, selbst Bettler und unheilbare Kranke wollen es: auf dem Pflaster der Welt und in den Hospitälern wimmelt es von Reformatoren. Bei jedem einzelnen wirkt das Verlangen, Ursache von *Ereignissen* zu sein, wie eine geistige Störung, wie ein selbstgewollter Fluch. Die Gesellschaft: eine Hölle voller Erlöser! Einen Gleichgültigen – das war es, was Diogenes mit seiner Laterne suchte ...

Ich brauche nur zu hören, wie jemand mit Überzeugung von Idealen, Zukunft, Philosophie spricht, wie er voller Selbstbewußtsein »wir« sagt und sich auf die »anderen«, für deren Wortführer er sich hält, beruft –, um ihn als meinen Feind anzusehen. Ich erkenne in ihm den verfehlten Tyrannen, den verhinderten Henker – nicht minder hassenswert als Tyrannen und Henker von Format. Denn jeder Glaube übt eine Art Terror aus, und dieser Terror ist um so gefährlicher, als »Idealisten« ihn in die Wege leiten. Man hegt Mißtrauen gegen den Schlaukopf, den Spitzbuben, den Possenreißer –, und dennoch kann ihnen keine einzige der großen Konvulsionen der Geschichte zur Last gelegt werden. Sie glauben an nichts und stöbern daher nicht in unseren Herzen, wühlen nicht in unseren verborgensten Gedanken; sie überlassen uns unserer Nachlässigkeit, unserer Verzweiflung, unserem nutzlosen Sein. Die Menschheit verdankt ihnen die seltenen Augenblicke wahren Gedeihens: immer wieder waren sie die Retter der von Fanatikern gequälten und von »Idealisten« zugrunde gerichteten Völker. Doktrinen sind nicht ihre Sache, sie haben nur Launen und Neigungen, anpassungsfähige Laster – tausendmal erträglicher als die vom prinzipientreuen Despotismus angerichteten Verheerungen. Denn alles Übel des Lebens entspringt einer »Lebensanschauung«. Ein vollendeter Politiker täte gut daran, die Sophisten der Antike zu studieren und sich Unterricht erteilen zu lassen in Gesang ... und Korruption.

Der Fanatiker nämlich ist unbestechlich: er tötet um einer Idee willen, aber ebenso gern erleidet er um ihretwillen auch den Tod; in beiden Fällen, ob Tyrann oder Märtyrer, ist er ein Ungeheuer. Kein Mensch ist so gefährlich wie derjenige, der für einen Glauben gelitten hat: die großen Menschheitsverfolger gehen aus den Reihen der nicht geköpften Märtyrer hervor. Machthunger wird durch Leiden nicht gestillt, sondern gesteigert. Der Geist fühlt sich deshalb in der Gesellschaft eines Prahlers wohler als in der eines Glaubenshelden, und nichts widert ihn so an wie der Anblick desjenigen, der um einer Idee willen den Tod erleidet. Er hat es satt, all dem Erhabenen und all den Blutbädern zuzusehen; er träumt von einer Langenweile *in kosmischem Maßstab*, von einer Geschichte, die dermaßen stagniert, daß der leiseste Zweifel sich bereits als Ereignis, die leiseste Hoffnung sich als schweres Mißgeschick von ihr abzeichnet.

Der Antiprophet

In jedem Menschen schlummert ein Prophet: erwacht er, so gibt es ein klein wenig mehr des Übels in der Welt ...

Der Predigerwahn sitzt tief in unserem Innern, er muß aus Tiefen emportauchen, die selbst dem Selbsterhaltungstrieb verborgen bleiben. Jedermann erwartet den Augenblick, da *er* etwas anpreist – gleichviel was. Er hat eine Stimme, das genügt. Es kommt uns teuer zu stehen, daß wir weder taub noch stumm sind ...

Von den Straßenkehrern bis zu den Snobs – alle sind sie freigebig mit ihrer verbrecherischen Großmut, alle verteilen sie Rezepte des Glücks, alle wollen sie die Schritte aller lenken: das Leben in der Gemeinschaft wird unerträglich, noch unerträglicher jedoch das Leben mit sich selber: man braucht sich um die Angelegenheiten der anderen gar nicht zu kümmern, man ist um die eigenen derart besorgt, daß man entweder sein »Ich« in eine Religion umwandelt oder – ein Gegenapostel gleichsam – es verneint. Wir alle sind Opfer des Universalspiels ...

Der Fülle der Lösungen, die sich den Anschein des Daseins geben, hält ihre Belanglosigkeit die Waage. Die Geschichte: Massenmanufaktur von Idealen, überspannte Mythologie, Raserei der Horden und der Einsamen, Weigerung, die Wirklichkeit als das anzusehen, was sie ist; tödliche Fiktionsgier ...

Unser Tatendrang entspringt dem unbewußten Hang, uns für Mittelpunkt, Ursache und Endziel der Zeit zu halten. Unsere Reflexe und unsere Dünkelhaftigkeit dehnen die Handbreit Fleisch und Bewußtsein, die wir sind, zu einem Weltkörper aus. Wären wir uns über unsere Stellung im All im klaren, wäre *vergleichen* untrennbar von *leben* –, das Offenbarwerden unserer Winzigkeit würde uns niederschmettern. Aber leben heißt blind sein gegenüber seinen eigenen Dimensionen ...

Alle unsere Handlungen – von der Atmung bis zur Gründung von Weltreichen und metaphysischen Systemen – entstammen der Illusion, der wir uns in bezug auf unsere Bedeutung hingeben –, um wieviel mehr entstammt ihr unser Prophetentrieb! Wer würde, wenn er seine eigene Nichtigkeit deutlich vor Augen hätte, noch versuchen, unter den Menschen zu wirken und sich zum Erlöser aufzuwerfen?

Sehnsucht nach einer Welt ohne »Ideale«, nach einer Agonie ohne Glaubenslehre, nach einer Ewigkeit ohne Leben ... Das Paradies ... Indes, wir könnten auch nicht eine Sekunde lang existieren, ohne uns etwas vorzuspiegeln: der Prophet in unserem Innern ist das Körnchen Torheit, dem wir unser Gedeihen inmitten unserer Leere verdanken.

Der vollkommen klarsichtige Mensch, der in idealer Weise *normale* Mensch also, dürfte außerhalb des *Nichts* in seinem Innern nirgends eine Zuflucht suchen. Ich stelle mir vor, wie er sagt: »Vom Ziel, von sämtlichen Zielen losgerissen, bewahre ich von meinen Begierden und Bitterkeiten nichts als die *Formel*. Indem ich der Versuchung des Schlüsseziehens widerstand, besiegte ich den Geist, wie ich ja auch das Leben niederrang durch meinen Abscheu davor, es nach Lösungen zu durchforschen. Der Anblick

des Menschen: welch ein Brechmittel! Die Liebe: Begegnung zweier Speichel ... Sämtliche Gefühle schöpfen ihre Unendlichkeit aus dem Elend der Drüsen. Adel gibt es allein in der Verneinung des Daseins, in einem Lächeln, das über ausgelöschten Landschaften lagert.
Früher besaß ich ein ›Ich‹, jetzt bin ich bloß ein Gegenstand ... Mit sämtlichen Drogen der Einsamkeit mäste ich mich: die der Welt waren nicht stark genug, um mich die Welt vergessen zu lassen. Ich habe den Propheten in mir umgebracht – wie sollte ich jetzt noch einen Platz unter den Menschen haben?«

Auf dem Friedhof der Definitionen

»Alles ist gegenstandslos für mich, denn ich habe die Gesamtheit der Dinge definiert« –: dürfen wir uns einen Geist vorstellen, der dies ausriefe? Und gelingt uns dies – wie ordnen wir ihn dann ins Zeitgeschehen ein?
Um so leichter ertragen wir das, was uns umgibt, als wir es mit einem Namen versehen und ... es dabei bewenden lassen. Aber einen Gegenstand mittels einer Definition erfassen, so willkürlich diese auch sein mag – und je willkürlicher sie ist, um so bedenklicher wird sie sein, weil dann nämlich die Seele der Erkenntnis vorauseilt – hieße diesen Gegenstand schal und überflüssig machen, hieße ihn vernichten. Der untätige, müßiggängerische Geist, der nur im Schlafe eins mit der Welt wird –, worin sollte er sich denn üben, wenn nicht darin, die Namen der Dinge auszuweiten, die Dinge selber aber leerzuschöpfen und durch bloße Formeln zu ersetzen? Sodann schreitet er über ihren Schutt dahin: keine Sinneseindrücke mehr, nichts als Erinnerungen. Unter jeder Formel liegt eine Leiche begraben: Geschöpfe oder Dinge, alle gehen sie an dem Trugbild zugrunde, das sie erschufen. So will es das frivole und zugleich schaurige Ausschweifen des Geistes, der sich in allem von ihm Benannten und Umschriebenen verzettelt. Er war in Wörter verliebt, er haßte die Last der Wortlosigkeiten: er nahm ihnen ihre Schwere, er reinigte sie – bis er selber leicht und rein wurde, erleichtert und gereinigt

von allem. Das Laster des Definierens hat aus ihm einen anmutigen Mörder und ein unauffälliges Opfer gemacht.
So wurde der Makel ausgelöscht, den die Seele über den Geist gebreitet hatte und vermöge dessen dieser sich auf sein Lebendigsein besinnen konnte.

Kultur und Frivolität

Die Gewichtigkeit und elementare Tiefe der Werke und Meisterwerke – wir ertrügen sie nicht, wenn köstlich-freche Geister sie nicht mit einem Saum subtiler Geringschätzung und Ironie versehen hätten. Wie fänden wir uns denn mit all den Gesetzen, Gepflogenheiten und Paragraphen des Herzens ab, die Trägheit und Schicklichkeit über kluge und bewegliche Laster gelagert haben, wenn es nicht diese verspielten Wesen gäbe, die – dank ihrem Raffinement – in der Gesellschaft eine Spitzen- und zugleich eine Randstellung einnehmen?
Man muß den Kulturen dankbar sein, die mit dem Ernst nicht Mißbrauch trieben, die mit den Werten spielten, die sich an ihrem Hervorbringen und Zerstören ergötzten. Gibt es außer in der griechischen und der französischen Kultur noch eine weitere, ebenso offensichtlich mutwillige Bekundung der eleganten Nichtigkeit aller Dinge? Das Zeitalter des Alkibiades und das achtzehnte Jahrhundert in Frankreich sind zwei Quellen des Trostes. Während alle anderen Kulturen erst in ihrem letzten Stadium, nach der Auflösung eines ganzen Systems von Glaubenssätzen und Gebräuchen jenem munteren Treiben Geschmack abgewinnen konnten, das dem Leben eine Würze der Nutzlosigkeit bereitet, waren diese beiden Jahrhunderte gerade im Zenit ihrer Reife angelangt, im Vollbesitz ihrer Kräfte und ihrer Zukunft sicher, als sie die bereits ebenso unbekümmerte wie für alles empfängliche Langeweile kannten. Gibt es ein besseres Symbol als das der Madame du Deffand, die – alt, blind und dennoch scharfsichtig – das Leben verflucht und zugleich die Annehmlichkeiten seiner Bitterkeit genießt?
Niemand gelangt ohne weiteres zur Frivolität. Sie ist ein Privileg und eine Kunst; sie ist die Bemühung um Oberflächlichkeit aller

jener, die Gewißheiten verabscheuen, weil sie deren Unmöglichkeit eingesehen haben. Sie ist das Forteilen von Abgründen, die, da sie naturgemäß keinen Boden haben, nirgendwohin führen können.

Indessen, es bleibt die »äußere Gestalt«: warum sollte man sie nicht zu einem *Stil* erheben? Hier liegt das Kriterium für die Vernunft einer Epoche. Man gelangt dahin, daß man dem Ausdruck mehr Reiz abgewinnt als der Seele, die ihn trägt, daß man Anmut höher wertet als Einfühlung und selbst bei Gemütsbewegungen auf »Schliff« achtet. Der sich selbst Überlassene, derjenige, der nicht auf seine Eleganz achtet, ist ein Ungeheuer: in seinem Innern gibt es nur finstere Bereiche, wo Schrecken und Verneinung drohend ihr Wesen treiben. Von allen seinen Lebenskräften darüber belehrt werden, daß man stirbt, und dies nicht verbergen können, heißt ein Barbar sein. Jede wahrhafte Philosophie verschmäht die Ehrentitel, die die Kultur zu verleihen hat, deren Tätigkeit ja nur darin besteht, unsere Geheimnisse zu sichten, um sie sodann wirkungsvoll zu verkleiden. Daher ist die Frivolität das wirksamste Gegengift gegen die Krankheit, das zu sein, was man ist: sie hilft uns, die Welt zu hintergehen und das Unschickliche unserer Abgründigkeit zu bemänteln. Ohne diese Kunstgriffe müßten wir vor Scham erröten darüber, daß wir eine Seele haben. Unsere offen zur Schau getragenen Einsamkeiten – welch eine Hölle für unsere Mitmenschen! Und doch geschieht es zumeist ihnen zuliebe und nur selten um unsertwillen, daß wir uns eine äußere Gestalt zurechtlegen ...

Aufgehen in Gott

Auf Schritt und Tritt wird der auf die Wahrung seiner Besonderheit bedachte Geist von Dingen bedroht, denen er sich versagen möchte. Seine Vorsicht – das größte Vorrecht, das er genießt – läßt ihn nicht selten im Stich, er erliegt Versuchungen, die er hatte fliehen wollen, unreine Mysterien bemächtigen sich seiner ... Wer kennt nicht jenen Taumel, jene Ängste und Schauder, die uns der Bestie näher bringen – und den letzten Dingen? Die Knie schlottern, aber beugen sich nicht, die Hände finden nicht zueinander, die Augen schauen auf, aber erschauen nichts ... Unbeugsamer Stolz stählt immer noch unsern Mut; Gebärden sind uns ein Greuel, und so sind wir vor Kundgebungen bewahrt; die Augenlider helfen uns, das lächerlich Unaussprechliche unserer Blicke zu verbergen. Wir sind nahe am Abgleiten, aber noch können wir es vermeiden; was uns jetzt zustößt, ist merkwürdig, aber keineswegs neu: am Horizont unserer Schrecken dämmert schon ein Lächeln herauf – nein, wir stolpern nicht ins Gebet hinein ... Denn *Er* darf nicht triumphieren; es ist Sache unserer Ironie, seinen großgeschriebenen Namen bloßzustellen, Sache unseres Herzens, die frommen Schauder aufzulösen, die er spendet.

Sollte es wirklich ein solches Wesen geben, sollten unsere Entschlüsse unseren Schwächen erliegen und unser Forschungsdrang unserer Abgründigkeit, so erübrigt sich alles weitere Denken, denn unsere Schwierigkeiten, Fragen und Schrecken sind ja von vornherein gelöst. Alles Absolute, mag es persönlich oder abstrakt sein, ist nur ein Mittel, die Probleme mitsamt ihren Wurzeln — die ja nichts als eine Panik unserer Sinne sind — hinwegzuzaubern.

Gott: lotrechter Sturz auf unser Entsetzen, Heilsbotschaft, die uns wie ein Donnerschlag inmitten unseres von keinerlei Hoffnungen getäuschten Suchens trifft; eindeutige Nichtigkeitserklärung unseres ungetrösteten und freiwillig untröstlichen Stolzes; Verschiebung des einzelnen auf ein Abstellgleis, Beschäftigungslosigkeit der Seele mangels Unruhe ...

Welcher Verzicht ist größer als der Glaube? Gewiß, ohne ihn gerät man in eine Unendlichkeit von Sackgassen. Aber wenn wir auch genau wissen, daß nichts zu nichts führen kann, daß das Weltall nur ein Nebenprodukt unserer Traurigkeit ist, warum sollten wir deshalb auf das Vergnügen verzichten, einen Fehltritt zu tun und uns den Kopf an Himmel und Erde einzurennen?

Die Lösungen, die unsere uralte Feigheit uns anzubieten hat, sind die schlimmste Fahnenflucht vor unserer Verpflichtung zu geistigem Anstand. Sich Täuschungen hingeben, leben und sterben als Genarrte – das ist es, was die Menschen tun. Aber es gibt eine Würde, die uns vor dem Aufgehen in Gott bewahrt und alle unsere Augenblicke in Gebete verwandelt, die niemals über unsere Lippen kommen sollen.

Variationen über den Tod

I. – Wenn wir im Leben verharren, so darum, weil es nicht die leiseste Spur eines Arguments für sich hat. Der Tod ist zu exakt; er hat alle guten Gründe auf seiner Seite. Unseren Instinkten verborgen bleibend, nimmt er vor unserer Reflexion deutliche Gestalt an, gaukelt ihr nichts vor, zeigt sich ihr ohne die trügerischen Reize des Unbekannten.
Durch das fortwährende Anhäufen nichtiger Geheimnisse und dank seinem Monopol auf alles Widersinnige gelangt das Leben dahin, größeren Schrecken einzuflößen als der Tod: nicht dieser, sondern das Leben ist das große Unbekannte.
Wohin mag soviel Leere und Unverständlichkeit wohl führen? Wir klammern uns ans Leben, denn der Wunsch zu sterben ist allzu logisch und somit unwirksam. Hätte das Leben auch nur ein einziges Argument für sich, einen einzigen unwiderlegbar deutlichen Beweis – es würde sich in Nichts auflösen: Instinkte und Vorurteile verflüchtigen sich, wenn sie der *Strenge* begegnen. Alles Atmende lebt von Unnachweisbarem; ein Mehr an Logik würde unserem zum Widervernünftigen hinstrebenden Dasein zum Verhängnis ... Man setze dem Leben ein bestimmtes Ziel: im Nu wird es seinen Anreiz verlieren. Einzig die mangelnde Exaktheit seiner Bestimmung macht es dem Tode überlegen; ein Gran Präzision, und es wäre so trivial wie die Gräber. Denn eine positive Wissenschaft vom Sinn des Lebens würde die Welt an einem einzigen Tage menschenleer machen, und kein Rasender brächte es je wieder fertig, die so ergiebige Sinnwidrigkeit der Begierde neu zu beleben.

II. – Man kann die Menschen nach den eigenwilligsten Gesichtspunkten einteilen: nach ihren Launen, ihren Neigungen, ihren Träumen, ihren Drüsen. Man wechselt Ideen wie Krawatten; denn jede Idee, jedes Kriterium kommt von außen, je nach den Konstellationen und Zufälligkeiten der Zeit. Indes, es gibt etwas, das aus uns selber kommt, das nichts anderes ist als wir selbst, eine unsichtbare, doch innerlich feststellbare Realität, eine ungewöhnliche und dennoch seit jeher vorhandene Gegenwart, die man jederzeit wahrnehmen kann und dennoch niemals einzugestehen wagt, und die erst knapp vor ihrem Vollzug aktuell wird: das ist der Tod, das einzig wahre Kriterium ... Und er, die innerste Dimension aller Lebenden, scheidet die Menschheit in zwei auf nichts Gemeinsames zurückführbare Ordnungen, entfernter voneinander als der Geier vom Maulwurf, als ein Stern von einem Speichelauswurf. Ein unüberbrückbarer Abgrund klafft zwischen dem, der um den Tod weiß, und dem, der für den Tod kein Empfinden hat. Sterben müssen sie beide: der eine, ohne sich seines Todes bewußt zu sein, der andere wissend um seinen Tod; der eine stirbt nur einen Augenblick lang, der andere hört nie auf zu sterben ... Diese gemeinsame Bestimmung macht sie zu Antipoden, schließt sie innerhalb derselben Definition, wenn auch an deren beiden Extremen, ein: die Unversöhnlichen erleiden das gleiche Geschick ... Der eine lebt, als wäre er ewig; der andere denkt seine Ewigkeit und verneint sie mit jedem seiner Gedanken.

Nichts vermag unser Leben zu verändern, es sei denn das zunehmende Eindringen von Kräften, die es aufheben. Weder die Überraschungen unseres Wachstums noch die Entfaltung unserer Gaben bringen irgendein neues Prinzip in unser Leben; beide gehören sie lediglich zu seiner Natur. Und nichts Natürliches ist imstande, uns in etwas zu verwandeln, was wir nicht bereits wären.

Alles dagegen, was den Tod vorausbildet, fügt dem Leben etwas Neues hinzu, verändert es, macht es umfangreicher. Die Gesundheit erhält das Leben als das, was es ist, in unfruchtbarer Übereinstimmung mit sich selbst. Krankheit dagegen ist eine Tätigkeit, die intensivste, die der Mensch zu entfalten vermag, eine rasend schnelle und dabei ortsfeste Bewegung, ein unerhörter Energieverbrauch ohne jede sichtbare Äußerung, ein feindseliges, leidenschaftliches Erwarten des verheerenden Blitzschlags.

III. – Die Winkelzüge der Hoffnung und die Argumente der Vernunft erweisen sich angesichts der Besessenheit durch den Todesgedanken als unwirksam: in ihrer Bedeutungslosigkeit steigern sie lediglich die Todesgier. Es gibt nur eine »Methode«, dieser

Gier Herr zu werden: sie auszukosten bis zur Neige, alle ihre Wonnen und Schrecknisse über sich ergehen zu lassen, nichts, aber auch gar nichts zu unternehmen, um ihr auszuweichen. Ein solches bis zur Übersättigung erlebtes Besessensein durch den Tod hebt sich in seinen eigenen Exzessen wieder auf. Dadurch, daß es so lange in der Unendlichkeit des Todes verweilt, gelangt unser Denken dahin, den Tod abzunutzen, erfüllt es uns zuletzt mit Ekel vor ihm, mit jenem Zuviel an Negativem, das nichts verschont und das uns, ehe es mit dem Blendwerk des Todes aufräumt, die Nichtigkeit des Lebens vor Augen führt.

Wer sich noch niemals den Wonnen der Bangigkeit hingegeben hat, wessen Gedanken die Gefahren des eigenen Verlöschens noch nicht ausgekostet haben, wer den Geschmack grausam-süßen Zunichtewerdens nicht kennt, wird niemals vom Todeswahn genesen, sondern unausgesetzt von ihm gequält werden, weil er ihm Widerstand geleistet hat. Wer sich hingegen an eine Disziplin des Schreckens gewöhnt hat und, über seine Verwesung meditierend, sich entschlossen in Asche verwandelt hat, wird auf das *Gewesensein* des Todes zurückblicken und selbst nur ein *Auferstandener von den Toten* sein, *der nicht mehr leben kann.* Seine »Methode« wird ihn vom Leben und vom Tode geheilt haben.

Jede wesentliche Erfahrung ist unheilbringend: die Schichten der Existenz sind zu dünn, und Archäologen des Herzens, die hier Grabungen unternehmen, stoßen zuletzt auf leere Unergründlichkeiten. Vergebens werden sie sich nach dem so schönen äußeren Anschein zurücksehnen.

So kommt es auch, daß die Mysterien der Antike, jene vermeintlichen Offenbarungen tiefster Geheimnisse, uns in Wahrheit keinerlei Erkenntnis hinterließen. Gewiß, die Eingeweihten waren gehalten, nichts an andere weiterzugeben. Unbegreiflich bleibt jedoch, daß kein einziger sich fand, der das Geheimnis ausplauderte; denn was wäre der menschlichen Natur entgegengesetzter als eine so hartnäckige Verschwiegenheit? Das hat seinen Grund darin, daß es überhaupt keine Geheimnisse gab; Riten gab es und fromme Schauder. Und waren die Schleier einmal gelüftet – was konnte da anderes zutage treten als inhaltlose Tiefen? Es gibt nur *eine* Einweihung: *die Einweihung in das Nichts – und in die Lächerlichkeit des Lebendigseins* ... Und ich träume von einem Eleusis der abgeklärten Herzen, von einem Mysterium ohne Götter und ohne das Ungestüm der Illusion.

Am Rande der Augenblicke

Die Unmöglichkeit zu weinen ist es, die uns den Geschmack der Dinge erhält und sie dadurch fortbestehen läßt: sie verhindert, daß wir ihnen den Saft abzapfen und dann den Rücken kehren. Unsere Augen, die auf so vielen Straßen, unter so vielen Himmelsstrichen sich weigerten, in Tränen zu zerfließen, behüteten, indem sie trocken blieben, den Gegenstand ihres Entzückens. Wie wir Gott verzetteln in unseren Verzückungen, so verzettelt unser Weinen die Natur ... Und zu guter Letzt vergeuden unsere Tränen uns selber. Denn *daß* wir überhaupt *sind,* verdanken wir einzig unserer Weigerung, den sehnlichsten unserer Wünsche freien Lauf zu lassen: nur so lange verweilen die Dinge im Bereich unserer Bewunderung, als wir sie nicht einsegnen und zu Opfern weihen durch ein feuchtes Lebewohl ...

... Und so übermannt uns Schrecken, wenn wir mit jedem neuen Tage der gleichen undurchführbaren Notwendigkeit gegenüberstehen, diesen Tag auszufüllen. Heimatlos im Licht, so als wäre die Welt soeben in ihren Grundfesten erschüttert worden, als hätte das All eben erst sein Tagesgestirn ersonnen, fliehen wir die Tränen, deren eine einzige genügen würde, um uns auszubooten aus der Zeit ...

Ausgerenkte Zeit

Bar jeglichen Inhalts und ohne auch nur den leisesten Anschein einer Bedeutung folgt ein Augenblick dem andern: sie spulen sich ab, sie nehmen einen Verlauf, der nicht der unsere ist. Befangen in stumpfen Wahrnehmungen, sehen wir ihrem Verfließen zu. Es ist die Hohlheit des Herzens vor der Leere der Zeit: ein Gegenüber zweier Spiegel, die ihr *Nichtvorhandensein,* die ein und dasselbe Bild der Nichtigkeit reflektieren. Brütende Blödigkeit, die alles einebnet: keine Gipfel mehr, keine Abgründe ... Die

Poesie der Lüge, den Stachel eines Rätsels – wo entdecken wir sie noch?

Wer die Langeweile nicht kennt, steht noch im Kindesalter der Welt, dort, wo die Äonen ihrer Geburt harren. Er bleibt ihr verschlossen, dieser ermatteten Zeit, die sich selbst überlebt, die Spott treibt mit ihren Dimensionen, die zusammenbricht an der Schwelle ihrer eigenen ... Zukunft, um die urplötzlich zur Beschwingtheit der Negation emporgelangte Materie mit in ihren Sturz zu reißen. Die Langeweile: Nachhall einer sich zerrüttenden Zeit in unserem Innern, Offenbarwerden der Leere, Versiegen jenes Wahns, der das Leben erhält oder – erfabelt ...
Als Schöpfer von Werten ist der Mensch das Wahnwesen schlechthin: ein seinem Irrglauben an ein Bestehendes Anheimgefallener. Dabei genügt es ja, daß er seinen Atem anhalte: sogleich setzt alles aus; daß er innehalte in seinem Fühlen: kein Schauder mehr weit und breit; daß er seine Launen unterdrücke: alles wird fahl. Die Wirklichkeit ist die Ausgeburt unserer Exzesse, unserer Maßlosigkeiten, unserer Entgleisungen. Eine Hemmung unseres Herzschlags: der Lauf der Welt gerät ins Stocken. Ohne unsere Glut erstarren die Räume zu Eis. Und die Zeit selber fließt nur darum dahin, weil unsere Wünsche dieses so dekorative All hervorbringen, das ein Schimmer von Klarsicht wieder entblößen könnte. Denn ein Fünkchen Scharfblick versetzt uns zurück in unseren Urzustand: die Nacktheit. Ein Anflug von Ironie reißt uns die lächerliche Tracht der Hoffnungen vom Leibe, denen wir unsere Selbsttäuschungen und Illusionen verdanken.
Die Langeweile ist nur der Anfang dieser Wanderung ... Sie läßt uns die Zeit als zu lang empfinden, denn sie ist unfähig, uns ein Ziel zu enthüllen. Losgelöst von allen Gegenständen, ohne aufnehmen zu müssen, was von außen kommt, nehmen wir nun unsere Zerstörung vor, langsam, nach und nach, denn die Zukunft hat aufgehört, ein Daseinsgrund zu sein.
In der Langenweile offenbart sich uns eine Ewigkeit, die nicht etwa ein Überschreiten, sondern ein Verfallen der Zeit ist. Es ist die Unendlichkeit der Seelen, die aus Mangel an Aberglauben verfaulten: ein flaches Absolutes, wo die Dinge sich unbehindert

im Kreise drehen – auf der Suche nach einem Ort, wo sie abstürzen könnten.

Im Wahn gefügt, geht das Leben in der Langeweile wieder auseinander.

[Wer an einem deutlich gekennzeichneten Übel leidet, darf nicht klagen: er hat eine Beschäftigung. Große Dulder langweilen sich nie: ihre Krankheit füllt sie aus, so wie Reue den Schuldbeladenen aufrecht hält. Denn jedes intensive Leiden läßt scheinbare Fülle entstehen und hält dem Bewußtsein eine furchtbare, unumgängliche Realität entgegen. Demgegenüber ist jenes Trauern in der Zeit, das wir Langeweile nennen, ein gegenstandsloses Erleiden, das dem Bewußtsein nichts zu bieten hat, was es zu fruchtbringender Tätigkeit nötigen könnte. Wie sollte man auch von einem Übel genesen können, das keinen festen Sitz hat, das in höchstem Maße unbestimmt bleibt, das den Körper befällt, ohne ihm seinen Stempel aufzuprägen, das sich in die Seele schleicht, aber keinerlei Mal hinterläßt? Es gleicht einer Krankheit, die man zwar übersteht, die jedoch aufzehrt, was einem an Möglichkeiten, an *Aufmerksamkeit* noch verblieb, einer Krankheit, die uns der Kraft beraubt, die Leere auszufüllen, die entsteht, wenn Pein und Drangsal geschwunden sind. Ein stiller Hafen – das ist die Hölle, verglichen mit diesem Fremdsein in der Zeit, diesem leeren, ohnmächtigen Dahinschmachten, dem nichts mehr Einhalt tut, es sei denn der Anblick des vor unseren Augen morschenden Weltganzen.

Welche Therapie soll man nun gegen eine Krankheit anwenden, an die wir uns nicht mehr erinnern, deren Auswirkungen jedoch weit in unser Heute herübergreifen? Woraus die Arznei bereiten, die dem Dasein abhilft? Wie diese nicht enden wollende Genesung abschließen? Und wie sich wieder erholen von seiner Geburt?

Langeweile: *unheilbare* Konvaleszenz ...]

Prunkvolle Nutzlosigkeit

Mit Ausnahme der griechischen Skeptiker und der Kaiser der römischen Verfallszeit erscheinen sämtliche Geister beherrscht von dem Gedanken ihrer Berufung innerhalb des Gemeinwesens. Nur jene ersten haben diesen faden Nützlichkeitswahn überwunden: die einen durch ihre Zweifel, die andern durch ihre Geistesgestörtheit. Je nachdem sie Philosophen oder illusionslose Sprößlinge der alten Eroberer waren, erhoben sie die Willkür in den Rang einer geistigen Übung oder eines Sinnentaumels und waren nun an nichts mehr gebunden: hierin erinnern sie an die Heiligen. Während diese jedoch niemals zu Falle kommen konnten, waren sie Herren und zugleich Opfer ihrer Launen, wahre Einsame also, denn ihre Einsamkeit blieb unfruchtbar: niemand nahm diese zum Vorbild, und sie selber stellten sie auch gar nicht als solches hin. Überdies beschränkte sich ihr Umgang mit den »Mitmenschen« auf Ironie und Schrecken ...

Die Auflösung einer Philosophie oder eines Weltreichs bewirken: kann man sich einen traurigeren und hoheitsvolleren Stolz denken? Wahrheit und Größe – die beiden Wahnideen, aus denen Geist und Gemeinwesen ihre Lebenskraft schöpfen – zu Fall bringen; das Truggebäude untergraben, auf dem Denker- und Bürgerdünkel ruhen; das Triebwerk der Schaffensfreude und Willenskraft so geschmeidig machen, daß es schließlich verfälscht wird; überkommene Abstraktionen und ehrwürdige Bräuche durch Raffinement, Sarkasmus und spitzfindige Folter in Verruf bringen –: welch eine Fülle von Feinsinn und Wildheit! Nur dort gibt es Zauber, wo Götter unter unseren Augen sterben! In Rom, wo man sie ersetzte, sie importierte, wo man sie dahinsiechen sah – welch eine Lust muß es da gewesen sein, Schemen anzurufen! Wobei man allerdings befürchtete, diese Unbeständigkeit könnte eines Tages vor dem Andrängen irgendeiner unerbittlichen und unreinen Gottheit kapitulieren ... Was denn auch geschah.

Idole werden nicht im Handumdrehen zerstört: ihre Vernichtung erfordert ebensoviel Zeit wie ihre Errichtung und ihr Kult. Denn es genügt nicht, das materielle Symbol zu zerstören, was ja einfach wäre; man muß die Wurzeln, die sie in den Seelen geschlagen haben, ausrotten. Kann man zurückblicken in jene Dämmerzeiten – in jene Zeiten, in denen vor Augen, die nur noch die Leere zu betören vermochte, alles Vergangene sich in nichts auflöste – ohne ergriffen zu sein von dem großartigen Schauspiel, das eine sterbende Kultur bietet?

... Und so träumte ich davon, einer jener Sklaven zu sein, die aus einem ungewissen, traurigen und barbarischen Lande herüberkamen, um durch die Agonie Roms einen vagen, durch griechische Sophismen verschönten Trübsinn herumzuschleppen. In den leeren Augen der Statue und der inmitten des wankenden Aberglaubens verkümmernden Idole hätte ich dann Vergessenheit gefunden, eine Vergessenheit ohne Vorfahren, Sklavenjoch und Sehnsüchte. Mich der Schwermütigkeit der ehemaligen Symbole vermählend, wäre ich nun frei geworden, hätte ich teilgehabt an der Würde im Stich gelassener Götter, hätte ich sie verteidigt gegen all die heimtückischen Kreuze, gegen den Ansturm der Dienstboten und Glaubenshelden; nachts hätte ich dann Erholung und Ruhe gesucht beim Irrsinn und bei den Ausschweifungen der Cäsaren. Ein Experte in Irrtumsberichtigungen, der alle aufkommende Inbrunst mit den Pfeilen einer ausgelassenen Weisheit durchbohrt, ein Sachverständiger, wie man ihn bei den Kurtisanen, in den Hurenhäusern der Skepsis und inmitten der prunkvollen Grausamkeiten der Arena gut brauchen kann –: so hätte ich gelebt und mein Denken mit Lastern und mit Blut beladen, um die Logik zu Ausmaßen gelangen zu lassen, von denen sie sich niemals hätte träumen lassen: zu den Ausmaßen sterbender Welten.

Exegese der Verrottung

Jeder von uns kommt mit einer Dosis Reinheit zur Welt, deren Bestimmung es ist, herabgesetzt zu werden durch jene Versündigung an der Einsamkeit, die der Umgang mit den Menschen bedeutet. Denn jeder von uns bringt Unmögliches fertig, um nur ja nicht sich selbst überlassen zu bleiben. Nicht Verhängnis ist der Mitmensch, sondern Versuchung zum Verfall. Unfähig, Herz und Hände rein zu bewahren, beflecken wir uns mit fremdem Schweiß, sielen wir uns im Schlamm der Einmütigkeit, lechzend nach Ekligem und gierend nach Pestilenz. Und wenn wir dann in unseren Träumen ganze Meere in Weihwasser verwandeln, so ist es bereits zu spät, um niederzutauchen, so hat unsere Verderbtheit uns bereits so weit ausgehöhlt, daß wir nicht mehr ertrinken können: die Welt hat unsere Einsamkeit verseucht, die Spuren der anderen können nicht mehr getilgt werden.

Von allen Geschöpfen vermag nur ein einziges nachhaltigen Ekel einzuflößen: der Mensch. Widerwille, wie Tiere ihn erwecken, geht vorüber, reift nicht in unserem Denken; unsere Mitmenschen dagegen weichen nicht aus unseren Gedanken, sie sickern ein in das Gefüge unserer Weltabkehr und bestärken uns dadurch in unserer Weigerung und unserem Nichtdazugehörenwollen. Wie denn sonst wäre es möglich, daß man nach jeder Unterhaltung – und ihr Raffinement allein verrät das Niveau einer Kultur – nicht umhin kann, sich nach Wüsten zu sehnen, daß man die Pflanzen um ihr Schweigen und die Tiere um ihre unendlichen Monologe beneidet?

Wenn wir mit jedem Wort auch einen Sieg über das Nichts davontragen – wir empfinden dadurch nur um so stärker, welche Gewalt es über uns hat. Unser Sterben steht im genauen Verhältnis zu den Worten, die wir rings um uns hinstreuen ... Wer spricht, hat keine Geheimnisse. Und wir alle sprechen. Wir verraten uns, wir stellen unser Herz zur Schau. Ein Mörder des Unsäglichen, setzt jeder von uns alles daran, sämtliche Mysterien zunichte zu machen – allen zuvor die eigenen. Wir suchen die anderen nur auf, um uns gemeinsam zu erniedrigen in einem Wettlauf um das Nichts – sei es im Austausch von Gedanken, sei es durch Geständnisse oder Intrigen. Die Neugier hat nicht nur den Sündenfall herbeigeführt – Tag für Tag bringt sie uns immer wieder zu Falle. Das Leben ist nichts als die Ungeduld, endlich zu verfallen und die jungfräulichen Einsamkeiten der Seele entehren zu können durch den Dialog – diese uralte, tagtägliche Verneinung des Paradieses. Nur sich selber sollte der Mensch in der endlosen Ekstase des einen, nicht mitteilbaren Wortes Gehör schenken; er sollte sich eine Sprache ersinnen, die nur seinem Schweigen gilt, und Akkorde, nur seinem Kummer vernehmbar. Statt dessen ist er *der* Schwätzer im All; er spricht im Namen der anderen; sein Ich liebt den Plural. Wer jedoch im Namen der anderen spricht, ist ein Betrüger. Politiker, Reformatoren und alle jene, die sich auf einen Sammelbegriff berufen, sind Schwindler. Einzig die Lüge des Künstlers ist nicht vollends Lüge, denn der Künstler erfindet nur sich selber. Außerhalb jener Hingabe an ein nicht Mitteilbares, außerhalb jenes schwebenden Verharrens inmitten der stummen, ungetrösteten Erregungen unseres Gemüts ist das Leben nichts weiter als ein Getöse auf einer strukturlosen Ebene, ist das Weltall nichts als eine von Zuckungen befallene geometrische Figur.

[Der im »Man« mit einbegriffene Plural und der offen eingestandene Plural des »Wir« bilden den bequemen Zufluchtsort alles unwahren Daseins. Der Dichter allein verantwortet das »Ich«, er allein spricht in seinem eigenen Namen, er allein ist dazu befugt. Die Poesie entartet, sobald sie Prophezeiungen und Doktrinen Einlaß gewährt: »Sendungen« ersticken den Gesang, Ideen hemmen den Flug. Die »hochherzige« Seite Shelleys macht den größten Teil seines Werkes hinfällig; Shakespeare hat zum Glück niemals irgendeiner »Sache« gedient.
Seinen Triumph feiert das Unrechte jedoch zunächst da, wo philosophiert wird und diese Betätigung sich selbstgefällig im »Man« ergeht, und sodann im religiösen, moralischen und politischen Prophetentum: hier wiederum gelangt das »Wir« zur Apotheose. Ist die »Definition« die Lüge des abstrakten Geistes, so ist die »inspirierte Formel« die Lüge des militanten Geistes: jedem Tempel liegt eine Definition zugrunde; eine Formel versammelt sodann unweigerlich die Gemeinde der Gläubigen. So beginnt jede Lehre.
Wie sollte man sich da nicht der Poesie zuwenden? Sie hat – wie ja auch das Leben – die Entschuldigung für sich, nichts zu *beweisen.*]

Das Leben der anderen: wie es sich vorstellen, wo doch schon das eigene kaum denkbar erscheint? Man begegnet einem Mitlebenden, erblickt ihn inmitten einer undurchdringlichen, durch nichts zu rechtfertigenden Welt, inmitten einer sich über der Wirklichkeit auftürmenden, baufälligen Masse von Überzeugungen und Wünschen. Er hat sich ein System von Irrtümern ersonnen und leidet nun aus Gründen, über deren Nichtigkeit der Geist in Entsetzen gerät, er gibt sich an Werte hin, deren Lächerlichkeit in die Augen springt. Seine Unternehmungen: sollte man sie wirklich für etwas anderes halten als für bloßen Tand? Und seine um Einklang so bemühten Sorgen: sind sie denn fester begründet als ein Gefüge von Albernheiten? Dem von außen Zusehenden offenbart sich das Absolute eines jeden Lebens als ein Auswechselbares, erscheint jedes Schicksal, obschon unverrückbar in seinem innersten Wesen, als willkürlich. Wie sollten wir, da unsere Überzeugungen uns doch als der Ertrag leichtfertiger Torheiten erscheinen, ruhig der Selbstsucht der anderen zusehen können und der Leidenschaft, die sie in der Utopie eines jeden neuen Tages für ihre eigene Vermehrung aufbringen? Aus welcher Notwendigkeit heraus mauert der eine Mensch sich in eine von ihm besonders bevorzugte Welt ein, der andere in eine andere?

Sooft wir die Vertraulichkeiten eines Freundes über uns ergehen lassen, sind wir starr vor Staunen über die Enthüllung seiner Geheimnisse. Gehören seine Seelennöte in ein Trauerspiel oder in einen Schwank? Das hängt gänzlich davon ab, ob wir vor lauter Müdigkeit wohlwollend oder vor Überanstrengung überreizt sind. Da jedes Schicksal nur ein um ein paar Flecken Blut herumzappelndes Ritornell ist, bleibt es unserer Laune überlassen, in der Verknüpfung jener Leiden ein überflüssiges, doch unaufhaltsames Gesetz zu erblicken – oder einen Vorwand, unser Mitleid zu erregen.

Da es schwierig ist, Gründe zu billigen, die unsere Mitmenschen geltend machen, drängt sich uns jedesmal, wenn wir uns von einem von ihnen trennen, unabänderlich die gleiche Frage auf: wie kommt es nur, daß er sich nicht das Leben nimmt? Denn nichts ist natürlicher, als sich den Selbstmord anderer auszumalen. Wenn man in einer niederschmetternden, doch leicht wiederholbaren Einsicht seine eigene Nutzlosigkeit einmal erkannt hat, so begreift man nicht mehr, daß es nicht jedem beliebigen anderen ebenso ergangen sein sollte. Sich aus der Welt zu schaffen scheint eine so klare und einfache Tat zu sein! Warum ist sie so selten, warum nur geht jedermann ihr aus dem Wege? Weil, wenn auch die Vernunft unseren Lebenshunger nicht billigt, das *Nichts* dennoch unser Tun fortdauern läßt, da es stärker ist als alles Absolute. Das *Nichts* erklärt die stillschweigende Koalition der Sterblichen gegen den Tod; es ist nicht nur ein Symbol des Daseins, es ist das Dasein selbst; es ist das Ganze. Und dieses Nichts, dieses Ganze, vermag zwar nicht dem Leben einen Sinn zu geben, bewirkt aber, daß es fortdauert als das, was es ist: *ein Zustand des Nicht-Selbstmordes.*

Suprematie des Beiworts

Da die Anzahl der Positionen, die angesichts der letzten Dinge bezogen werden können, begrenzt ist, stößt der Geist in seiner Ausbreitung auf das *Wesenhafte* als auf eine natürliche Schranke und mithin auf die Unmöglichkeit, die Hauptschwierigkeiten beliebig zu vermehren: der Geschichte kommt es lediglich darauf an, den äußeren Aspekt einer Anzahl von Fragestellungen und Lösungen abzuwandeln. Der Geist erfindet bloß eine Reihe neuer Benennungen; er tauft das Elementare um und durchforscht seinen Wortschatz nach weniger abgegriffenen Epitheta für den einen, unwandelbaren Schmerz. Zu allen Zeiten wurde gelitten, aber je nach der Gesamtkonzeption der jeweils aktuellen Philosophie war dieses Leiden »erhaben«, »gerecht« oder »absurd«. Das Unglück durchwebt alles Atmende; die Weise jedoch, in der es dabei verfährt, hat sich gewandelt, und so entstand jene Aufeinanderfolge von auf nichts zurückführbaren Augenscheinlichkeiten, die jeden einzelnen zu dem Glauben verleiten, er sei der erste, der so leide. Aus Stolz über diese seine Einmaligkeit begeistert er sich für sein Leiden, erduldet er es. In einer Welt der Leiden dünkt sich jedes einzelne Leid das einzige seiner Art. Je-

des Unglücklichsein verdankt seine Originalität einem besonderen Wort, das es inmitten der Gesamtheit aller Worte und Empfindungen isoliert.
Die Bezeichnungen wechseln: dieser Wechsel heißt Fortschritt des Geistes. Wollte man jedoch mit diesen Bezeichnungen aufräumen – was bliebe da von der Kultur noch bestehen? Dumm und Klug unterscheiden sich voneinander durch die Art, wie sie mit Adjektiven umzugehen wissen; wer ihrer Mannigfaltigkeit nicht Rechnung zu tragen versteht, ist banal. Gott selbst lebt bloß kraft der Attribute, die ihm beigelegt werden: darin liegt die Daseinsberechtigung der Theologie. Erst indem er die Bezeichnungen für die Monotonie seines Unglücks abwandelt, erst durch sein leidenschaftliches Suchen nach neuen Adjektiven rechtfertigt der Mensch sich vor dem Geist.

[Und dennoch: wie kläglich ist dieses Suchen! Die Misere des *Ausdrucks* – und sie ist die Misere des Geistes – bekundet sich in der Dürftigkeit der Worte, in ihrem Erschöpft- und Verwittertsein: die Attribute, die uns Dinge und Empfindungen bestimmen halfen, liegen schließlich vor uns als Wortkadaver. Und wir schikken sehnsuchtsvolle Blicke in die Zeiten zurück, da ihnen nichts als der Geruch dumpfiger Stubenluft entströmte. Jeglicher Alexandrismus verdankt sein Entstehen zunächst dem Bedürfnis, die Worte zu *durchlüften* und ihr Dahinwelken durch heitere Verspieltheit zu verfeinern; aber schließlich erstirbt er in einer Müdigkeit, in der Geist und Wort eins werden, um zu zerfallen. (Ideale Endstufe einer Literatur und einer Kultur: ein Valéry mit der Seele eines Nero ...)
Solange unsere noch munteren Sinne und unser noch einfältiges Herz in der Welt der Attribute zueinander finden und sich in ihr ergötzen, gedeihen sie je nach der Gunst des ihnen begegnenden Adjektivs, das sich jedoch als ungeeignet und unzureichend erweist, sobald es genauer untersucht wird. Wir sagen von Raum, Zeit und Leiden, sie seien unendlich; indes, »unendlich« ist nicht von größerer Tragweite als: »schön«, »erhaben«, »harmonisch«, »häßlich« ... Will man sich der Mühe unterziehen, den Worten auf den Grund zu gehen? Man wird gar nichts entdecken: losge-

löst von der expansiven, schöpferischen Seele sind die Worte nichtig und leer. Es ist die Kraft des Geistes, die ihnen Glanz verleiht, die sie blank und leuchtend macht. Diese Kraft, zum System erhoben, heißt *Kultur* —: ein Feuerwerk mit dem Nichts als Hintergrund.]

Der getroste Teufel

Warum nur ist Gott so farb- und kraftlos, weshalb ist er so wenig pittoresk? Warum fehlt es ihm so sehr an Anreiz, an Tatkraft, an Aktualität, warum gleicht er uns so wenig? Gibt es ein Bild, das menschenunähnlicher, das abgelegener wäre? Wie war es möglich, daß wir ihm nur so matten Glanz zuwarfen, daß wir ihn mit so schwankenden Kräften begabten? Wohin verströmte all unsere Energie, wohin vergossen wir unsere Begierden? Wer mag es gewesen sein, der unseren Lebensübermut aufzehrte?
Sollten wir uns gar dem Teufel zuwenden? Aber wir können ja unsere Gebete nicht an ihn richten: ihn anbeten, hieße introspektiv beten, zu *uns* beten. Das Augenfällige betet man nicht an; das *Exakte* kann nicht Gegenstand eines Kults sein. Alle unsere Attribute haben wir auf unseren Doppelgänger übertragen, wir haben ihn, um ihn durch einen Anschein von Feierlichkeit zu erhöhen, schwarz gekleidet: unsere Laster, unsere Tugenden legten Trauer an. Wir haben ihn mit Bosheit und Hartnäckigkeit – unseren vorherrschenden Eigenschaften – ausgestattet, wir haben unsere letzten Kräfte hergegeben, um ihn möglichst lebendig zu machen; wir haben unsere Kräfte aufgerieben in dem Bestreben, sein Bild zu prägen, ihn gewandt, leichtfüßig, intelligent und ironisch zu machen. Was wir noch an Energie besaßen, um Gott zu erschaffen, löste sich in nichts auf. Dann nahmen wir unsere Zuflucht zur Phantasie und zu dem Tropfen Bluts, der uns noch verblieb: Gott konnte nur der Sproß unserer Blutarmut sein: ein wackeliges, rachitisches Gebilde. Sanftmütig ist er, gütig, erhaben, gerecht. Aber wer will sich wiedererkennen in dieser Mixtur mit ihrem Geruch von jenseitigem Rosenwasser? Unzweideutige Wesen ermangeln der Tiefe und des Geheimnisses; sie halten nichts verborgen. Unreinheit allein zeugt von Realität. Und wenn uns die

Heiligen nicht völlig belanglos erscheinen, so nur deshalb, weil ihrer Erhabenheit etwas Romanhaftes beigemengt ist, weil ihre Zeitlosigkeit sich biographisch verwerten läßt: ihre Lebensbeschreibungen lassen darauf schließen, daß sie der Welt entsagten, um in einem *Genre* fortzuleben, das geeignet ist, uns hin und wieder zu faszinieren ...

Weil er von Leben strotzt, hat der Teufel keinerlei Altar: in ihm erkennt der Mensch allzusehr sich selbst, als daß er ihn anbetete. Wohlweislich verabscheut er ihn: er verstößt in ihm *sich selbst* und schützt dadurch die armseligen Attribute Gottes. Aber der Teufel beschwert sich nicht darüber und begehrt auch keineswegs, eine Religion zu begründen: sind wir nicht jederzeit zur Stelle, um ihn vor Entkräftung und Vergessenheit zu bewahren?

Rundgang am Rande

Innerhalb des Kreises, der Geschöpfe in einer Gemeinschaft der Wünsche und der Hoffnungen eingeschlossen hält, bahnt sich der allen Täuschungen feindlich gesinnte Geist einen Weg vom Mittelpunkt zur Peripherie. Er erträgt die Nähe menschlichen Gewimmels nicht länger, er will der verhexten Symmetrie ihres Miteinander aus möglichst weiter Entfernung zusehen. Allenthalben erblickt er Märtyrer: die einen opfern sich um ersichtlicher Nöte willen, die anderen wieder gehorchen hierbei einem unnachprüfbaren Zwang; sie alle sind bereit, ihren Namen unter einer Gewißheit zu verscharren. Nicht allen jedoch will dies gelingen, und so sühnen die meisten mit der *Banalität* ihres Fortlebens das Blut, das sie in ihren Träumen überströmen ließen ... Ihr Leben besteht in einem uneingeschränkten Sterbenkönnen, mit dem sie nichts zu beginnen wußten: nichtssagende Sühnopfer der Geschichte, fallen sie dem Massengrab anheim.

Der nach Trennungen Trachtende jedoch, derjenige, der Wege sucht, die nicht begangen werden von den Horden, zieht sich auf den äußeren Rand zurück und geht dort einher, auf der Randlinie jenes Kreises, die er nicht zu überschreiten vermag, solange er dem Körper verhaftet bleibt. Das Bewußtsein indessen schwebt weiter draußen, rein, inmitten einer Langeweile ohne Wesen und

Dinge. Aller Leiden ledig, erhaben über die Vorwände, die zum Sterben einladen, vergißt es den *Menschen,* von dem es getragen wird. Unwirklicher als ein Stern, den man in einer Halluzination gewahrt, gleicht es einer Pirouette im Weltraum ... Unterdessen wandert die Seele auf der Peripherie des Lebens, immer wieder sich selber begegnend und zugleich auch ihrem Unvermögen, dem Ruf der *Leere* zu folgen.

Die Sonntage des Lebens

Wenn die Sonntagnachmittage sich über Monate hindehnten, wohin gelangte dann eine Menschheit, die von der Last ihres ältesten Fluches, von der Arbeit im Schweiße ihres Angesichts befreit wäre? Ein solches Experiment wäre der Mühe wert. Es ist mehr als wahrscheinlich, daß das Verbrechen zur einzigen Zerstreuung würde, daß man Ausschweifungen als Sittenreinheit, Gebrüll als Melodie und Hohngelächter als Zärtlichkeit empfände. Die in ihrer ganzen Unermeßlichkeit erlebte Zeit ließe jede einzelne Sekunde zur Folter werden, zum Rahmen einer Hinrichtungsszene. In poesiedurchdrungenen Herzen hielten ein übersättigter Kannibalismus und eine Traurigkeit von Hyänen ihren Einzug. Henker und Schlächter vergingen vor lauter Nichtstun, Kirchen und Bordelle würden von Seufzern widerhallen. *Das Weltall, verwandelt in einen Sonntagnachmittag:* das ist die Definition der Langeweile – und der Untergang des Weltalls ... Man befreie die Geschichte von dem Fluch, der über ihr schwebt: sie erlischt im gleichen Augenblick, wie auch das Dasein sich in der absoluten Vakanz als Fiktion erweist. Die Mühsal der Arbeit baut im Nichts, sie ersinnt und gestaltet Mythen; ein elementares Trunkensein, weckt und unterhält sie den Glauben an die »Realität«; die Kontemplation des reinen Daseins jedoch, die keiner Gebärden und keiner Gegenstände bedarf, nimmt nur das auf, was nicht ist ...

Müßiggänger erfassen mehr von den Dingen als Geschäftige, dringen tiefer als diese in sie ein: ihren Horizont begrenzt keinerlei Arbeit. In einen ewigen Sonntag hineingeboren, lassen sie ihre Blicke schweifen, betrachten sie sich selbst, während sie betrachten. [Faulheit ist eine physiologische Skepsis, ist das Zweifeln des Fleisches.] In einer dem Müßiggang anheimgefallenen Welt würden sie die einzigen sein, die nicht Mörder wären. Indes, sie gehören nicht zur Menschheit, Arbeit im Schweiße des Angesichts ist nicht ihre Stärke, und so fristen sie ihr Leben, ohne die Folgen des Lebens und der Erbsünde tragen zu müssen. Weder Gutes noch Böses tuend. Zuschauer der in Zuckungen sich windenden Menschheit, verschmähen sie den Wochenlohn der Zeit, verachten sie den Kräfteaufwand, der das Bewußtsein erstickt. Was hätten sie von einem unbegrenzten Hinauszögern gewisser Nachmittage zu befürchten, als daß sie bedauern könnten, grob Evidentes unterstützt zu haben? Übersättigt von soviel Wahrem und Richtigem, könnten sie sich dazu verleiten lassen, es den anderen gleichzutun, könnten sie an der entwürdigenden Versuchung der Geschäftigkeit Gefallen finden. Dies ist die Gefahr, die der Faulheit – dem mirakulösen Überrest eines paradiesischen Zustands – droht.

[Die einzige Funktion der Liebe besteht darin, daß sie uns die Grausamkeit und Unermeßlichkeit der sonntäglichen Nachmittage ertragen hilft – jener Nachmittage, die uns für den Rest der Woche – und für alle Ewigkeit – verwunden.
Risse uns dieser uralte Spasmus nicht mit sich fort, wir brauchten tausend Augen für unsere heimlichen Tränen, meilenlange Fingernägel, an denen wir kauen könnten ... Wie sollte man sonst diese Zeit totschlagen, die nicht mehr verrinnt? An diesen nicht enden wollenden Sonntagen tritt der *Daseinsschmerz* in seinem vollen Umfang zutage. Bisweilen gelingt es, über der Hingabe an irgendeine Sache sich selbst zu vergessen; aber wie soll man sich je in der Welt vergessen können? Diese Unmöglichkeit ist gleichsam die Definition jenes Schmerzes. Wer von ihm befallen ist, wird niemals von ihm genesen, selbst dann nicht, wenn sich das Weltall von Grund auf veränderte. Sein *Herz* müßte sich ändern – indes, es ist unveränderlich. *Da zu sein* hat auch für das Herz nur den einen Sinn: im Leid zu versinken, so tief, bis die tägliche Übung des Aufgehens im Nirwana es zur Wahrnehmung des Irrealen befähigt ...]

Abdankung

Es war im Wartesaal eines Krankenhauses: eine alte Frau erklärte mir ihre Leiden ... Die Kontroversen der Menschen, die Stürme der Geschichte – ein Nichts in ihren Augen: ihr Leiden allein beherrschte Raum und Zeit. »Ich kann nicht essen, ich kann nicht schlafen, ich habe Angst, irgendwas muß da vereitert sein«, leierte sie her und befingerte dabei ihren Unterkiefer mit einer Hingabe, als hinge der Lauf der Welt davon ab. Dieses Übermaß an Aufmerksamkeit für die eigene Person bei einem altersschwachen Weiblein ließ mich zunächst zwischen Entsetzen und Ekel schwanken; dann verließ ich, noch ehe die Reihe an mich gekommen war, das Krankenhaus, fest entschlossen, für immer auf meine Schmerzen zu *verzichten* ...

»Neunundfünfzig Sekunden von jeder meiner Minuten«, so überlegte ich, während ich durch die Straßen schritt, »waren dem Leiden oder der ... Idee des Leidens gewidmet. Daß es mir nicht bestimmt ward, ein Stein zu sein! Das ›Herz‹: Ursprung aller Martern ... Was gäbe ich nicht darum, ein Gegenstand zu sein, begnadet zu sein mit der Undurchdringlichkeit der Materie! Schon das Hin- und Herschwirren einer Mücke ist in meinen Augen ein apokalyptisches Geschehen! Aus sich herausgehen heißt sündigen ... Wind, Torheit der Luft! Musik, Torheit des Schweigens! Mit ihrer Kapitulation vor dem Leben hat unsere Welt gegen das Nichts gefrevelt ... Willentlich entsage ich hiermit aller Bewegung und allen meinen Träumen. Abwesenheit! Du sollst mein einziger Ruhm sein ... ›Wunsch‹: dies Wort sei auf ewig aus allen Wörterbüchern und Seelen getilgt! Ich weiche zurück vor den atemberaubenden Possenspielen aller morgigen Tage. Und wenn mir auch noch ein paar Hoffnungen bleiben, so habe ich die *Fähigkeit zu hoffen* für immer verloren.«

Tier auf Umwegen

Heillose Verwirrung bemächtigt sich unser, wenn wir uns den Gedanken durch den Kopf gehen lassen, daß der Mensch existiert, daß er ist, was er ist – und daß er nicht anders sein kann. Was er ist: Tausende von Definitionen geben darüber Bescheid, ohne daß auch nur eine einzige unter ihnen zwingend wäre; und je willkürlicher sie sind, desto gültiger erscheinen sie. Die beschwingteste Absurdität entspricht ihm nicht minder als die plumpeste Banalität. Inmitten der Unzahl seiner Attribute erscheint er als das denkbar unbestimmteste aller Wesen. Gehen die Tiere geradewegs auf ihr Ziel zu, so verliert *er* sich auf Umwegen: er ist das Tier auf Umwegen schlechthin. Seine unberechenbaren Reflexe – deren Auflockerung das Bewußtsein sein Entstehen verdankt – machen ihn zu einem Genesenden, der eine Krankheit anstrebt. Nichts in ihm ist gesund außer der Tatsache, daß er es einmal gewesen ist. Ob er nun ein Engel ist, der seine Flügel, oder ein Affe, der sein Fell verloren hat: er verdankt es bloß der Unbeständigkeit seiner Gesundheit, daß er aus der Anonymität der Kreatur emportauchen durfte. Sein schlecht gemischtes Blut gestattete das Eindringen von Zweifeln und Problemansätzen; seine falsch gelagerte Vitalität ließ Frage- und Ausrufungszeichen einsickern. Wie soll man das Virus bestimmen, das ihn in seinem Dahindämmern beschleicht und ihn mit schlaflosen Nächten martert, während alle übrigen Geschöpfe ruhen? Welcher Wurm war es, der sich seiner Ruhe bemächtigte, welches primitive Agens der Erkenntnis nötigte ihn, sein Beginnen zu verzögern, seine Begierden aufzuschieben? Und wer ließ seine Wildheit zum erstenmal erschlaffen? Aus dem Gewimmel der übrigen Lebewesen heraustretend, schuf er sich eine weitaus subtilere Wirrnis, kostete er nun mit äußerster Sorgfalt die Leiden eines Lebens aus, das sich losgerissen hatte von sich selber. Und alles, was er nun unternahm, um sich von sich selber zu heilen, führte lediglich zu einer neuen, noch seltsameren Krankheit – zu seiner »Kultur«, die ja nichts weiter ist als das Bestreben, Heilmittel zu finden für einen Zustand, der unheilbar und dennoch ersehnt ist. Der Geist verkümmert beim Herannahen der Gesundheit: der Mensch ist siech – oder er ist überhaupt nicht. Besinnt er sich, nachdem er über alles nachgesonnen hat, zuletzt auch auf sich selbst – und dahin gelangt er ja auch auf dem Umweg über das All als zu der letzten Frage, die er aufwirft –, so gerät er in Erstaunen und Verwirrung. Gleichwohl zieht er auch weiterhin sein eigenes Scheitern der fortwährend an der Gesundheit scheiternden Natur vor.

[Seit Adam geht alles Streben der Menschen dahin, den *Menschen* umzuformen. Alle diese ohne jede Berücksichtigung der elementarsten Gegebenheiten zur Ausführung gebrachten Reform- und Erziehungspläne entstellen das Denken und bringen es aus seinen eigentlichen Bahnen. Es gibt keinen grimmigeren Feind der Erkenntnis als den Erziehungsdrang, dessen Zuversichtlichkeit und Virulenz selbst die Philosophen nicht zu entgehen vermögen: wie sollten dann ihre Systeme von ihm verschont geblieben sein? Außerhalb des *Unheilbaren* ist alles falsch: falsch die Kultur, die es bekämpfen will, falsch die Wahrheiten, die ihr als Waffen dienen.

Außer den Skeptikern der Antike und den französischen Moralisten wird man schwerlich auch nur einen einzigen Geist nennen können, dessen Theorien nicht – heimlich oder unverhohlen – den Menschen irgendwie zu formen versuchten. Aber er, der Mensch, besteht weiter wie er war, obwohl er all die hochherzigen Schulmeisterlehren an sich vorbeiziehen sieht, die man seiner Neugier anbietet, seiner Leidenschaftlichkeit und seinem Irrsal entgegenträgt. Sämtliche Wesen haben ihren festen *Ort* in der Natur; er jedoch ist ein metaphysischer Vagant, eine im Leben umherirrende, in der Schöpfung ungewohnte Kreatur. Ein gültiges Ziel der Geschichte hat noch niemand gefunden; aber jedermann hat eines vorgeschlagen; und nun herrscht ein derartiges Gewimmel voneinander abweichender und eigenwilligster Zielsetzungen, daß die Idee eines Endzwecks dadurch schlechthin aufgehoben wurde und sich als lächerliches Geistesprodukt verflüchtigt.

Jedermann erfährt am eigenen Leibe, was es mit jener Maßeinheit des Unheils, die das Phänomen »Mensch« darstellt, eigentlich auf sich hat. Und der einzige Sinn der Zeit ist es, die Zahl dieser Einheiten zu vervielfachen, all diese aufrecht gehenden Leiden unendlich zu vermehren – sie, die sich allesamt auf ein Nichts an Materie, auf den Stolz eines Vornamens und auf eine unwiderrufliche Einsamkeit stützen.]

Der Schlüssel zu unserem Ausharren

Wem es vermöge einer an Mitleid überreichen Einbildungskraft gelänge, Buch zu führen über alles Leid in der Welt und gleichsam der Zeitgenosse sämtlicher Mühen und Ängste eines beliebigen Augenblicks zu werden, der würde – vorausgesetzt, daß es ein solches Wesen überhaupt geben könnte – ein Ungeheuer an Liebe sein und das größte aller von der Geschichte des Herzens jemals geforderten Opfer. Uns etwas so Unmögliches vorzustellen, ist jedoch müßig. Wir brauchen nur uns selber zu erforschen, nur Archäologen unserer eigenen Beunruhigungen zu sein. Nur darum setzen wir tagaus, tagein den Weg unserer Mühsal fort, weil nichts uns Einhalt gebietet, es seien denn unsere eigenen Schmerzen. Denn die der anderen scheinen uns erklärlich und überwindbar zu sein: die anderen, so glauben wir, leiden, weil es ihnen an Willen, Mut oder Klarsichtigkeit fehlt. Jedes Leid, das nicht das unsere ist, scheint uns zu Recht zu bestehen und überdies in geradezu lächerlicher Weise verständlich zu sein; andernfalls wäre nämlich die Trauer die einzige Konstante unserer so veränderlichen Gefühle. Allein, nur aus Trauer um uns selber legen wir Trauer an. Wollten wir die Unzahl der Todesängste rings um uns, wollten wir all die Leben, die ja nur verkappte Tode sind, verstehen und lieben lernen, wir brauchten ebensoviele Herzen, als es Lebewesen gibt, die leiden. Und besäßen wir ein Gedächtnis, in dem alles wunderbar gegenwärtig bliebe, ein Gedächtnis, das all unsere vergangene Mühsal getreu aufbewahrte: wir würden zusammenbrechen unter dieser Last. *Das Leben ist nur möglich dank der Mangelhaftigkeit unserer Vorstellungskraft und unseres Gedächtnisses.*

Unsere Kraft ziehen wir daraus, daß wir vergessen und daß wir unfähig sind, uns die ganze Vielfalt gleichzeitiger Schicksale zu vergegenwärtigen. Niemand würde den Augenblick überleben, da er allen Schmerzes in der Welt inne würde, denn ein jedes Herz ist so beschaffen, daß es nur ein bestimmtes Maß an Leid zu ertragen vermag. Unserer Leidensfähigkeit sind sozusagen materielle Grenzen gesetzt. Und dennoch reicht jeglicher Kummer bis an sie heran, ja bisweilen überschreitet er sie sogar, und nur allzuoft ist dies der Ursprung unseres Untergangs; daher auch der Eindruck, jeder Kummer, jeder Schmerz sei unendlich. Sie sind es zwar in der Tat, aber nur für uns, nur innerhalb der Schranken unseres Herzens. Und besäße dieses Herz die Dimension des unermeßlichen Raumes: unsere Leiden wären noch unermeßlicher, weil jeder Schmerz eine Welt vertritt und jeder Kummer sein eigenes All braucht. Vergebens ist die Vernunft darum bemüht, uns die Winzigkeit unseres Mißgeschicks aufzuzeigen, sie scheitert an unserem Hang, uns in immer wieder neue Welten zu zerteilen. Deshalb ist auch der echte Wahnsinn niemals auf die Zufälle oder Katastrophen unseres Hirns zurückzuführen, sondern auf jene falsche Auffassung, die unser Herz vom Raum hat . . .

Selbstaufhebung durch Erlösung

Nur dann hat eine Heilslehre für uns einen Sinn, wenn wir von der Gleichung Existenz = Leiden ausgehen. Zu dieser Gleichung gelangen wir jedoch weder durch eine plötzliche Feststellung noch auf Grund einer Reihe von Vernunftschlüssen; sie ist vielmehr der Ertrag einer unausgesetzten Tätigkeit des Unbewußten, an der alle unsere Erfahrungen, die kleinsten wie die bedeutendsten, mitwirken. Sind einmal die Keime von Enttäuschungen in uns gelegt und damit das Verlangen, sie aufgehen zu sehen, so wird der Wunsch, die Welt möge mit jedem Schritt, den wir tun, eine unserer Hoffnungen zunichte machen, uns wieder und wieder die wollüstigen Verifikationen des Bösen vornehmen lassen. Erst nachher stellen sich die Argumente ein; die Lehre bildet sich: bleibt also lediglich die Gefahr der »Weisheit«. Wie aber nun, wenn man nicht gesonnen ist, sich vom Leid zu befreien und Widersprüche und Konflikte zu überwinden; wie, wenn man den Abstufungen des Unvollendeten und der Gefühlsdialektik den Vorzug gibt vor der *Ebenheit* jener sublimen Sackgasse? Die Heilsgewißheit setzt allem ein Ziel; auch mit uns macht sie Schluß. Welcher *Erlöste* wagte noch von sich zu sagen, er lebe? Man lebt nur dadurch, daß man sich weigert, von seinen Leiden erlöst zu werden, man lebt gleichsam nur dank einer religiösen Versuchung durch das Irreligiöse. Das Heil sucht nur Mörder und Heilige

auf, nur solche, die die Kreatur getötet haben oder über sie hinausgelangt sind. Die anderen sielen sich – todbesoffen – in der Unvollkommenheit . . .
Jede Erlösungslehre hat den Nachteil, daß sie die Poesie, den Bereich des Unvollendeten, aufhebt. Ein Dichter, der nach Erlösung strebte, beginge Verrat an sich selbst: die Heilsgewißheit bedeutet den Tod des Gesanges, die Verneinung von Kunst und Geist. Wie sollte man auch übereinstimmen können mit einem Ende? Wir können unsere Schmerzen verfeinern, sie hegen und pflegen; aber wie sollten wir uns von ihrer Vormundschaft befreien, ohne dabei uns selber aufzuheben? Dem Fluche gehorchend, existieren wir nur insofern, als wir leiden. – Eine Seele wächst und geht zugrunde einzig durch das Maß an *Unerträglichem,* das sie auf sich nimmt.

Das Gift der Abstraktion

Da selbst unsere vagen Übel und unsere nicht weiter bestimmbaren Unruhen ins Physiologische degenerieren, kommt es darauf an, sie mittels einer Gegenbewegung wieder der Botmäßigkeit des Verstandes zuzuführen. Wie, wenn man die Langeweile – dieses tautologische Wahrnehmen der Welt, dieses gleichförmige Auf und Ab der Dauer – zur Würde einer deduktiven Elegie erhöbe, wie, wenn man ihr die Verlockung einer zauberischen Sterilität böte? Fände die Seele nicht Zuflucht bei einer höheren Ordnung, sie würde im Fleische versumpfen, und die Physiologie wäre das letzte Wort, das unser philosophischer Stumpfsinn zu sprechen wüßte. Die schnell wirkenden Gifte in intellektuelle Tauschwerte umzusetzen, aus der deutlich spürbaren Korruption ein Werkzeug zu machen oder gar die Unreinheit eines jeden Gefühls und einer jeden Empfindung in Normen zu kleiden –: darauf kommt es an, um jene Eleganz zu erreichen, um die es dem Geist zu tun ist – dem Geist, neben dem die Seele wie eine pathetische Hyäne inmitten tiefster Düsternis wirkt. Der Geist *an sich* kann nur *oberflächlich* sein, da es *ihm* naturgemäß lediglich um die Vorgänge in der Welt der Begriffe zu tun ist, nicht aber um deren Einbezogensein in die Sphären des von ihnen *Bedeuteten:* Unsere Befindlichkeiten interessieren ihn nur insoweit, als sie sich transponieren lassen. So steigt zwar die Melancholie aus unseren Eingeweiden auf, um in die kosmische Leere vorzustoßen, aber der Geist macht sie sich erst zu eigen, wenn sie gereinigt ist von allem, was sie an der Fragwürdigkeit der Sinne teilhaben läßt: er *interpretiert* sie; geläutert, wird sie dann zum *Gesichtspunkt:* die Melancholie als kategoriale Bestimmung. Die Theorie lauert unseren Giften auf, bemächtigt sich ihrer und macht sie weniger schädlich. Das ist die Destillierung *von oben her:* der Geist – Liebhaber eines reinen Taumels – ist allem Intensiven feind.

Das Bewußtsein des Unglücks

Elemente und menschliches Tun – alles wirkt zusammen, um uns Wunden zu schlagen. Du willst dich mit Verachtung wappnen, dich in einer Festung des Ekels einschließen, von übermenschlichem Gleichmut träumen: der Nachklang der Zeit wird dich verfolgen bis in dein fernstes Fernsein ... Dann aber, wenn nichts mehr dich davor bewahren kann, dein Blut herzugeben, werden auch die Ideen sich rot färben oder einander überwuchern wie Geschwülste. Es gibt in den Apotheken keine Arznei gegen das Dasein, – nichts als Mittelchen für Großmäuler ... Wo aber bleibt das Gegengift gegen die Verzweiflung, gegen die klare, unendlich differenzierte, stolze und sichere Verzweiflung? Alle Wesen sind unglücklich – aber wie viele wissen darum? Das Bewußtsein des Unglücks ist zwar eine zu schwere Krankheit, als daß sie in einer Statistik der Agonien oder in den Verzeichnissen des Unheilbaren aufgeführt werden könnte. Es nimmt selbst der Hölle ihren Glanz, und die Schlachthäuser der Zeit werden neben ihm zu idyllischen Stätten. Welche Sünde hast du begangen, daß du geboren wurdest, welches Verbrechen, daß du existierst? Dein Leid, dein Geschick sind unmotiviert. Wahrhaft leiden heißt die zahllosen Schläge des Schicksals hinnehmen ohne die Entschuldigungen der Kausalität, heißt sie hinnehmen als eine Gunst der wahnwitzigen Natur, als ein negatives Wunder ...

In den Satzbau der *Zeit* gliedern sich die Menschen wie Kommata ein, während du, um ihr Einhalt zu tun, zu einem Punkt erstarrt bist.

Das interjektionelle Denken

Die Idee des Unendlichen muß inmitten einer allgemeinen Auflockerung aufgekommen sein, an einem Tage, da die Mathematik eine vage Müdigkeit überkam – wie ja auch der erste Erkenntnisakt wohl in dem Augenblick entstand, da die Reflexe verstummten und ein Todesschauer die Wahrnehmung von ihrem Gegenstand trennte. Wie vielen Ekels und wie vieler Sehnsüchte hat es doch bedurft, ehe wir endlich erwachten – einsam und auf tragische Weise erhaben über allen Augenschein! Ein selbstvergessener Seufzer ließ uns hinaustreten aus dem Unmittelbaren; irgendeine banale Müdigkeit entfremdete uns den Landschaften und den Wesen; ein diffuses Stöhnen trennte uns von süßer oder banger Unschuld. Die Summe dieser Zufallsentfernungen stellt – und dies ist das Fazit unserer Tage und Nächte – jenen Abstand zwischen uns und der Welt dar, den der Geist zu verringern und mit unserer Fragilität in Einklang zu bringen sucht. Aber jede Ermüdung hat ihre fühlbaren Folgen: wo finden wir jetzt noch Materie unter unseren Füßen? Anfangs denken wir, um von den Dingen loszukommen; hernach – wenn wir schon zu weit gegangen sind –, um dieser Loslösung nachzutrauern ... Und so folgen die Begriffe einander wie unterdrückte Seufzer, tritt die Reflexion an die Stelle des Empfindungswortes, wird die Logik von Klagelauten übertönt ... Die Ideen verdüstern sich, eine Friedhofsstimmung breitet sich über die Paragraphen aus, der Gestank von Verwestem steigt aus den Lehrsätzen auf: ein letzter Herbsttag in einem zeitlosen Kristall ... Der Geist ist wehrlos vor den Miasmen, die ihn bedrängen, denn sie steigen aus dem verpestetsten Ort zwischen Himmel und Erde auf, aus dem Ort, wo die Tollheit bei der Zärtlichkeit ruht, sie entströmen einer Kloake der Utopien, einem Würmernest der Träume: sie kommen aus unserer Seele. Und selbst wenn wir imstande wären, die Gesetze des Weltalls zu ändern oder seine Launen vorherzusehen, sie, die Seele, würde uns niederhalten mit ihren Nöten, durch das Prinzip ihres Verfalls. Eine Seele, die nicht verloren wäre? Wo ist sie, daß man sie zu Protokoll bringe, auf daß sie der Wissenschaft, der Heiligkeit und der Komödie nicht entgehe!

Apotheose des Vagen

Weit eher noch als das Wesen der Einzelnen können wir das Wesen der Völker aus der Art ihrer Teilnahme am Vagen entnehmen. Denn das Augenfällige ihres Daseins enthüllt lediglich das Transitorische, Periphere, Äußerliche an ihnen.

Was ein Volk zum Ausdruck zu bringen vermag, hat bloß historischen Wert: es stellt das im Verlaufe seines Werdens Erzielte dar. Was es jedoch nicht zum Ausdruck bringen kann, *sein Scheitern im Ewigen* also, ist sein vergebliches Dürsten nach sich selber: da seine Bemühung um einen erschöpfenden Ausdruck für sich selber fehlschlägt, behilft es sich nun mit gewissen Worten, die auf das Unsagbare *anspielen.*

Sehnsucht, yearning, nostalgie, saudade: wie oft haben wir nicht auf unseren Wanderungen jenseits des Intellekts unser Wirrsal ausruhen lassen im Schatten dieser tönenden, für überreife Herzen heranschwellenden Früchte! . . . Lüften wir jetzt ihren Schleier: ist ihr Gehalt der gleiche? Ist es denn denkbar, daß so verschiedenartige Völker die Sehnsucht auf ein und dieselbe Weise empfinden?

Wer die Formel des *Fernwehs* zu ermitteln versucht, fällt früher oder später seinen Konstruktionen zum Opfer. Wer den Bezeichnungen für das Vage auf den Grund gehen will, muß sein Gemüt zurückwandern lassen zu ihren Ursprüngen, muß hinabtauchen in das Unaussprechliche – um schließlich mit zerfetzten Begriffen wieder an die Oberfläche zu gelangen. Erst wenn man sein Vertrauen zur Spekulation und seinen Verstandesdünkel eingebüßt hat, kann man den Versuch unternehmen, alles *um seiner selbst willen* zu verstehen. Man wird sich dann am Nichtausdrückbaren ergötzen, seine Tage am Rande des Faßbaren hinbringen und sich in den Außenbezirken des Erhabenen ergehen. Will man der Unfruchtbarkeit entgehen, so muß man sich inmitten der Trauer der Vernunft zu entfalten suchen . . .

In der Erwartung, in einem Noch-nicht-Seienden leben, heißt jene stimulierende Labilität akzeptieren, die der Begriff des Zukünftigen voraussetzt. Jegliche Sehnsucht ist ein Hinausschreiten über die Gegenwart, und selbst als Nachtrauern hat sie bereits

dynamischen Charakter: man will dem Vergangenen Gewalt antun, will rückwirkend handeln, man erhebt Einspruch gegen das Unwiderbringliche. Nur da, wo es Vergewaltigung der Zeit bedeutet, hat das Leben einen Inhalt. In dem Besessensein von dem Gedanken an ein Anderswo zeigt sich die Unmöglichkeit des Augenblicks; und diese Unmöglichkeit ist die Sehnsucht schlechthin!
Daß die Franzosen sich stets geweigert haben, das Undefinierbare in seiner ganzen Unvollkommenheit zu erleben oder gar zu fördern, gibt wohl einigen Aufschluß über ihr Wesen. Als Kollektiverscheinung besteht dieses Übel in Frankreich so gut wie überhaupt nicht: im *»cafard«* liegt nichts Metaphysisches, und im *»ennui«* bekundet sich ein eigentümliches Gelenktwerden. Zugeständnisse an das *Mögliche* lehnen die Franzosen ab; ihre Sprache schon bewahrt sie vor solchen Gefahren. Gibt es denn ein Volk, das sich wohler fühlte in der Welt, ein Volk, für welches das *Zuhause* mehr Sinn und Gewicht hätte, ein Volk, für welches die Immanenz größere Anziehungskraft besäße?
Um von Grund auf ein *anderes* zu begehren, bedarf es des Sichabsetzens von Raum und Zeit, muß das Leben seine Beziehungen zu Ort und Augenblick auf ein Mindestmaß einschränken. Daß die Geschichte Frankreichs so wenig Lücken aufzuweisen hat, ist auf die Treue zurückzuführen, die dieses Land seiner Wesenheit bewahrt, auf jene Treue, die unserem Hang zum Vollkommenen schmeichelt und jenes Bedürfnis nach Unvollendetem irreführt, das jeder tragischen Schau innewohnt. Das einzige Ansteckende in Frankreich ist die Klarsichtigkeit, ist die Angst davor, der Hereingefallene, das Opfer zu sein. Daher läßt ein Franzose sich auch nur völlig bewußt auf ein Abenteuer ein: er *will* dann der Düpierte sein, er selbst ist es dann, der sich die Augen verbindet; unbewußtes Heldentum erscheint ihm – mit Recht übrigens – als ein Mangel an Geschmack, als ein Opfer ohne Eleganz. Aber die brutale Zweideutigkeit des Lebens verlangt, daß jeder seiner Augenblicke von dem *Impuls* – und nicht von dem Willen – beherrscht sei, Kadaver zu sein, in metaphysischer Hinsicht der Hereingefallene zu sein.
Haben die Franzosen ihre *»nostalgie«* überdeutlich gemacht und sie so eines gewissen zuinnerst verborgenen und gefährlichen Glan-

zes beraubt, so spricht aus der *»Sehnsucht«* die ganze Zwiespältigkeit der zwischen *»Heimat«* und *»Unendlichkeit«* hin- und hergerissenen deutschen Seele.
Wie sollte diese Seele auch zur Ruhe kommen? Auf der einen Seite ihr Wille, die Unteilbarkeit von Herz und Heimaterde zu erleben; auf der anderen ihre nie gestillte Begierde nach Raum. Und da der Ausdehnung keine Grenzen gesetzt sind, da mit ihr vielmehr die Neigung zu neuen Irrfahrten wächst, weicht das Ziel mit jedem Schritt, den man vorankommt, zurück. Daher die Vorliebe für alles Exotische, die Leidenchaft für das Reisen, die Freude an der Landschaft als solcher; daher auch der Mangel an innerer Form, die verschrobene Tiefe – verlockend und abstoßend zugleich. Es gibt keine Lösung für die Spannung zwischen »Heimat« und »Unendlichkeit«: sie ist ein gleichzeitiges Verwurzelt- und Entwurzeltsein, sie bedeutet die Unmöglichkeit, Heim und Ferne zu versöhnen. Der seinem innersten Wesen nach stets unheilbringende Imperialismus – ist er nicht lediglich die ins Politische und gemeinhin Konkrete übersetzte Sehnsucht?
Man kann nicht oft genug darauf hinweisen, welche Konsequenzen gewisse Imponderabilien der Seele für den Gang der Geschichte haben. Eine davon ist die Sehnsucht; sie gönnt uns keine Ruhe, weder im Dasein noch im Absoluten; sie nötigt uns vielmehr, im Undeutlichen dahinzutreiben, unsere Seßhaftigkeit einzubüßen, *ohne Deckung* in der Zeit zu leben.

Der Heimaterde entrissen und in die Dauer verbannt sein, abgeschnitten sein von seinen Wurzeln im Unmittelbaren, heißt: die der ersten Trennung und dem ersten Riß voraufgegangene Ursprünglichkeit wiedererlangen wollen. Denn die Sehnsucht ist nichts anderes als das Gefühl, ewig weit weg zu sein von Zuhause; und außerhalb der Deutlichkeit des »ennui« und des in sich widerspruchsvollen Postulats einer Synthese von Heimat und Unendlichkeit, wird sie zu einer Rückkehr zum Unmittelbaren, Endlichen, Irdisch-Mütterlichen. So wie der Geist, ersinnt auch das Herz sich Utopien: die merkwürdigste davon ist die eines *heimatlichen* Alls, wo man ausruhen darf von sich selber – auf einem kosmischen Ruhekissen für alle unsere Müdigkeiten.

Nicht nach etwas Handgreiflichem strebt die Sehnsucht, sondern nach einer Art abstrakter Wärme, grundverschieden von der Zeit und einem paradiesischen Vorgefühl nah verwandt. Alles, was die Existenz als solche nicht gelten läßt, grenzt an Theologie. Die Sehnsucht ist also nichts anderes als eine Gefühls-Theologie, deren Absolutes sich aus den Elementen des Wunsches zusammensetzt und deren Gott ein von der Ermattung ausgearbeitetes Indeterminiertes ist.

Die Einsamkeit — Schisma des Herzens

Jedesmal, wenn das Leben sich nicht als ein Wunder erweist, jedesmal, wenn der Augenblick nicht aufstöhnt in überirdischem Erschaudern, sind wir dem Untergang geweiht. Wie es erneuern, jenes innere Erfülltsein, wie jene Sekunden rasender Begeisterung wiederholen, jene vulkanischen Blitze, jene unerhörte Inbrunst, die Gott zu einem Zufall erniedrigen, der sich in dem Lehm, der wir sind, ereignet? Wie, durch welche List es noch einmal erleben, jenes Gewittertosen, vor dem die Musik selber uns seicht vorkommt, wie Abfall von den Klängen der Orgel in unserem Innern?
Es steht nicht in unserer Macht, die Erinnerung an jenes Ergriffensein in uns wachzurufen, das uns eins sein ließ mit dem Beginn aller Bewegung, das uns zu Herren machte über den ersten Augenblick der Zeit und uns für die Dauer einer Sekunde mitwirken ließ an der Schöpfung. Was wir von ihr, der Schöpfung, jetzt noch wahrnehmen, ist lediglich ihre Blöße, ist der graue Alltag der Realität: wir leben, um uns der Ekstase zu entwöhnen. Und nicht das Wunder bestimmt hinfort unsere Tradition und unsere Substanz, sondern vielmehr die Leere eines um seine Flammen betrogenen, abwesenden Weltalls, dem nun all unser Grübeln gilt: es ist ein einsames All vor einem einsamen Herzen, beide dazu bestimmt, voneinander getrennt zu sein und erbittert in der Antithese zu verharren. Hat die Einsamkeit sich so weit vertieft, daß sie weniger die Gegebenheit unseres Daseins, als vielmehr unseren einzigen Glauben darstellt, so hören wir auf, solidarisch zu sein mit dem Ganzen: Daseinshäretiker, werden wir ausgestoßen aus

der Gemeinschaft der Lebenden, die sich des Wartens befleißigen, die keuchenden Atems warten auf etwas, das nicht der Tod sei. Wir, die wir nicht mehr im Bann dieser Erwartung stehen, die wir verstoßen wurden aus der Ökumene der Illusion, bilden die Sekte der Erzketzer: unsere Seele selber wurde in der Häresie geboren.

[»Wenn unsere Seele sich im Zustand der Gnade befindet, ist ihre Schönheit so erhaben und so wunderbar, daß sie alles Schöne in der Natur weit hinter sich läßt und das Auge Gottes und der Engel entzückt.« – Ignatius von Loyola]
Ich habe versucht, in einer Gnade zu stehen, in irgendeiner Gnade; ich war willens, Schluß zu machen mit allem Fragen und unterzutauchen in einem Licht der Unwissenheit, in irgendeinem über den Intellekt erhabenen Licht. Doch wie ihn ausstoßen, jenen Seufzer der Glückseligkeit, der alles Fragen übertrifft, wenn keine »Schönheit« dich erleuchtet und wenn Gott und die Engel Blinde sind?
Einstmals, als die Schutzherrin Spaniens und deiner Seele, als die heilige Therese dir einen Weg der Anfechtung und des Taumels vorzeichnete, versetzte der Abgrund der Transzendenz dich in Entzücken, wie ein Sturz in die Himmel. Aber diese Himmel sind entschwunden – wie Anfechtung und Taumel –, und in deinem kalten Herzen sind die Fiebergluten von Avila auf immer erloschen.
Welche seltsame Fügung ihres Schicksals will es, daß gewisse Wesen in dem Augenblick, da sie mit einem Glauben übereinstimmen könnten, zurückweichen und einen Weg einschlagen, auf dem sie nur zu sich selber, also nirgendshin gelangen? Geschieht dies etwa aus Angst, sie könnten, einmal in der Gnade stehend, einbüßen, was sie von anderen unterscheidet? Jeglicher Mensch entfaltet sich auf Kosten seiner Tiefen, jeglicher Mensch ist ein sich der Mystik versagender Mystiker: die Erde ist übersät mit Gnadebezeigungen, die versäumt, mit Mysterien, die mit Füßen getreten wurden.

Denker der Spätzeit

Athen lag im Sterben und mit ihm der Kult der Erkenntnis. Die großen Systeme hatten ausgelebt: auf das rein Begriffliche beschränkt, wollten sie von Seelenqual, Heilssuche und uferlosen Meditationen über den Schmerz nichts wissen. Nun, da die Polis ihrem Ende entgegenging und die Umwertung alles Zufälligem am Menschen in Theoreme zuließ, konnte ein Beliebiges – ein Niesen oder der Tod – an die Stelle der bisherigen Probleme treten. Die wahnhafte Suche nach Heilmitteln aller Art kennzeichnet das Ende einer Kultur; die Heilssuche wieder ist das Merkmal einer sterbenden Philosophie. Plato und Aristoteles hatten derlei Anliegen nur um der Ausgewogenheit ihrer Systeme willen Raum gegeben; nach ihnen gewannen diese jedoch allenthalben die Oberhand.

Dem untergehenden Rom wurden lediglich die Nachklänge des Niedergangs Athens und der Abglanz seiner Erschöpfung zuteil. Als die Griechen ihren Zweifel kreuz und quer durch das Imperium umherführten, war dessen Zusammenbruch und das Ende der Philosophie virtuell bereits vollzogen. Nun, da sämtliche Fragen legitim schienen, konnte der Irrglaube an das Bestehen formaler Grenzen das Überhandnehmen ausgelassener Wißbegier nicht länger hemmen. Epikureismus und Stoizismus drangen mühelos ein: an die Stelle abstrakter Lehrgebäude trat die Moral, und die aus der Art geschlagene Vernunft wurde ein Werkzeug der Praxis. In den Straßen Roms wimmelte es von Epikureern und Stoikern, von Experten der Weisheit, welche die verschiedensten Rezepte der »Glückseligkeit« anboten, von vornehmen Scharlatanen, die auf den Randbezirken der Philosophie auftraten und Heilung von der immer weiter um sich greifenden, unheilbaren Müdigkeit versprachen. Ihrer Therapeutik gebrach es jedoch an Mythen und jenen fremd anmutenden Geschichten, die inmitten der allgemeinen Erschlaffung die Stärke einer Religion zu bilden begannen, die sich an keinerlei Nuancen kehrte, einer Religion, die aus weiterer Ferne kam als sie selber. Weisheit: letztes Wort einer erlöschenden Kultur, Dunstkreis historischer Dämmerzeiten, zur Weltanschauung verklärte Müdigkeit, letzte Spanne vor dem Heraufkommen neuer, jüngerer Götter – und der Barbarei; vergebliches Ansetzen zu einer Melodie inmitten des allenthalben sich erhebenden Todesröchelns. Denn der *Weise*, Theoretiker des kristallklaren Todes, Heros der Indifferenz und Symbol der ausgehenden, entartenden, vazierenden Philosophie, hat das Problem seines Todes gelöst ... und damit sämtliche Probleme aufgehoben. Mit den seltensten Lächerlichkeiten behaftet, stellt er einen Grenzfall dar, wie man ihm in extremen Epochen begegnet, gleichsam als außergewöhnliche Bestätigung des allgemeinen Kräfteverfalls.

Wir, die wir uns an einem dem Todeskampf der Antike symmetrisch gegenüberliegenden Punkte befinden und den gleichen Übeln und unumgänglichen Zaubern preisgegeben sind – wir sehen die großen Systeme an ihrer begrenzten Vollkommenheit zugrunde gehen. Auch für uns wird nun alles zum Gegenstand einer Philosophie ohne jede Würde und Strenge ... Das unpersönliche Geschick des Denkens hat sich in tausend Seelen, in tausend Demütigungen der *Idee* zersplittert ... Weder Leibniz, noch Kant, noch Hegel können uns noch etwas nützen. Wir sind mit unserem eigenen Tod vor die Tore der Philosophie getreten: sie sind morsch, und da sie nichts mehr zu verteidigen haben, öffnen sie sich von selber ... und alles, was immer es auch sei, wird jetzt zum philosophischen Thema. An die Stelle der Lehrsätze tritt der Aufschrei: es ergibt sich eine Philosophie des *fundus animae*, die sich mit allen Einzelheiten wiederfinden läßt in den Erscheinungsformen der Geschichte und im äußeren Ablauf der Zeit.

Auch wir streben nach »Glückseligkeit«, sei es aus Raserei, sei es aus Verachtung: die Glückseligkeit verachten heißt indessen auch, ihrer eingedenk sein, heißt sie ablehnen, indem man an sie denkt; auch wir suchen das »Heil«, und sei es auch nur dadurch, daß wir es durchaus nicht wollen. Mögen wir auch die negativen Helden eines überreifen Zeitalters sein: gerade dadurch sind wir seine *Zeitgenossen*. Ob man seine Zeit verrät oder ihr glühender Anhänger ist: beides bedeutet – in scheinbarem Widerspruch – ein und denselben Akt der Teilnahme. Die großartigen Ohnmachten, das subtile Siechtum, das Streben nach einem überzeitlichen Nimbus: alles Wege, die zur Weisheit führen – wer würde sie nicht wiedererkennen in sich selber? Wer fühlte nicht das Recht in sich, inmitten der ihn umgebenden Leere *alles* zu behaupten, bevor die Welt sich in der Morgenröte eines neuen Absoluten und einer neuen Negation auflöst? Immer droht irgendein Gott am Horizont. Wir stehen am Rande der Philosophie, denn wir willigen in ihr Ende ein. Sehen wir also zu, daß keinerlei Gott sich in unsern Gedanken ansiedelt, bewahren wir also unsere Zweifel, achten wir auf unser scheinbares Gleichgewicht und sorgen wir dafür, daß wir auch weiterhin durch unser immanentes Schicksal versucht bleiben –: jedes willkürliche, ja grillenhafte Streben verdient den Vorzug vor unerschütterlichen Wahrheiten. Nur darum greifen wir zu einem Heilmittel nach dem anderen – ohne jemals ein wirksames oder brauchbares zu finden –, weil wir weder an die gesuchte Linderung noch an unsere Sinnesfreuden glauben. Unbeständige Weise, sind wir die Epikureer und Stoiker im Rom der Moderne ...

Mittel zur Selbstvernichtung

Im Gefängnis geboren, mit überbürdeten Schultern und Gedanken, könnten wir auch nicht einen einzigen Tag beenden, wenn uns die Möglichkeit, allem ein Ende zu bereiten, nicht dazu antriebe, den Tag darauf neu zu beginnen ... Um alles bringt uns diese Welt mit ihren Fesseln und ihrer stickigen Luft – außer um die Freiheit, Hand an uns zu legen; und diese Freiheit flößt uns eine derartige Kraft und einen solchen Stolz ein, daß wir der Last, unter der wir stöhnen, schließlich Herr werden.
Schalten und walten können mit sich selber und es sich dennoch versagen: welche Gabe ist geheimnisvoller als diese? Daß es in unserer Macht steht, uns umzubringen, ist ein Trost, der die Behausung, in der wir nach Atem ringen, zu einem unendlichen Raum ausdehnt. Der Gedanke unserer Selbstzerstörung, die Mannigfaltigkeit der Mittel, um sie zuwege zu bringen, ihre so einfache Handhabung und ihre Greifbarkeit – all dies erfreut und erschreckt uns: denn nichts ist einfacher und zugleich furchtbarer als der Akt, durch den wir ein für allemal über uns selbst entscheiden. In einem einzigen Augenblick heben wir sämtliche Augenblicke auf – Gott selber könnte es nicht. Aber großspre-

cherische Teufel, die wir sind, schieben wir unser Ende hinaus: wie sollten wir auch auf die Entfaltung unserer Freiheit und auf das Spiel unseres Eigendünkels verzichten? ...
Wer noch niemals seine eigene Vernichtung geplant hat, wessen Gedanken noch niemals bei Strick, Revolverkugel, Gift oder Meerestiefe als bei einer letzten Zuflucht geweilt haben, ist ein nichtswürdiger Kettensträfling, ein Wurm, der sich auf dem kosmischen Aas dahinschleppt. Alles vermag diese Welt uns zu nehmen, alles vermag sie uns zu verbieten; aber es steht in niemandes Macht, uns daran zu hindern, daß wir uns selbst aus der Welt schaffen. Sämtliche Werkzeuge sind uns dabei behilflich, und alle unsere Abgründe laden uns dazu ein; aber alle unsere Instinkte lehnen sich dagegen auf. Und dieser Widerspruch führt im Geist zu einem ausweglosen Konflikt. Kaum haben wir begonnen, über das Leben nachzusinnen, kaum haben wir darin das unendliche Vakuum zu erforschen begonnen, als unsere Instinkte sich auch schon zu Lenkern und Mitwirkenden unserer Handlungen aufwerfen; sie hemmen den Flug unserer Inspiration und lähmen unsere Befreiungsversuche. Wären wir im Augenblick unserer Geburt ebenso bewußt wie beim Hinaustreten aus unserer Jugend, so wäre der Selbstmord eines Fünfjährigen höchstwahrscheinlich eine alltägliche Erscheinung, wenn er nicht gar Ehrensache wäre. Wir erwachen jedoch zu spät: wir haben die Jahre gegen uns, die ihre Fruchtbarkeit ausschließlich der Gegenwart unserer Instinkte verdanken, und diese Instinkte vermögen die Schlüsse, die wir aus unseren Meditationen und Enttäuschungen ziehen, lediglich zu beirren. Sie reagieren also; unterdessen sind wir uns jedoch unserer Freiheit bewußt geworden, sind wir zu einer Entschlußkraft gelangt, die um so verführerischer wirkt, als wir keinen Gebrauch von ihr machen. Sie erst macht uns die Tage und mehr noch die Nächte erträglich; wir sind nicht mehr so bettelarm, nicht mehr vom Mißgeschick zerschlagen: allerhöchste Hilfe steht uns zu Gebote. Und selbst wenn wir sie kein einziges Mal verwerten sollten und unser Leben in hergebrachter Weise aushauchten, so hätten wir dennoch bei all unserer Verlassenheit einen Schatz besessen: gibt es denn reicheren Besitz als den Selbstmord, den ein jeder in sich trägt?

Wenn die Religionen es uns verboten haben, Hand an uns zu legen, so deshalb, weil sie darin ein Beispiel von Ungehorsam erblickten, das Götter und Tempel herabwürdigte. So sah das Konzil von Orléans den Selbstmord für eine schwerere Sünde an als den Totschlag, da der Mörder jederzeit Reue empfinden und sein Seelenheil wiedergewinnen kann, während derjenige, der sich das Leben nimmt, die Grenzen der Heilsmöglichkeit überschritten hat. Aber geht der Akt des Selbstmordes nicht etwa von einem radikalen Heilsbegriff aus? Und wiegt das Nichts nicht die Ewigkeit auf? Der Einsame hat es keineswegs nötig, das Weltall mit Krieg zu überziehen; *sich selber* stellt er das Ultimatum. Sobald er sich selber *absolut* gesetzt hat, erstrebt er kein ewiges *Sein* mehr. Er lehnt Himmel und Erde ab, wie er sich selber ablehnt. So wird er zumindest zu einer Fülle an Freiheit gelangt sein, wie sie jenem, der sie im Unbestimmt-Künftigen sucht, unerreichbar bleibt ...

Keine Kirche und keine Obrigkeit hat bisher auch nur ein einziges tragbares Argument gegen den Selbstmord zustandegebracht. Was will man dem, der das Leben nicht länger ertragen kann, entgegenhalten? Niemand ist imstande, die Bürde eines andern auf die eigene Schulter zu nehmen. Und die Dialektik – welche Kraft will sie dem Ansturm eines unwiderlegbaren Kummers, einer tausendfältigen Trostlosigkeit entgegensetzen? Der Selbstmord ist ein spezifisches Merkmal des Menschen, eine seiner großen Entdeckungen. Kein einziges Tier ist seiner fähig, und selbst die Engel haben ihn allenfalls *erahnt;* ohne ihn wäre das Menschendasein lange nicht so merkwürdig und pittoresk: es wäre nicht mehr umwittert von Seltsamem, und es gebräche ihm an jener langen Reihe düsterer Möglichkeiten, die allesamt ihren ästhetischen Wert haben, sei es auch nur den, den Knoten der Tragödie in verschiedenster Weise zu schürzen und zu lösen.

Die Weisen der Antike, die sich den Tod gaben, um ihre Reife zu beweisen, hatten eine Disziplin des Freitodes geschaffen, die wir Heutigen verlernt haben. Zu einer geistlosen Agonie auserkoren, sind wir weder Urheber unseres letzten Augenblicks noch Herr unseres letzten Lebewohls; das Ende ist nicht mehr *unser* Ende: wir ermangeln jener einzigartigen, einmaligen Entschließung, die uns für ein schales und talentloses Leben entschädigen könnte, wie uns ja auch der sublime Zynismus und der Glanz antiker Sterbensweise fehlt. Routiniers der Verzweiflung, willigen wir in unser Kadaverdasein ein, überleben wir uns alle; und sterben wir, so nur um eine unnütze Formalität zu erledigen. Es ist, als wäre unser Leben lediglich darauf bedacht, den Augenblick hinauszuzögern, da wir uns seiner entledigen könnten.

Die reaktionären Engel

Über die Empörung jenes Engels, der unter allen am wenigsten Philosoph war, ein Urteil abzugeben, das nicht mit Sympathie, Verwunderung oder Mißbilligung untermischt wäre, ist nicht gut möglich. Ungerechtigkeit regiert das Weltall. Allem darin Erbauten oder Zerfallenden ist der Stempel der Unsauberkeit und Bresthaftigkeit aufgeprägt, so als wäre die Materie die Ausgeburt eines Skandals im Schoße des Nichts. Jegliches Geschöpf nährt sich von der Agonie eines anderen Geschöpfes; Vampiren gleich stürzen sich die Augenblicke auf die blutarme Zeit: die Welt ist ein Rezeptakulum der Seufzer ... Ob man nun die Arme kreuzt oder das Schwert zieht, auf diesem Schlachthof ist beides gleichermaßen vergeblich. Kein Toben wäre so großartig, als daß es die Räume erschütterte oder die Seelen adelte. Triumphe und Niederlagen folgen einander nach einem unbekannten Gesetz, das den Namen *Schicksal* trägt, jenen Namen, zu dem wir unsere Zuflucht nehmen, sooft wir mit unserer Philosophie am Ende sind und unser Aufenthalt – auf Erden oder sonstwo – uns unlösbar erscheint und wie ein Fluch, den man ertragen muß, so widervernünftig und unverdient er auch sein mag. Schicksal: ein Lieblingswort in der Fachsprache der Besiegten ... Begierig nach Ausdrücken für das *Nicht-wieder-Gutzumachende,* suchen wir Linderung in der Wortschöpfung, bei Helligkeiten, die über unserem Unstern schweben. Und die Worte sind barmherzig: ihre hauchdünne Realität täuscht und tröstet uns ...
So wird dieses »Schicksal«, dem keinerlei Wollen eignet, zu demjenigen, das *gewollt* hat, was uns zustößt ... Wir, die wir dem Irrationalen als dem einzig möglichen Modus der Erläuterung

huldigen, sehen nun zu, wie es seine Gewichte auf die Waage unserer Bestimmung legt, die doch nur gleichbeschaffene negative Elemente wägt. Woraus den Stolz schöpfen, der die Gewalten herausfordert, die solches verfügt haben und die überdies nichts dafür können? Gegen wen soll man da kämpfen, wogegen soll man den Angriff richten, wo doch die Luft unserer Lungen, der Raum unserer Gedanken, das Schweigen und die Starrheit der Sterne durchsetzt sind mit Ungerechtigkeit? Unsere Empörung ist nicht minder stümperhaft als die Welt, die sie auslöst. Wie das Unrecht wiedergutmachen, wenn wir – gleich Don Quichotte auf seinem Sterbelager, erschöpft und am Ende unserer Torheit angelangt – alle die Kraft und Illusion verloren haben, die man braucht, um den Wanderungen, den Kämpfen und Niederlagen die Stirn zu bieten? Und wie sie wiederfinden, die jugendliche Frische des aufrührerischen Engels, der schon zu Anbeginn der Zeit jene pestartige Weisheit verschmähte, in der alle unsere Anläufe versanden? Woher den Schwung und den Übermut schöpfen, der die Schar der übrigen Engel entmutigt, wo es doch hier unten als noch tieferer Sturz gilt, wenn man ihrem einstigen Genossen Gefolgschaft leistet, wo doch die Ungerechtigkeit der Menschen bloß die Ungerechtigkeit Gottes nachäfft, wo doch ein jeder Aufruhr die Seele dem Unendlichen entgegenstellt und sie an ihm zerschellen läßt? Die anonymen Engel – unter ihre alterslosen Flügel gekauert, auf immer Sieger und Besiegte in Gott, unempfindlich gegen alle unselige Wißbegierde –: wer wagte es, den Stein aufzuheben gegen sie und durch eine Herausforderung ihren Schlaf zu stören? Der Aufruhr – Stolz des Verfallenden – ist geadelt durch seine Nutzlosigkeit: die Leiden erwecken ihn und lassen ihn dann im Stich; der Wahnwitz verherrlicht ihn, die Enttäuschung verleugnet ihn ... Inmitten eines *ungültigen* Alls vermag er nicht, sinnvoll zu sein ...

[In dieser Welt ist nichts an seinem richtigen Ort, angefangen bei der Welt selber. Das Schauspiel der menschlichen Ungerechtigkeit braucht also nicht im geringsten wunderzunehmen. Es ist ein gleich eitles Beginnen, ob man die bestehende Gesellschaftsordnung ablehnt oder hinnimmt: notgedrungen müssen wir ihre

Wendungen zum Besseren oder Schlechteren erdulden, in verzweifelter Gefügigkeit, so wie wir Geburt, Liebe, Witterung oder Tod erleiden. Der Zerfall waltet allen Gesetzen des Lebens vor: unserem Staub weit näher als die leblosen Dinge dem ihren, gehen wir *vor* ihnen zugrunde, hasten wir unserer Bestimmung entgegen, während die scheinbar unzerstörbaren Sterne auf uns herabblicken. Aber auch sie werden einst zerbröckeln in diesem All, das nur unser Herz ernst nimmt – um später diesen Mangel an Ironie mit seinen Zerrissenheiten zu sühnen ...
Keiner kann die Ungerechtigkeit Gottes und der Menschen korrigieren: jeglicher Akt ist lediglich ein dem Anschein nach durchgestalteter Sonderfall des ursprünglichen Chaos. Wir werden hinabgerissen in einen Strudel, der bis in die Morgenröte aller Zeiten zurückreicht; und wenn dieser Strudel die Gestalt einer Ordnung annahm, so nur um uns so besser hinabreißen zu können ...]

Auf Anstand bedacht

Unter dem Stachel des Schmerzes erwacht das Fleisch; als klarsichtige und dabei beschwingte Materie, besingt es seine Auflösung. Solange es von der Natur nicht zu unterscheiden war, ruhte es in der Vergessenheit der Elemente: noch hatte das Ich sich seiner nicht bemächtigt. Aber Materie, die leidet, ist der Schwerkraft entrückt, ist nicht mehr eins mit dem übrigen All, rückt ab vom schlummernden Ganzen; denn der Schmerz – Agens der Trennung, tätiges Prinzip der Vereinzelung – negiert die Wonnen eines statistisch erfaßbaren Schicksals.
Das wahrhaft einsame Wesen ist nicht jenes, das von den Menschen im Stich gelassen wurde, sondern jenes, das mitten unter ihnen leidet, das seine Ödnis auf die Jahrmärkte schleppt und seine Gaben – die Talente eines lächelnden Aussätzigen und Komödianten des Irreparablen – zur Schau stellt. Die großen Einsamen von ehedem waren Glückliche, Doppelzüngigkeit war ihnen fremd, sie hatten nichts zu verbergen: nur mit ihrer eigenen Einsamkeit hielten sie Zwiesprache ...

Unter allen Banden, die uns mit den Dingen verknüpfen, gibt es auch nicht ein einziges, das nicht erschlaffte oder gar verkümmerte unter dem Einwirken des Leidens, das uns von allem befreit, außer von der Gebanntheit durch uns selber und dem Gefühl, unwiderruflich Einzelne zu sein. Dies bedeutet hypostasierte Einsamkeit. Wodurch also sollten wir uns hinfort mit unseren Mitmenschen verständigen, wenn nicht mittels der Taschenspielerkünste der Lüge? Denn wären wir nicht Gaukler, hätten wir uns nicht die Kunstgriffe einer findigen Scharlatanerie zueigen gemacht, wären wir endlich *aufrichtig* bis zur Schamlosigkeit oder gar bis zum Tragischen, – aus unseren Abgründigkeiten ergössen sich Meere von Galle, in denen unterzugehen wir unserer Ehre schuldig wären: nur so könnten wir der Ungebührlichkeit all des Grotesken und Erhabenen entrinnen. Hat das Unglück einen bestimmten Grad erreicht, so wirkt jede Offenherzigkeit anstößig. Hiob hielt zur rechten Zeit inne: ein Schritt weiter, und weder Gott noch seine Freunde hätten ihm noch geantwortet.

[Man ist in dem Maße »zivilisiert«, als man seinen Aussatz nicht in die Welt hinausschreit, als man dem von den Jahrhunderten gesponnenen Lügengewebe Achtung erweist. Niemand hat das Recht, sich unter der Last seiner Stunden zu beugen ... Jeder Mensch birgt eine Möglichkeit zur Apokalypse in sich, aber jeder ist auch bemüht, seine eigenen Abgründe einzuebnen. Ließe jeder seiner Einsamkeit freien Lauf, so müßte Gott diese Welt neu erschaffen, diese Welt, deren Fortbestehen in sämtlichen Punkten von unserer Erziehung abhängt und zugleich auch von unserer Angst vor uns selber ... Das Chaos? – Das hieße alles Gelernte wieder verwerfen, das hieße ein *Selbst* sein ...]

Stufenleiter der Leere

Ich habe den einen dies, den anderen jenes Ziel verfolgen sehen; ich habe gesehen, wie die Menschen fasziniert waren von disparaten Dingen, wie sie dem Zauber von Projekten und Träumen erlagen, die wertlos und unbestimmbar waren. Um die

Ursache soviel nutzlos verschwendeten Eifers zu ergründen, faßte ich jeden dieser Fälle gesondert ins Auge und erkannte so das Widersinnige aller Äußerung und allen Sichbemühens. Gibt es auch nur ein einziges Leben, das nicht durchtränkt wäre von lebenspendenden Irrtümern? Gibt es auch nur *ein* Leben, das deutlich und durchsichtig wäre, ein Leben ohne herabwürdigende Ursprünge, erfabelte Daseinsgründe, wunschentsprungene Mythen? Wo ist eine Tat, die nichts bezweckte, eine ihr Glühen verabscheuende Sonne, ein Engel inmitten einer Welt ohne Glauben, ein müßiggängerischer Wurm inmitten eines der Unsterblichkeit preisgegebenen Alls?

Ich wollte mich wehren gegen die Menschen, wollte ihrer Torheit entgegenwirken, dieser Torheit auf den Grund gehen; ich lauschte und schaute – und mir wurde angst: ich fürchtete, aus den gleichen Gründen oder überhaupt aus irgendeinem Grunde zu handeln, an die gleichen Schemen oder an irgendwelche anderen Schemen zu glauben, mich von den gleichen Trunkenheiten oder von irgendeiner anderen Trunkenheit fortreißen zu lassen; und endlich hatte ich Angst vor dem gemeinsamen Delirium und dem Verröcheln inmitten der Ekstasen. – Ich wußte, daß jede Trennung von einem Menschen mich um den Besitz einer Täuschung brachte, daß ich nun ärmer wurde um die Illusion, die ich ihm ließ ... Seine Fieberworte zeigten deutlich, daß er einer Evidenz verhaftet blieb, die ihm absolut, mir aber lächerlich erschien; bei der Berührung mit seiner Absurdität tat ich die meine ab ... Vermag man denn einem Menschen beizupflichten, ohne dabei das Gefühl zu haben, daß man irrt, und ohne dabei zu erröten? Nur derjenige ist zu rechtfertigen, der *in voller Bewußtheit* das Widervernünftige vollzieht, das alles Tun voraussetzt, nur derjenige, der die Fiktion, der er sich anheimgibt, mit keinerlei Traum verschönt; und ebenso kann man nur denjenigen Helden bewundern, der ohne jede Überzeugung in den Tod geht und um so bereitwilliger sich aufopfert, als er die Bodenlosigkeit solchen Tuns erkannt hat. Was nun die Liebenden anlangt, so wären sie widerwärtig, wenn sie nicht inmitten ihres Sichgebärdens die Vorahnung des Todes streifte. Wie beunruhigend ist doch der Gedanke, wir vermöchten unser Geheimnis – unsere

Illusion – mit ins Grab zu nehmen, wir vermöchten den geheimnisvollen Irrtum nicht zu überdauern, der uns Leben einflößte, der Gedanke, daß mit Ausnahme der Prostituierten und der Skeptiker wir allesamt der Lüge verfallen, weil wir nicht errieten, daß Sinnenlust und Wahrheit in ihrer Nichtigkeit einander aufwiegen!
Ich habe in mir die Gründe aufheben wollen, auf die sich die Menschen berufen, um ihr Dasein zu fristen und tätig zu sein. Ich wollte unsagbar normal werden – und da stehe ich nun, ein Stumpfsinniger, auf gleicher Stufe mit den Idioten und ebenso leer wie sie.

Gewisse Morgen

Gram darüber, nicht Atlas zu sein, nicht durch ein Schütteln meiner Schultern dem Einsturz dieser so lächerlichen Materie beiwohnen zu können ... Der Zorn schlägt einen der Weltentstehung entgegengesetzten Weg ein. Welche geheimnisvolle Fügung läßt uns beim Aufwachen an gewissen Morgen die wilde Lust verspüren, das träg dahinlebende Weltganze in Grund und Boden zu stampfen? Wenn der Teufel durch unsere Adern schwimmt, wenn unsere Gedanken sich verkrampfen und unsere Begierden das Licht zerfetzen, entbrennen und verkohlen die Elemente, und unsere Finger sieben sodann ihre Asche.
Von welchen Nachtmahren wurden wir heimgesucht, daß wir als Feinde des Sonnenlichts erwachen? Sollen wir nun uns selber aus der Welt schaffen, um allem ein Ende zu bereiten? Welches Spießgesellentum, welche Bindungen bewirken unser Fortbestehen in der Verquickung mit der Zeit? Das Leben wäre nicht zu ertragen, gäbe es nicht Kräfte, die es verneinen. Verfügten wir über ein Ausfalltor, über einen Fluchtgedanken, es wäre für uns ein Leichtes, uns aus der Welt zu schaffen und im Rausch der Verzückung dies Weltall wie Brustschleim auszuwerfen ...
... oder aber zu beten und auf neue Morgen zu warten.

[Schreiben wäre ein abgeschmacktes und müßiges Unterfangen, wenn man nach Herzenslust weinen und es wutentbrannten Kindern und Weibern gleichtun könnte. Der unreine Stoff, aus dem wir geknetet wurden, enthält auf seinem Grunde ein Bitteres, das nur Tränen zu versüßen vermögen. Wären wir jedesmal, wenn Kummer uns bedrängt, imstande, uns seiner durch Weinen zu entledigen, so wichen alle vagen Gebresten und alle Poesie von uns. Indes, eine angeborene Zurückhaltung, verschärft durch Erziehung, oder auch die mangelhafte Tätigkeit unserer Tränendrüsen verdammen uns zum Martyrium der Tränenlosigkeit. Hinzu kommt, daß Gezeter, Fluchen und Toben, Geißelung, Fingernägel, die man sich ins eigene Fleisch bohrt, um sich an dem Schauspiel des hervorströmenden Bluts zu erlaben, – daß all dies in unserer Therapeutik nicht mehr vorkommt. Daher unser aller Siechtum, daher unser aller Bedürfnis nach einer eigenen Sahara, in der wir uns ausheulen könnten, nach dem elegischen Gestade eines brausenden Meeres, in dessen entfesseltes Lamento unser noch weit hemmungsloseres Wehklagen einzustimmen vermöchte. Unsere Paroxysmen benötigen als Kulisse eine fratzenhafte Erhabenheit, eine apoplektische Unendlichkeit: die Vision eines Hochgerichts mit dem Firmament als Galgen, an dem unser Gerippe und die Elemente baumeln.]

Geschäftige Trauer

Wir haben sämtliche Wahrheiten gegen uns. Aber wir setzen unser Leben fort, weil wir sie einfach hinnehmen und uns weigern, die nötigen Schlüsse zu ziehen. Wo ist er denn, der Mensch, der aus Astronomie oder Biologie auch nur eine einzige Lehre für sein Verhalten gezogen hätte, der Mensch, der aus Auflehnung oder Demut im Angesicht der Weltraum-Entfernungen oder Naturerscheinungen beschlossen hätte, sich nicht mehr von seinem Bett zu erheben? Hat es jemals einen Stolz gegeben, der sich beugte vor der Offensichtlichkeit unserer Irrealität? Und wer war vermessen genug, um keine Hand mehr zu rühren, weil alles Tun ihm angesichts des Unendlichen lächerlich erschien? Die Wissenschaften beweisen unsere Nichtigkeit. Doch wer hat daraus die höchste Lehre gezogen? Wer wurde zum Helden einer unbeschränkten Faulheit? Niemand legt die Hände in den

Schoß: wir alle sind emsiger als die Ameisen und die Bienen. Und dennoch: wenn durch das Wunder einer Idee oder durch die Verlockung eines Einzeldaseins eine Ameise oder eine Biene sich aus ihrem Haufen oder Schwarm absonderte, wenn sie dem Schauspiel der Mühsal *von außen* zusähe – würde sie sich da noch versteifen auf ihre Plackerei?
Einzig das *animal rationale* hat aus seiner Philosophie nichts zu lernen vermocht: es steht abseits – und verharrt dennoch in den gleichen Irrtümern, die wirksam scheinen, im Grunde aber ohne jede Wirklichkeit sind. Von außen besehen – gleichgültig, von welchem archimedischen Punkt aus –, ist das Leben mitsamt allen seinen Glaubenslehren hinfort unmöglich, ja undenkbar. *Handeln* kann man nur *gegen* die Wahrheit. Tag für Tag fängt der Mensch von vorn an, ungeachtet all seines Wissens und gegen all sein Wissen. Diese Zweideutigkeit trieb er so weit, daß sie zum Laster wurde. Der Scharfblick ist trauerumflort, doch – seltsame Ansteckung! – diese Trauer ist wiederum tätig; und so ziehen wir in einem Trauergeleit dahin bis zum jüngsten Gericht; so machen wir selbst noch aus der höchsten Rast, aus dem Schweigen am Ausgang der Geschichte eine Tätigkeit: selbst die Agonie setzen wir in Szene, selbst für unser Todesröcheln brauchen wir Dynamik . . .

[Atemlose Kulturen erschöpfen sich schneller als solche, die es sich in der Ewigkeit bequem machen. China, das durch Jahrtausende in seiner Altersblüte stand, bietet das einzige nacheifernswerte Beispiel; als einziges Land gelangte es schon vor langer Zeit zu einer verfeinerten, der Philosophie überlegenen Weisheit: der Taoismus übertrifft alles, was der Geist jemals auf der Ebene der Loslösung erdachte. – Wir rechnen nach *Generationen:* es ist der Fluch kaum hundertjähriger Kulturen, daß ihnen über ihrem Hasten das Gefühl für Zeitlosigkeit abhanden kam.
Es liegt auf der Hand, daß wir auf der Welt sind, um müßig zu gehen; aber anstatt unser Aas lässig durchs Leben zu schleppen, lassen wir unseren Schweiß aus allen Poren brechen, ringen wir in der stinkenden Luft verzweifelt nach Atem. Die ganze Weltgeschichte ist im Verwesen begriffen; ihre Ausdünstungen rük-

ken vor in die Zukunft: wir eilen dorthin, um wenigstens des Fiebers teilhaftig zu werden, das jede Auflösung begleitet.
Es ist zu spät, als daß die Menschheit sich noch von der Illusion der *Tat* befreien könnte, es ist vor allem zu spät, als daß sie noch zur *Heiligkeit des Müßiggangs* emporgelangen könnte.]

Gefeitheit gegen den Verzicht

Alles, was auf die Ewigkeit Bezug hat, wird unweigerlich zum Gemeinplatz. Zu guter Letzt läßt die Welt sich jede beliebige Offenbarung gefallen, gibt sie sich mit jedem beliebigen Schauder zufrieden, vorausgesetzt, daß man eine Formel für sie gefunden hat. Die Idee einer weltumspannenden Nichtigkeit – gefährlicher als alle unsere Plagen – sank zur Augenfälligkeit herab: alle lassen sie gelten, aber niemand richtet sich nach ihr. Die entsetzliche Angst vor einer allerletzten Wahrheit wurde zahm gemacht; zum Kehrreim geworden, schwand sie aus dem Denken der Menschen, die sie nun auswendig herleiern, sie, die kaum geahnt, schon genügen würde, um diese Menschen hinabzuschleudern in den Abgrund oder in das Heil. Aus der Vision der nichtigen Zeit gingen die Heiligen und die Dichter hervor – und die Verzweiflung einiger Vereinzelter, die nach dem Bann trachten ...
Der Menge ist diese Vision nicht fremd; immer wieder hört man sie sagen: »Was nützt das alles?«, »was macht das schon?«, »man wird schon noch anderes zu Gesicht bekommen«, »je häufiger das wechselt, um so mehr ist es dasselbe«, – doch nichts geschieht, niemand greift ein: kein einziger neuer Heiliger oder Dichter ... Wenn die Menge sich auch nur an eine einzige dieser abgedroschenen Redensarten kehrte, das Antlitz der Welt sähe anders aus. Aber die Ewigkeit – einem lebensfeindlichen Gedanken entsprungen – würde den Vollzug der menschlichen Akte gefährden, wenn sie zum Reflex würde: so wird sie zum Gemeinplatz, um durch mechanische Wiederholung in Vergessenheit zu geraten. Heiligkeit ist ein Abenteuer, wie Dichtung. Die Menschen sagen: »Alles geht vorüber«, – aber wie viele erfassen die Tragweite dieser erschrecklichen Banalität? Wie viele fliehen

das Leben, besingen oder beweinen es? Wer ist nicht von der Überzeugung durchdrungen, daß alles eitel ist? Doch wer ist Manns genug, den Folgen Rechnung zu tragen? Ein zur Metaphysik Berufener ist seltener als die absonderlichste Mißgeburt – und dennoch trägt jeder Mensch die Elemente dieser Berufung virtuell in sich. Einem indischen Prinzen genügte es, einen Lahmen, einen Greis oder einen Toten zu sehen, *um alles zu verstehen;* wir, die wir sie sehen, begreifen nichts, denn nichts verändert sich in unserem Leben. Wir können auf nichts verzichten, was es auch sei; und dennoch ist die Vergänglichkeit augenfällig und zum Greifen nahe. Hoffnungskranke, warten wir immerzu; und unser Leben ist nichts weiter als hypostasiertes Warten. Eher warten wir auf *alles*, selbst auf das Nichts, als daß wir versetzt würden in einen ewigen Schwebezustand, in die Lage einer teilnahmslosen Göttlichkeit oder eines Kadavers. So erhofft das Herz, dem das Irreparable als Axiom gilt, sich immer noch Überraschungen von diesem. Die Menschheit lebt dahin, verliebt in das sie verleugnende Geschehen ...

Gleichgewicht der Welt

Die scheinbare Symmetrie von Freud und Leid beruht keineswegs auf ihrer gerechten Verteilung: sie geht vielmehr aus der Ungerechtigkeit hervor, von der die einen betroffen werden, um mit ihrer Last die Unbekümmertheit der anderen aufzuwiegen. Die Folgen ihres Tuns auf sich nehmen – oder davor bewahrt bleiben: dies ist der Menschen Los. Diese Diskriminierung geht ohne jedes Kriterium vor sich: sie ist Verhängnis, widersinniges Erbteil, grillenhafte Selektion. Keiner entgeht dieser Verdammung zum Glück oder zum Unglück, keiner entzieht sich dem mit seiner Geburt über ihn ausgesprochenen Urteil und dem grotesken Gerichtshof, dessen Entscheidungen auf der ganzen Strecke zwischen Spermatozoon und dem Grabe Rechtsgültigkeit haben.

Es gibt Menschen, die für all ihre Freude aufkommen müssen, die all ihre Lust sühnen müssen, die Rechenschaft ablegen müssen für alles, was sie unterließen: niemals haben sie die Schuld auch

nur eines einzigen Augenblicks des Glücks zu begleichen. Tausend Bitterkeiten krönen jeden einzelnen ihrer Wonneschauer, so als hätten sie keinen Anspruch auf alle die Süßigkeiten, die gang und gäbe sind, so als gefährdete ihr Sichgehenlassen das animalische Gleichgewicht der Welt ... Sie sind glücklich gewesen inmitten einer Landschaft? – Sie werden sie missen inmitten des hereinbrechenden Kummers. Sie sind stolz gewesen auf Pläne und Träume? – Sie werden auffahren wie aus einer Utopie, eines Besseren belehrt durch nur allzu reale Leiden.
So gibt es Hingeopferte, die für die Sorglosigkeit der anderen aufkommen müssen, die nicht nur für das eigene, sondern auch für das fremde Glück büßen. So wird das Gleichgewicht wieder hergestellt; das Verhältnis von Freud und Leid wird harmonisch. Hat ein dunkles, weltumspannendes Prinzip euch einmal dazu bestimmt, der Ordnung der Opfer anzugehören, so werdet ihr euer Lebtag das Körnchen Seligkeit, das euer Inneres birgt, mit Füßen treten, und das Fünkchen Elan, das in euren Blicken und Träumen aufglomm, wird sich mit Schmutz bedecken beim Anblick der Unreinheit von Zeit, Materie und Menschen. Euer Piedestal wird ein Misthaufen sein und eure Tribüne eine Folterbank. Einer Glorie aus Schorf und eines Kranzes aus Speichel werdet ihr würdig sein. Ihr wollt einherschreiten neben jenen anderen, denen alles gebührt, denen alle Wege offenstehen? Der Staub, die Asche selbst wird sich auftürmen, um euch die Ausgänge aus Zeit und Traum zu versperren. Wohin ihr euch auch wenden mögt, euer Fuß wird versumpfen im Morast, Hymnen des Kotes werdet ihr anstimmen, und über eure Häupter, die sich euren vom Mitleid mit euch selber bewohnten Herzen zuneigen, wird der Atem der Glückseligen hinweggehn, der Atem jener gebenedeiten Spielzeuge einer namenlosen Ironie, die ebenso schuldlos sind wie ihr.

Abschied von der Philosophie

Meine Abkehr von der Philosophie geschah in dem Augenblick, da ich die Unmöglichkeit erkannte, bei Kant auch nur die geringste menschliche Schwäche, auch nur den leisesten Akzent

wahrer Trauer zu entdecken. Weder bei Kant noch bei irgendeinem andern Philosophen entdeckte ich sie. Stellt man sie der Musik, der Mystik oder der Poesie gegenüber, so zeigt sich, daß jede Philosophie auf eine Schwächung der Säfte, auf eine verdächtige Abgründigkeit zurückgeht, wie sie lediglich einen Zaghaften oder einen Lauen zu verführen vermögen. Im übrigen ist die Philosophie – diese unpersönliche Unruhe, dies Obdach, das blutleere Ideen gewähren – der Zufluchtsort aller jener, die dem korrumpierenden Überschwang des Lebens aus dem Wege gehen. Das Leben fast aller Philosophen ist *gut* ausgegangen: darin liegt das stärkste Argument gegen die Philosophie. Selbst das Ende eines Sokrates hat nichts Tragisches an sich: es war ein Mißverständnis, das Ende eines Pädagogen – und wenn Nietzsche Schiffbruch erlitt, so nur als Dichter und Seher: er sühnte seine Verzückungen, nicht seine Gedankengänge.
Mit Explikationen kommt man um das Dasein nicht herum: man muß es erleiden, es hassen oder lieben, es anbeten oder fürchten, inmitten jenes Wechsels von Seligkeit und Entsetzen, in dem sich der Rhythmus des Seins bekundet, seine Schwankungen und Dissonanzen, sein bitteres oder frohes Ungestüm.
Welcher von uns ist noch niemals – unvermutet oder zwangsläufig – ratlos geworden, und welcher erhob sodann nicht die Hände im Gebet, um sie wieder sinken zu lassen, leerer noch als die Antworten der Philosophie? Man sollte meinen, ihr sei aufgetragen, uns zu schützen, solange ein Versehen unseres Schicksals uns diesseits der Verwirrungen beläßt, und uns zu verlassen, sobald wir hinübertauchen müssen. Wie sollte dem auch anders sein, wo doch ersichtlich ist, wie wenig von ihrem Leid die Menschheit in ihre Philosophie übergehen ließ. Das Ausüben der Philosophie fruchtet nichts; es ist lediglich ehrenvoll. Stets ist man ungestraft Philosoph: es ist ein schicksalsloses Handwerk, das mit umfangreichen Gedanken teilnahmslos-leerstehende Stunden ausfüllt, jene Stunden, die weder dem Alten Testament noch Bach oder Shakespeare zugänglich sind. Und fanden diese Gedanken vielleicht jemals in einer Buchseite einen Niederschlag, der einen Jammerschrei Hiobs, ein Entsetzen Macbeths oder eine Bachsche Kantate aufwöge. Über das Weltall *diskutiert* man

nicht; man *verleiht ihm Ausdruck.* Die Philosophie bringt es jedoch keineswegs zum Ausdruck. Erst wenn man sie durchwandert und ausgeschöpft hat, beginnen die wahren Probleme, erst nach dem letzten Kapitel eines riesigen Bandes, worunter der Schlußpunkt gesetzt wird zum Zeichen der Abdankung vor dem Unbekannten, in dem alle unsere Augenblicke wurzeln und mit dem es zu ringen gilt, weil es dem Wesen nach unmittelbarer, vordringlicher ist als unser tägliches Brot. Hier verläßt uns der Philosoph: er ist ein Feind aller Schicksalsschläge, er ist besonnen wie die Vernunft und ebenso umsichtig wie sie. Und so verbleiben wir in der Gesellschaft eines alten Pestkranken, eines in sämtlichen Delirien unterwiesenen Dichters und eines Musikers, dessen Erhabenheit weit über die Sphäre des Herzens hinausreicht. Erst dann fangen wir zu leben an, wenn wir am Ende der Philosophie angelangt sind und auf ihren Trümmern stehen, erst dann, wenn wir eingesehen haben, wie furchtbar nichtig sie ist und daß es nichts frommte, zu ihr Zuflucht zu nehmen, da sie keinerlei Beistand zu gewähren vermag.

[Die großen Systeme sind im Grunde nichts anderes als gleißende Tautologien. Welcher Vorteil erwächst denn aus dem Wissen, daß das Wesen allen Seins im »Lebensdrang«, in der »Idee« oder den Einfällen Gottes oder der Chemie liege? Bloße Wortwucherungen sind das, subtile Sinnverlagerungen. Was *ist,* widersetzt sich der Einschnürung durch Worte, und sein inneres Erleben enthüllt uns nichts, was über den begnadeten, unsäglichen Augenblick hinausginge. Überdies ist das Sein selber nur eine Prätension des Nichts.
Man definiert nur aus Verzweiflung. Man braucht eine Formel, braucht ihrer sogar viele, und sei es auch nur, um dem Geist eine Grundlage und dem Nichts eine Fassade zu geben.
Weder Begriffe noch Ekstasen bringen etwas zuwege. Kaum stößt uns die Musik zum »Innersten« des Seins hinab, als wir auch schon wieder emportauchen: die Bestrickung löst sich, und das Wissen erweist sich als nichtig.
Was wir berühren oder ersinnen, ist ebenso ungewiß wie unsere Sinne und unser Verstand; *sicher* sind wir nur in der Welt un-

serer Worte, die sich nach Belieben handhaben läßt – und wirkungslos bleibt. Das Sein ist stumm, und der Geist ist ein Schwätzer. Dies nennt sich *Erkennen.*
Die Originalität der Philosophen beschränkt sich auf das Ersinnen von Fachausdrücken. Da es gegenüber der Welt nur drei oder vier Verhaltensweisen gibt – und etwa ebenso viele Sterbensweisen –, sind die Schattierungen, die sie abwandeln und vervielfachen, lediglich eine Frage der Wahl zwischen Wörtern ohne jede metaphysische Tragweite.
Wir leben in den Schlünden eines pleonastischen Alls, in dem die Fragen soviel wert sind wie die Antworten.

Vom Heiligen zum Zyniker

Der Spott hat alles zu einem bloßen Vorwand herabgesetzt, mit Ausnahme der Sonne und der Hoffnung, mit Ausnahme der beiden Vorbedingungen des Lebens: des Gestirns der Welt und des Gestirns des Herzens – das eine strahlend, das andere unsichtbar. Ein Gerippe, das sich in der Sonne wärmte und Hoffnung hegte, wäre stärker als ein verzweifelter, des Lichtes müder Herkules; ein der Hoffnung zur Gänze aufgeschlossenes Wesen wäre mächtiger als Gott und lebendiger als das Leben. Macbeth, »der Sonne überdrüssig«, ist der Auswurf der Kreatur, denn nicht die Verwesung ist der wahre Tod, sondern der Abscheu vor allem Strahlenden, der Widerwille gegen alles Keimende, gegen alles, was in der Wärme der Illusion zur Entfaltung gelangt.
Alles, was unter der Sonne entsteht und vergeht, hat der Mensch entweiht – außer der Sonne; alles, was in der Hoffnung geboren wird und stirbt – außer der Hoffnung. Da er nicht die Stirn hatte, noch weiter zu gehen, setzte er seinem Zynismus eine Schranke. Ein Zyniker nämlich, der sich für konsequent hält, ist es nur in Worten; seine Gebärden machen ihn zum widerspruchsvollsten aller Wesen: keiner, der mit seinem Aberglauben abgerechnet hätte, könnte danach noch weiterleben. Um zu einem totalen Zynismus zu gelangen, bedürfte es eines Kräfteaufwands, der dem der Heiligkeit entgegengesetzt, aber zumindest

ebenso groß wäre; oder man müßte sich einen Heiligen vorstellen, der, auf der höchsten Stufe seiner Läuterung angelangt, die Vergeblichkeit seiner Anstrengungen entdeckte – und die Lächerlichkeit Gottes ...
Ein solches Monstrum an Klarsichtigkeit würde das Leben von Grund auf verändern: es besäße Kraft und Autorität genug, um selbst die Grundbedingungen seiner eigenen Existenz in Frage zu stellen; es liefe nicht länger Gefahr, sich selbst zu widersprechen; keinerlei menschliches Versagen würde seine Kühnheit beeinträchtigen; er hätte jene fromme Ehrfurcht verloren, die wir gegen unsern Willen auch noch den letzten unserer Illusionen entgegenbringen, und triebe nun sein Spiel mit seinem Herzen und mit der Sonne ...

Rückkehr zu den Elementen

Hätte die Philosophie seit den Vorsokratikern auch keinerlei Fortschritt zu verzeichnen, es bestünde darum dennoch kein Grund zur Klage. Erschöpft inmitten all des Begriffsplunders, erkennen wir schließlich, daß unser Leben nach wie vor ein Hin und Her inmitten der Elemente bleibt, aus denen sie schon damals die Welt aufbauten, daß immer noch Erde, Wasser, Feuer und Luft uns bedingen, daß jene rudimentäre Physik immer noch den Umriß unserer Heimsuchungen und unserer Drangsal darstellt. Indem wir diese wenigen Grundgegebenheiten komplizierten, büßten wir – gebannt durch Staffage und Aufbau der Theorien – die Fähigkeit ein, das sich seit den Schöpfungstagen gleichgebliebene Schicksal zu begreifen. Auf ihr Wesen beschränkt, bleibt unsere Existenz jedoch auch weiterhin ein Ringen mit den von jeher bestehenden Elementen, ein Kampf, dessen Heftigkeit durch unser Wissen keineswegs gemildert wird. Die Helden aller Zeiten sind nicht minder unglücklich als die homerischen, und wenn sie schließlich zu *Figuren* wurden, so nur darum, weil es ihnen an Atem und Größe gebricht. Wie sollten auch die Errungenschaften der Wissenschaft die metaphysische Kondition verändern können? Und was bedeutet schon all das Schürfen in der Materie, was bedeuten all die Einblicke und der

Ertrag der Analyse im Vergleich mit den Hymnen der Veden und jener Schwermut beim Heraufdämmern der Geschichte, die aus der anonymen Poesie spricht?
Auch die beredteste Dekadenz gibt uns über das Mißgeschick nicht mehr Aufschluß als das Gestammel eines Hirten, und im Grinsen eines Schwachsinnigen liegt letzten Endes mehr Weisheit als in der Forschungsarbeit der Laboratorien –: ist es da nicht Torheit, dem Wandel der Wahrheiten durch Zeiten und Bücher nachzugehen? – Laotse, dessen Belesenheit sich auf ein paar Schriften beschränkte, ist darum nicht naiver als wir, die wir alles gelesen haben. Tiefe hängt nicht mit Gelehrsamkeit zusammen. Wir verlagern die Erkenntnisse vergangener Zeitalter auf andere Ebenen und beuten uranfängliche Einsichten mit Hilfe der jüngsten Errungenschaften des Denkens aus. So ist Hegel ein Heraklit, der Kant gelesen hat; und unsere Langeweile, eine Art Gefühls-Eleatik, die Fiktion einer entlarvten und dem Herzen geoffenbarten Mannigfaltigkeit . . .

Ausflüchte

Nur jene, die außerhalb der Kunst stehen, nehmen alle Konsequenzen auf sich. Selbstmord, Heiligkeit, Laster – lauter Formen der Talentlosigkeit. Ob sie nun offen sind oder verlarvt: Bekenntnisse durch Wort, Ton oder Farbe unterbrechen die Stauung der inneren Kräfte, schwächen sie ab und verweisen sie in die Außenwelt. Es ist eine heilsame Herabminderung, durch die jeglicher Schöpfungsakt zum Fluchtumstand wird. Derjenige jedoch, der Energien staut, lebt unter Druck, ein Sklave seiner eigenen Exzesse; nichts behindert sein Stranden im Absoluten . . .
Fast niemals begegnet man einer wahrhaft tragischen Existenz unter denjenigen, die mit den geheimen Mächten, von denen sie gehetzt werden, umzugehen wissen: woher sollten sie, die sich bemüßigen, ihre Seele um das Maß ihres Werkes zu verringern, die Energie schöpfen, die zum äußersten aller Akte nottut? So mancher Held gelangte nur darum in einer prächtigen Art des Sterbens zu seiner Vollendung. weil er nicht die Fähigkeit be-

saß, sein Leben allmählich in Versen auszuhauchen. Jedes Heldentum sühnt – vermöge der Genialität des Herzens – das Ausbleiben eines Talents, jeder Held ist ein unbegabtes Wesen. Und diesem Mangel verdankt er es, daß er vorwärtsgetrieben wird und sich bereichert, während jene anderen, die ihr Schaffensdrang um ihren Anteil am Unsäglichen brachte, als Existenzen in den Hintergrund zurückgeworfen werden, obgleich ihr Geist sie über alle übrigen emporheben könnte.

Manch einer schließt sich aus der Reihe seiner Mitlebenden aus, indem er ins Kloster geht oder allerhand andere Kniffe – Morphium, Onanie, Getränke – anwendet; wo doch irgendeine Ausdrucksform ihn hätte retten können ... Er jedoch, jederzeit sich selber gegenwärtig und im Vollbesitze seiner Vorräte und Verluste, Träger der vollen Summe seines Lebens und dabei außerstande, sie durch die Vorspiegelungen der Kunst zu verringern, überwuchert von sich selber – er kann nicht anders als *total* sein in seinen Gesten und Entschließungen, er kann aus all dem nur eine Konsequenz ziehen, die ihn *zur Gänze* affiziert. Extremen vermag er keinerlei Geschmack abzugewinnen: er ertrinkt in ihnen; er ertrinkt buchstäblich im Laster, in Gott oder im eigenen Blut, während die Memmenhaftigkeit des Ausdrucks ihn vor dem *Allerletzten* hätte zurückschrecken lassen. Wer *sich Ausdruck verleiht*, handelt nicht gegen sich selber; er kennt lediglich die *Verlockung* zu den äußersten Konsequenzen. Nicht derjenige wird fahnenflüchtig, der diese Konsequenz nicht zieht, sondern derjenige, der sich verzettelt und sich ausplaudert aus Furcht, er könnte, einmal sich selber überlassen, sich verlieren und zusammenbrechen.

Widerstandslosigkeit gegenüber der Nacht

Anfangs vermeinen wir dem Licht *entgegenzuschreiten;* später jedoch lassen wir uns ermüdet von ziellosem Wandern einfach dahingleiten: der immer lockerer werdende Erdboden bietet uns keinen Halt mehr: er tut sich auf. Wollten wir nun unsere Reise nach einem sonnigen Ziel fortsetzen, es wäre vergebens: in uns und unter uns weiten sich die Finsternisse. Kein Schimmer, der uns leuchtete, während wir so gleiten: der Abgrund ruft, und wir gehorchen. Über uns bleibt alles bestehen, was wir hatten sein wollen, alles, was nicht die Kraft besaß, uns höher emporzuheben. Und wir, die wir unlängst noch die Gipfel liebten, die uns alsbald enttäuschten, wir lieben nun unseren Fall, haben Eile, ihn zu vollziehen, sind Werkzeuge eines eigentümlichen Vollzuges, sind gebannt von der Illusion, an den äußersten Rand der Finsternis, an die Grenzen unserer nächtlichen Bestimmung zu rühren. Ist der *horror vacui* einmal in Wollust verwandelt, welch ein Glück bedeutet es dann, sich am Gegenpol des Lichts fortzubewegen! Eine umgestülpte Unendlichkeit, ein Gott, der dort beginnt, wo unser Fuß hintritt, eine Ekstase am Rande der tiefen Schrunden des Seins, ein Dürsten nach schwarzen Aureolen, ein Traum, der Kopf steht und uns verschlingt –: das ist die Leere.

Wird uns der Taumel zum Gesetz, so laßt uns, während wir hinabstürzen, einen unterirdischen Glorienschein, laßt uns einen Kranz tragen. Entthronte des Diesseits, wollen wir dessen Szepter hinübertragen, auf daß die Nacht geehrt werde mit neuem Prunke.

[Und dennoch ist dieser Sturz – mit Ausnahme einiger weniger Augenblicke der Pose – alles andere denn feierlich und beschwingt. Für gewöhnlich versinken wir in nächtlichen Schlamm, in einem Dunkel, das dem Licht an Mediokrität kaum etwas nachgibt ... Das Leben ist nichts als ein Erstarren im Zwielicht, ein Trägesein zwischen Helle und Schatten, ein Zerrbild jener inneren Sonne, die uns unter der übrigen Materie zu Unrecht hervorragen läßt. Durch nichts wird bewiesen, daß wir mehr sind als nichts. Wollten wir in einem fort jene Überfülle empfinden, die uns zu Rivalen der Götter macht, und die unsere Fieberhitze, unsere Schrecknisse niederringen läßt, so müßten wir uns in einer Temperatur halten, die uns binnen kurzem zur Strecke brächte. Doch unser Durchstrahltsein währt nur einen Augenblick; unser Sturz ist die Regel. Das Leben – es ist ein fortwährendes Zerfallen, ein monotoner Lichtverlust, ein fades Zergehen in Nacht, – ohne Szepter, ohne Aureolen, ohne Glorienschein.]

Der Zeit den Rücken kehrend

Gestern, heute, morgen – lauter Kategorien für Dienstboten. Dem Müßigen, der inmitten der *Untröstlichkeit* prunkt, den jeder Augenblick mit Gram erfüllt, bedeuten Vergangenheit, Gegenwart und Zukunft bloß wandelbare Erscheinungsformen ein und desselben Übels, dessen Substanz sich gleichbleibt, eines Übels, das unerbittlich hereinsickert und monoton verharrt. Dies Übel hat die gleiche Ausdehnung wie das Sein, es ist das Sein selber.

Ich war, ich bin, ich werde sein: das ist ein Problem der Grammatik, nicht der Existenz. Soweit es ein Karneval in der Zeit ist, läßt das Schicksal sich konjugieren; ohne Maske erweist es sich als ebenso reglos und nackt wie ein Epitaph. Wie kann man nur der Stunde, die *ist,* mehr Bedeutung beimessen als der Stunde, die *war* oder *sein wird?* Der Irrtum, in dem die Dienstboten leben – und jeder Mensch, der der Zeit anhängt, ist ein Dienstbote –, ist ein wahrer Zustand der Gnade, eine zauberische Umnachtung; und dieser Irrtum – einem übernatürlichen Schleier gleich – breitet sich über das Verderben, dem alles begierdeentsprungene Tun sich aussetzt. – Dem abgeklärten Müßiggänger jedoch ist das bloße Lebendigsein, ist das tatenlose Erleben eine derartige Fron, daß ihn schon das bloße Erleiden des Daseins das schwerste aller Geschäfte, der strapaziöseste aller Berufe dünkt – und jedes weitere Beginnen unausführbar und so gut wie ungeschehen.

Doppelgesichtige Freiheit

Mag das Problem der Freiheit auch unlösbar sein, wir können immerhin viel Redens davon machen und dabei entweder der Zufälligkeit oder der Notwendigkeit das Wort reden ... Gemütsart und Vorurteile helfen uns, eine Entscheidung zu fällen, die das Problem vereinfacht, ohne es zu lösen. Keine wie immer geartete Spekulation ist imstande, es uns greifbarer zu machen und uns die Fülle und Widersprüchlichkeit seiner Realität erkennen zu lassen; eine besondere Intuition versetzt uns jedoch mitten ins Herz der Freiheit, allen gegen sie ersonnenen Argumenten zum Trotz. Und wir haben Angst; – wir fürchten uns vor der Unermeßlichkeit des Möglichen, denn wir sind nicht gerüstet für eine so weittragende und so jähe Offenbarung, für dies gefährliche Gut, nach dem wir trachteten und vor dem wir nun zurückweichen. Wir, die wir an Ketten und Gesetze gewöhnt sind, was sollen wir nun beginnen angesichts dieser Unzahl von Initiativen und dieser Überfülle an Entscheidungen? Das Verlockende der Willkür erschreckt uns. Können wir zu jeder beliebigen Tat schreiten und sind Eingebung und Laune keinerlei Grenzen mehr gesetzt, wie sollen wir da unseren Untergang im Rausch einer solchen Machtfülle vermeiden können?

Erschüttert von dieser Offenbarung, fährt das Gewissen auf und beginnt sich selbst zu befragen. Wen hat nicht Schwindel befallen, wenn er in einer Welt stand, in der er nach Belieben schalten und walten durfte? Der Mörder macht unbeschränkten Gebrauch von seiner Freiheit und vermag dem Bewußtsein seiner Macht nicht zu widerstehen. Es liegt in eines jeden Macht, einem Mitlebenden das Leben zu nehmen. Verschwänden alle jene, die wir in Gedanken umgebracht haben, auch in der Tat – die Erde hätte keine Bewohner mehr. In unserem Innern wohnt ein unschlüssiger Henker, ein nicht realisierter Verbrecher. Diejenigen, die sich ihre menschenmörderischen Neigungen nicht einzugestehen wagen, morden im Schlaf, bevölkern ihre Alpträume mit Leichen. Ein absolutes Tribunal würde nur die Engel freisprechen. Denn noch nie hat es ein Menschenwesen gegeben, das nicht – zumindest unbewußt – den Tod eines anderen Wesens gewünscht hätte. Jedermann schleppt einen Friedhof voller Freunde und Feinde hinter sich her; und es hat weiter nichts zu bedeuten, ob dieser Friedhof in die Abgründe des Herzens verlegt oder an die Oberfläche der Begierden emporgerückt wird.

Eine bis in ihre feinsten Verästelungen durchdachte Freiheit stellt uns vor die Frage, ob es unser oder eines anderen Leben gilt; sie zieht die zweifache Möglichkeit unserer Rettung und unseres Untergangs nach sich. Allein nur manchmal, in jähem

Aufschrecken, fühlen wir uns frei, erfassen wir Chance oder Gefahr. Und das Intermittierende, die Seltenheit dieser Zustände erklärt, warum diese Welt nichts weiter ist als ein mediokrer Schlachthof und ein fiktives Paradies. Über die Freiheit zu dissertieren bleibt ohne jede Konsequenz, weder zum Guten noch zum Bösen hin; und wir verfügen nur über kurze Augenblicke, um zu erkennen, daß *alles* von uns abhängt . . .
Die Freiheit ist ein *ethisches* Prinzip von *dämonischer* Wesensart.

Überbürdung durch Träume

Könnten wir die Energie aufspeichern, die wir Nacht für Nacht an unsere Träume verschwenden, unser Geist würde zu ungeahnter Tiefe und Subtilität gelangen. Das Zuwegebringen eines Alptraums erfordert eine weit größere Anstrengung unserer Nerven als der Aufbau der bestgefügten Theorie. Wie sollten wir nach dem Erwachen noch an das Aneinanderreihen von Ideen schreiten, wenn uns soeben noch unser Unbewußtes teilnehmen ließ an grotesken und wunderbaren Schauspielen, wenn wir soeben noch dahinrollten durch Sphären, wo keinerlei poesiefeindliche Kausalität uns behinderte? Durch Stunden waren wir trunkenen Göttern gleich – und nun, urplötzlich, während das geöffnete Auge die Unendlichkeit des Nächtlichen aufhob, inmitten der Armseligkeit des Tageslichts, sollten wir wieder darangehen, farblose Gedanken zu wälzen, ohne daß auch nur eines der nächtlichen Phantasmen uns dabei zu Hilfe käme? Also hatte der glanzvolle und unselige Märchenspuk nichts gefrommt; umsonst hatte der Schlaf uns so ermattet. Nun erwachen wir, und eine neue Müdigkeit harrt unser; kaum hatten wir Zeit gehabt, die Müdigkeit des Vorabends zu vergessen, als wir auch schon an die der Morgendämmerung geraten. Stunden um Stunden haben wir uns abgemüht in horizontaler Reglosigkeit, ohne daß unser Hirn aus seiner absurden Tätigkeit auch nur den geringsten Nutzen zog. Ein Schwachsinniger, der nicht einer solchen Kräftevergeudung zum Opfer fiele, der vielmehr alle seine Kraftreserven sich stauen ließe, ohne sie in Träumen zu verzetteln, ein solcher Schwachsinniger könnte als Herr eines idea-

len Wachseins sämtliche Schlupfwinkel der metaphysischen Lügen aufdecken oder sich mit den unentwirrbarsten aller mathematischen Aufgaben vertraut machen.
Mit jeder Nacht wächst unsere Leere: unsere Mysterien wie auch unser Kummer sind in unsere Träume geflossen. So schwächt die Mühsal des Schlafs nicht nur die Kraft unseres Denkens, sondern auch die Kraft unserer Geheimnisse ...

Der vorbildliche Verräter

Nur in der Individuation – diesem letzten Fundament der Einsamkeit – kann das Leben sich vollziehen, und daher ist jedes Wesen zwangsläufig schon darum allein, weil es Individuum ist. Allerdings sind nicht alle Individuen auf die gleiche Art allein und auch nicht mit der gleichen Intensität: in der Hierarchie der Einsamkeit stellt jeder sich auf eine andere Stufe; auf der höchsten befindet sich der Verräter: er treibt seine Vereinzelung auf die Spitze. In diesem Sinne ist Judas zwar das einsamste Wesen in der ganzen Geschichte des Christentums, nicht aber in der Geschichte der Einsamkeit. Er hat nur einen Gott verraten; er *wußte,* was er verriet; er lieferte *jemanden* aus, wie so viele andere *etwas* ausliefern: ein Vaterland oder irgendeinen anderen mehr oder minder kollektiven Vorwand. Der Verrat, der es auf ein ganz bestimmtes Objekt abgesehen hat, ist durchaus nicht geheimnisvoll, selbst wenn er dadurch tiefste Schmach und den Tod zu gewärtigen hat: man hat immerhin eine Vorstellung von dem, was man zerstören wollte; die Schuld bleibt deutlich, ob man sie nun eingesteht oder leugnet. Die Mitmenschen verstoßen dich: schicksalsergeben wanderst du ins Zuchthaus oder besteigst das Schafott ...
Indes, es gibt eine weit verwickeltere Art des Verrats, ohne jeden unmittelbaren Bezug, ohne Zusammenhang mit Dingen oder Personen. So diese: *alles* im Stich lassen, ohne dabei zu wissen, was dieses »Alles« eigentlich darstellt; sich absondern von seiner Umwelt; durch eine metaphysische Entzweiung die Substanz von sich weisen, aus der man geformt wurde, die einen umgibt und trägt.

Wer – und durch welche Herausforderung – will ungestraft der Existenz trotzen? Wer – und mittels welcher Anstrengungen – brächte es fertig, das Prinzip seines eigenen Atmens aufzuheben? Und dennoch: aus dem Willen, das Fundament alles Bestehenden zu untergraben, entsteht ein negativ wirkender Wunsch, so machtvoll und unfaßbar wie der Modergeruch von Gewissensqualen, der das Aufleben einer Hoffnung erstickt ... Hat man Verrat geübt am *Sein,* so bleibt einem nichts als ein vages Unbehagen, und keinerlei Bild unterstützt durch seine Deutlichkeit den Gegenstand, der das Gefühl der Niedertracht weckt. Niemand hebt den Stein auf gegen dich; du bist ein ehrbarer Bürger wie zuvor; du genießt die Ehren der Gemeinschaft, die Achtung deiner Mitmenschen; die Gesetze schützen dich; du bist ebenso angesehen wie jeder beliebige andere, – und niemand merkt, daß du im voraus dein Begräbnis erlebst, daß der Tod deinem ein für allemal festgesetzten Zustande nichts hinzuzufügen hat. Denn der Verräter am Sein hat niemandem Rechenschaft abzulegen außer sich selber. Wer sollte sie auch von ihm verlangen? Wofern du nicht einen Menschen oder eine Institution in Verruf bringst, setzt du dich keinerlei Gefahren aus; das Reale wird von keinem Gesetz geschützt, aber sämtliche Gesetze bestrafen dich für den geringsten Schaden, den du seinen Erscheinungsformen zufügst. Du hast das Recht, das Sein als solches zu untergraben, nicht aber irgendein *Seiendes;* mit Fug darfst du die Grundlagen alles dessen zerstören, was *ist,* aber Gefängnis oder Tod erwarten dich bei dem geringsten Anschlag auf die individuellen Kräfte. Nichts verbürgt die Existenz: es besteht keinerlei Verfahren gegen metaphysische Verräter, gegen die Buddhas, die das Seelenheil ablehnen, denn sie werden lediglich als Verräter an ihrem eigenen Leben angesehen. Und dennoch sind gerade sie diejenigen Übeltäter, die das größte Unheil stiften: nicht die Früchte greifen sie an, sondern den Saft, den Lebenssaft des Alls. Ihre Strafe – nur sie allein kennen sie ...
Möglicherweise wirkt in jedem Verräter ein Verlangen nach Schmach, und vielleicht hängt die von ihm gewählte Art des Verrats von dem Grad der von ihm angestrebten Einsamkeit ab.

Wer hat noch nicht den Wunsch gehegt, eine beispiellose Freveltat zu begehen, durch die er aus der Gemeinschaft der Menschen ausgeschlossen würde? Wen hat es noch nie nach Schimpf und Schande gelüstet, um ein für allemal die Bande zu zerreißen, die ihn mit seinen Mitmenschen verknüpfen, und durch eine unwiderrufliche Verdammung in die Ruhe der Abgründe einzugehen? Und bricht man mit dem All, geschieht dies nicht etwa um des Friedens einer unverzeihlichen Verfehlung willen? Ein Judas mit der Seele Buddhas –: welch ein Vorbild für eine künftige und untergehende Menschheit!

In einer der Dachstuben der Erde

»Von fernen Frühlingen habe ich geträumt, von einer Sonne, die nur den Schaum der Fluten und das Vergessensein meiner Geburt beschiene, von einer Sonne, abhold dem Erdboden und jenem Übel, allenthalben nur dem Wunsch nach einem Anderswo zu begegnen. Dies irdische Los – wer hat es uns auferlegt, wer hat uns an diese verdrossene Materie gekettet, an diese versteinerte Träne, an der unsere aus der Zeit geborenen Tränen zerstieben, an sie, die Unvordenkliche, die Gott in seinem ersten Erschaudern fallen ließ?

Ich habe sie gehaßt, die Mittage und Mitternächte des Planeten, ich habe geschmachtet nach einer Welt ohne Witterungswechsel, ohne Stunden und ohne jede Furcht, von der diese Stunden sich blähen; ich habe die Sterblichen gehaßt, die aufstöhnten unter der Zeitenlast. Wo bleibt jener endlose, wunschlose Augenblick, jene uranfängliche Vakanz, die unempfindlich bleibt gegen die Vorahnungen von Sturz und Leben? Die Geographie des *Nichts* habe ich gesucht, unbekannte Meere und eine andere Sonne, eine Sonne, die rein wäre von der Schande befruchtender Strahlen. – ich habe Ausschau gehalten nach einem Ozean der Skepsis, der mich einwiegte und in dem Axiome und Inseln untergingen – nach einer fließenden Unermeßlichkeit, einschläfernd und süß und müde des Wissens.

Unsere Erde – Sünde des Schöpfers! Allein, ich will nicht mehr für die Verfehlungen der anderen büßen! Ich will von meiner

Geburt genesen in einer Agonie jenseits der Kontinente, inmitten einer flutenden Wüste, in einem unpersönlichen Schiffbruch.«

Ungenaues Entsetzen

Nicht durch das Auftreten eines genau bestimmbaren Übels werden wir an unsere Gebrechlichkeit erinnert: wir werden durch Anzeichen, die viel undeutlicher, aber um so beunruhigender sind, an unsere unmittelbar bevorstehende Verstoßung aus dem Schoß der Zeit gemahnt. Der sich allmählich bemerkbar machende Ekel, diese Empfindung, die uns physiologisch von der Welt trennt, enthüllt uns, wie baufällig unsere Instinkte und wie locker unsere Bindungen sind. Solange wir gesund sind, wiederholt unser Körper den Pulsschlag der Welt, und unser Blut fällt in den Rhythmus ein; aber mit unserem Ekel, der uns wie eine virtuelle Hölle auflauert und uns plötzlich an sich reißt, stehen wir inmitten des Alls so isoliert da wie ein von einer Teratologie der Einsamkeit ersonnenes Ungeheuer.
Der kritische Punkt der Vitalität ist nicht die Krankheit – sie ist Kampf –, sondern dieses unbestimmte, ungenaue Entsetzen, das alles verwirft und den Begierden die Kraft nimmt, neue Irrtümer zu erzeugen. Die Sinne erlahmen, die Adern vertrocknen, und die Organe nehmen nur noch das Intervall wahr, das sie von ihren eigentlichen Funktionen trennt. Alles wird fade: die Nahrung so gut wie der Traum. Kein Aroma mehr in der Materie, kein Rätsel mehr im Traum; Gastronomie und Metaphysik fallen gleicherweise unserer Appetitlosigkeit zum Opfer. Wir verbringen Stunden damit, auf andere Stunden zu warten, auf Augenblicke, die der Zeit nicht mehr zu entfliehen suchten, die uns zurückversetzten in die Mediokrität der Gesundheit . . .

[Raumgelüste, unbewußtes Begehren nach Zukunft – das ist die Gesundheit. Sie führt uns vor Augen, wie *seicht* das Leben als solches ist, wie unvereinbar organisches Gleichgewicht und innere Tiefe sind.
Erst wo die Funktionen gestört sind, schwingt der Geist sich em-

por: je ausgedehnter die Leere in unseren Organen, je höher sein Flug. *Gesund* an uns ist nur das, wodurch wir nicht spezifisch wir selber sind: erst unser Widerwillen macht uns zu Individuen; erst unsere Traurigkeiten verleihen uns einen Namen; erst durch unsere Verluste gelangen wir in den Besitz unseres Ich. Erst durch die Summe unserer Niederlagen sind wir wir selber.]

Die unbewußten Dogmen

Wohl sind wir imstande, den *Irrtum* eines Menschen zu durchschauen und ihm die Eitelkeit seiner Vorsätze und Unternehmungen vor Augen zu führen – aber wie reißen wir ihn aus seinem hartnäckigen Verharren in der Zeit heraus, ihn, dessen Fanatismus so tief sitzt wie seine Instinkte und so alt ist wie seine Vorurteile? Wir tragen in uns – als unantastbaren Hort – einen Wust nichtswürdiger Meinungen und Gewißheiten. Und selbst derjenige, der sich ihrer zu entledigen vermag oder Herr über sie zu werden versteht, bleibt – inmitten der Ödnis seiner Klarsichtigkeit – ein Fanatiker seiner selbst und seines eigenen Daseins: alle seine Zwangsvorstellungen hat er zuschanden getreten, nicht jedoch den Boden, aus dem sie emporkeimen; alle seine festen Punkte hat er verloren, nicht aber das Prinzip der Festigkeit selbst. Die Dogmen des Lebens sind unanwendbarer als die der Theologie, denn jedes Dasein ist verankert in Unfehlbarkeiten, vor denen die Elukubrationen des Irrsinns und des Glaubens erblassen. Noch der in seine Zweifel verliebte Skeptiker erweist sich als Fanatiker der Skepsis. Der Mensch ist der Dogmatiker schlechthin; und seine Dogmen sitzen um so tiefer, als er sie nicht formuliert, als er ihnen gehorcht, ohne sie zu kennen.

Wir alle glauben an weit mehr, als wir denken, wir beherbergen Unduldsamkeiten aller Art, wir hegen und pflegen blutrünstige Voreingenommenheiten, wir greifen zu den äußersten Mitteln, um unsere Ideen zu verteidigen: als uneinnehmbare Festungen durchwandern wir die Welt. Jeder ist sich selbst ein allerhöchstes Dogma; keine Theologie beschirmt ihren Gott wie

wir unser Ich beschützen. Und geschieht es, daß wir dieses Ich mit Zweifeln bestürmen und es in Frage stellen, so nur aus stutzerhaftem Hochmut: wir haben dabei gewonnenes Spiel.
Wie sollte man auch der Unbedingtheit seines Selbst entrinnen können? Dazu müßte man ein Wesen sein, das keinerlei Instinkte besäße, keinen Namen trüge und nichts ahnte von seinem eigenen Bild. Die Welt spiegelt indessen jeden unserer Gesichtszüge wider; und selbst die Nacht ist nie so finster, als daß sie uns daran hindern könnte, uns in ihr zu spiegeln. Stets sind wir uns selber nur allzu gegenwärtig, und unser Nichtvorhandensein vor der Geburt und nach dem Tode wirkt auf uns lebendig als Idee ein, und auch dann nur ein paar Augenblicke lang. Die Fieberwallungen unserer Erdendauer empfinden wir als eine Ewigkeit, die zwar abnimmt, deren Prinzip jedoch unausschöpfbar bleibt.
Der Mensch, der sich nicht anbetet, muß erst geboren werden. Alles Lebende liebt sich zärtlich; – woher käme sonst das Entsetzen, das in den Tiefen und an der Oberfläche des Lebens wütet? Ein jeder ist sich selber der einzige ruhende Pol im All. Und wenn jemand für eine Idee in den Tod geht, so deshalb, weil es *seine* Idee ist, weil seine Idee *sein Leben ist.*
Keinerlei Vernunftskritik wird jemals den Menschen aus seinem »dogmatischen Schlaf« erwecken. Sie wird zwar die unbesonnenen Gewißheiten ins Wanken bringen, deren es in der Philosophie so viele gibt, sie wird starre Behauptungen durch dehnbare Meinungen ersetzen – wie aber soll sie auf rationalem Wege die auf ihren eigenen Dogmen schlummernde Kreatur wachrütteln können, ohne daß diese dabei umkommt?

Dualität

Es gibt eine vulgäre Sinnesart, die uns alles mögliche in dieser Welt bejahen läßt, die jedoch nicht Kraft genug besitzt, um uns diese Welt selbst bejahen zu lassen. So vermögen wir die Drangsale des Lebens hinzunehmen und dabei das Leben selbst zu verwerfen, so lassen wir uns von unseren Begierden mitreißen und lehnen dabei die Begierde selbst ab. Im Bejahen des Daseins

liegt eine Art Niedrigkeit, der wir erst dank unserem Stolz und dank unserem Kummer entrinnen, vor allem aber dank der Melancholie, die uns vor dem Absinken in ein unserer Feigheit abgerungenes, endgültiges Jasagen bewahrt. Denn was ist niedriger als dieses *Ja,* das wir zur Welt sagen? Und dennoch erneuern wir unausgesetzt diese Zustimmung, wiederholen wir diese abgedroschene Redensart, leisten wir dem Leben immer wieder diesen Eid, den nur dasjenige in uns abschwört, das sich der Niedrigkeit widersetzt.
Wir können leben wie die übrigen und dennoch in unserem Innern ein *Nein* tragen, das größer ist als die Welt: die Unendlichkeit der Melancholie . . .

[Man vermag nur jene zu lieben, die das zum Leben unentbehrliche Mindestmaß an Gemeinheit nicht überschreiten. Es wäre indessen schwierig, dieses Maß an Gemeinheit zu begrenzen, und dies um so mehr, als keinerlei Tun sich seiner begeben kann. Alle vom Leben Ausgestoßenen beweisen, daß es ihnen an Niedertracht gebrach . . . Wer in einem Zwist mit seinem Nächsten recht behält, entsteigt einer Kotgrube; und wer dabei erliegt, büßt für eine Reinheit, die er nicht besudeln wollte. Nichts ist seiender und wahrhaftiger an einem Mitmenschen als seine Gewöhnlichkeit; alles Lebendige entspringt ihr. Andererseits jedoch ist man um so verächtlicher, je fester man im Leben steht. Derjenige, von dem nicht eine vage Gräberstimmung ausgeht, der im Vorbeiziehen nicht den Hauch einer aus fernen Welten kommenden Melancholie hinterläßt, gehört der Welt der Untertiere an und – spezifischer noch – der Menschheitsgeschichte.
So unversöhnlich ist der Gegensatz von Gewöhnlichkeit und Melancholie, daß neben ihm alle übrigen Gegensätze als kurzweilige Hirngespinste erscheinen; selbst die schroffesten Antinomien verlieren ihre Schärfe vor diesem Widerstreit, in dem – einer vorherbestimmten Dosierung zufolge – unsere Unterweltlichkeit und unsere träumerische Galle einander begegnen.]

Der Renegat

Er erinnert sich daran, irgendwo zur Welt gekommen zu sein, an angestammte Irrtümer geglaubt, Prinzipien aufgestellt und heißspornige Albernheiten angepriesen zu haben. Die Schamröte steigt ihm ins Gesicht . . . und er hat Eile, seiner Vergangenheit, seinen wirklichen oder nur erträumten Heimatländern, den seinem Mark entquollenen Wahrheiten abzuschwören. Er wird erst Frieden finden, wenn er den letzten Zugehörigkeitsreflex, die letzte ererbte Begeisterung beseitigt hat. Wie könnte er sich noch von den Gewohnheiten des Herzens hinreißen lassen, wenn er sich von jeglichem Herkommen lösen will und wenn selbst das Ideal jenes Weisen der Antike, jenes Verächters aller Gemeinwesen, ihm wie ein Kompromiß vorkommt? Wer niemandes Partei ergreifen kann, weil jedermann gleichzeitig recht und unrecht hat, weil alles gerechtfertigt und zugleich widervernünftig ist, der muß darauf verzichten, einen eigenen Namen zu tragen, der muß seine Identität mit Füßen treten und ein neues Leben der Unempfindlichkeit oder der Hoffnungslosigkeit beginnen. Oder aber er muß eine neue Art von Einsamkeit erfinden, muß sich in die Leere ausbürgern und von Exil zu Exil sämtliche Etappen der Entwurzelung abschreiten. Aller Vorurteile enthoben, wird er der schlechthin Unbrauchbare, den niemand zu Rate zieht und den niemand fürchtet, weil er alles mit der gleichen Teilnahmslosigkeit gelten läßt oder ablehnt. Wenn er auch ungefährlicher ist als ein gedankenloses Insekt, so ist er dennoch eine wahre Geißel des Lebens, denn das Wort »Leben« ist aus seinem Wortschatz verschwunden – mitsamt den Namen der sieben Schöpfungstage. Das Leben würde ihm dies nicht weiter verdenken, wenn er wenigstens an dem Chaos, aus dem es entstand, Geschmack fände. Er jedoch verleugnet alles anbeginnliche Fieber, allem zuvor seinen eigenen Ursprung, und hat für die Welt nur kühle Erinnerungen und ein höfliches Bedauern übrig.

[Von Verleugnung zu Verleugnung schreitend, schrumpft sein Dasein: wie sollte er, der undeutlicher, unwirklicher geworden ist als ein Vernunftsschluß, den man aus lauter Seufzern ziehen wollte, ein Wesen sein aus Fleisch und Blut? An Blutleere gibt er der Idee kaum etwas nach; er hat sich abstrahiert von Vorfahren, von Freunden, von sämtlichen Seelen, von sich selber: in seinen einst so ungestüm durchtosten Adern schimmert nun das Licht einer anderen Welt. Allem Erlebten entwachsen, gleichgültig gegen alles noch zu Erlebende, reißt er die Grenzpfähle am Wegrand nieder, reißt er sich heraus aus der Mitte der Meilensteine sämtlicher Zeiten. »Niemals wieder will ich mir in meiner eigenen Begleitung begegnen«, sagt er zu sich, glücklich darüber, daß er nun auch seinen letzten Haß gegen sich selbst gekehrt hat, glücklicher noch darüber, da er – *während er Gnade walten läßt* – Wesen und Dinge vernichten kann.]

Der künftige Schatten

Mit gutem Recht dürfen wir uns eine Zeit ausmalen, in der wir über alles hinausgewachsen sein werden, selbst über die Musik, selbst über die Poesie – eine Zeit, in der wir unsere Traditionen und Leidenschaften in Verruf bringen und uns selber dermaßen desavouieren werden, daß wir, eines offen zutage liegenden Grabes überdrüssig, in einem fadenscheinigen Leichentuch durch unser Leben wandeln werden. Wenn ein Sonett, dessen Strenge die Welt des Wortes über die herrlichste aller Phantasiewelten emporhebt, uns nicht mehr zu Tränen rührt; wenn beim Anhören einer Sonate unser Gähnen über unsere Ergriffenheit siegt –, dann wollen die Friedhöfe nichts mehr von uns wissen, sie, die nur frische Leichen aufnehmen, nur solche, in denen noch eine Spur von an Leben gemahnender Wärme west.
Bevor wir das Greisenalter erreicht haben werden, wird noch eine Zeit kommen, in der wir unsere Gluten wieder zurücknehmen und halb Aas, halb Gespenst dahinwandeln werden, niedergebeugt von den Palinodien unseres Fleisches ... Aus Furcht, Mitschuldige der Illusion zu werden, unterdrücken wir dann jede Regung unseres Herzens. Weil wir es nicht verstanden haben, unser Leben in einem Sonett zu entkörperlichen, werden wir nun unser in Lumpen gehülltes Aas umherschleppen: weil

wir weiter gegangenen sind als die Musik oder der Tod, werden wir – erblindet – in eine schaurige Unsterblichkeit hineinstolpern ...

Die Blüte der fixen Ideen

Der Mensch wirkt und gedeiht, solange er den Schutz des Irrsinns genießt; macht er sich jedoch von der so ergiebigen Tyrannei seiner fixen Ideen frei, so ist er verloren. Nun läßt er alles gelten und verhüllt mit seiner Toleranz nicht nur geringfügige Vergehen, sondern sämtliche Verbrechen, Ungeheuerlichkeiten, Laster und Verirrungen: sie alle gelten ihm gleich viel. Seine selbstzerstörerische Duldsamkeit erstreckt sich auf die Gesamtheit aller Schuldigen, auf die Opfer ebenso wie auf die Henker; er gehört sämtlichen Parteien an, denn er ist einer Meinung mit allen. Gallertartig, angesteckt von der Unendlichkeit, hat er seinen »Charakter« eingebüßt: er hat keine Stützpunkte, keine Wahnideen mehr. Vor der Gesamtschau verschwimmen die Einzeldinge, und selbst derjenige, der sie noch voneinander zu unterscheiden vermag, ist diesen Dingen weder freund noch feind, sein Herz ist aus Wachs und nimmt unterschiedslos die jeweilige Form der Gegenstände oder Wesen an. Sein Mitleid gilt dem Dasein, seine Barmherzigkeit ist die eines Zweifelnden, nicht die eines Liebenden; es ist die skeptische Barmherzigkeit eines Wissenden, die sämtliche Anomalien entschuldigt. – Wer jedoch Partei ergreift, wer im Wahn der Entscheidungen und der Wahl lebt, ist niemals barmherzig; unfähig, sich sämtliche Gesichtspunkte zu eigen zu machen, verwiesen in den Bereich seiner Wünsche und Grundsätze, erliegt er einer *Hypnose des Endlichen.* Denn die Kreatur gelangt erst dann zur Entfaltung, wenn sie dem Universalen den Rücken gekehrt hat ... Irgend etwas sein – ohne jede Bedingung etwas sein – ist stets eine Art Irresein, von dem das Leben – Blüte der fixen Ideen – sich nur löst, um zu verkümmern.

Der „Himmelshund“

Es ist nicht zu ermitteln, welcher Verluste es bedarf, damit ein Mensch den Mut aufbringe, sämtlichen Konventionen zu trotzen; es bleibt unbekannt, was Diogenes alles verlor, um der Mann zu werden, der sich *alles* herausnahm, der Mann, der seine geheimsten Gedanken mit der übernatürlichen Frechheit eines zugleich unzüchtigen und keuschen Gottes der Erkenntnis in die Tat umsetzte. Keiner war freimütiger als er, der ein Grenzfall von Offenherzigkeit und Klarsichtigkeit war und gleichzeitig auch ein Beispiel dessen, was wir sein könnten, wenn nicht Erziehung und angelernte Heuchelei unsere Wünsche und Äußerungen hemmten.

»Eines Tages ließ ihn ein Mann in ein reich ausgestattetes Haus kommen und sagte zu ihm: Vor allen Dingen, spucke nicht auf den Fußboden! Diogenes, der gerade Lust zum Spucken verspürte, spie ihm ins Gesicht und rief ihm zu, dies sei die einzige schmutzige Stelle, die er gefunden und wo er hätte hinspucken können.« (Diogenes Laërtius)

Welcher Gast eines Reichen hat es in der Tat nicht bedauert, daß ihm nicht ein Weltmeer von Speichel zu Gebote stand, das er über alle Besitzenden dieser Erde gießen konnte? Und wer hat nicht seinen Speichel hinabgewürgt, aus Furcht, er könnte ihn noch einem wohlangesehenen, dickbäuchigen Lumpenkerl ins Gesicht schleudern?

Wir alle sind lächerlich vorsichtig und zaghaft: Zynismus wird nicht in der Schule gelernt; Stolz ebensowenig.

»In seinem Buche ›*Die Tugend des Diogenes*‹ erzählt Menippos, wie dieser, nachdem er gefangengenommen und verkauft wurde, gefragt worden sei, worauf er sich denn verstehe. ›Auf das Befehlen‹, habe er erwidert und dem Herold zugerufen: ›Geh und frage, wer einen Gebieter kaufen will.‹ «

Der Mann, der Alexander und Plato die Stirn bot, der auf dem Marktplatz onanierte [»Gebe der Himmel, daß es genüge, sich den Bauch zu reiben, um seinen Hunger zu stillen!«], der Mann mit der berühmten Tonne und der nicht minder berühmten Laterne, der Mann, der in seiner Jugend Falschmünzer war [welches Geschäft könnte eines Zynikers würdiger sein als dieses?], welche Erfahrungen hatte dieser Mann wohl mit seinen Nächsten gemacht? – Ohne Zweifel die gleichen, die wir alle machen, mit der Ausnahme jedoch, daß der Mensch dabei der alleinige Gegenstand seiner Reflexion und seiner Verachtung war. Ohne sich von irgendeiner Ethik oder Metaphysik irreführen zu lassen, übte er sich darin, den Menschen zu entkleiden, um ihn uns nackter, erbärmlicher zu zeigen, als irgendeine Komödie oder Apokalypse ihn je gezeigt hat.

»Ein verrückt gewordener Sokrates« – so nannte ihn Plato. – Er hätte ihn weit richtiger einen »aufrichtig gewordenen Sokrates« genannt, einen Sokrates, der auf das Gute, auf alle Formeln und auf die Polis verzichtet hatte und ausschließlich Psychologe geworden war. Aber Sokrates bleibt – bei all seiner Erhabenheit – konventionell; er bleibt der *Meister*, das *erbauliche* Vorbild. Diogenes allein stellt keinerlei Thesen auf. Seine Haltung – und das Wesen des Zynismus überhaupt – ist von Grund auf bestimmt von dem physischen Horror vor der Lächerlichkeit des Menschseins.

Derjenige Denker, der illusionslos über die menschliche Realität nachsinnt, gelangt – wofern er in der Welt bleiben will und alle Mystik als leere Ausflucht außer Betracht läßt – zu einer Schau, in der Weisheit, Bitterkeit und Farce zusammentreffen. Wählt er den Marktplatz als Ort seiner Einsamkeit, so setzt er seinen ganzen Eifer daran, »seinesgleichen« zu verhöhnen und seinen Ekel umherschweifen zu lassen, einen Ekel, wie wir ihn uns heutzutage inmitten all des Christentums und Polizeiwesens nicht mehr leisten können. Zweitausend Jahre der Kanzelreden und Gesetzbücher haben unsere Galle entgiftet. Und überdies: wer sollte auch in einer Welt, die solche Eile hat wie die unsere, stehenbleiben, um auf unsere Unverschämtheit etwas zu erwidern oder um sich an unserem Gekläff zu ergötzen?

Daß man dem größten Kenner der Menschen den Beinamen »Hund« gab, beweist, daß der Mensch zu keiner Zeit den Mut aufbrachte, sich zu seinem wahren Ebenbild zu bekennen, daß er schonungslose Wahrheiten immer von sich gewiesen hat. Diogenes hatte die *Pose* abgeschafft. Welch ein Ungeheuer in den Augen

der anderen! Wem es um einen ehrenvollen Platz in der Philosophie zu tun ist, der muß ein Komödiant sein, muß die Regeln des Gedankenspiels beachten und sich für allerlei Scheinprobleme begeistern können. Auf keinen Fall darf der Mensch, so wie er ist, sein Anliegen sein. – Weiter nach Diogenes Laërtius: »Als bei den Olympischen Spielen der Herold verkündete: ›Dioxypp hat die Menschen besiegt‹, entgegnete Diogenes: ›Er hat nur Sklaven besiegt, die Menschen, sie sind meine Angelegenheit.‹«
Und in der Tat, er hat sie besiegt wie kein anderer außer ihm, mit Waffen, furchtbarer als die der Eroberer – er, der nichts besaß als seinen Bettelsack, er, der besitzloseste aller Bettler, der wahre Heilige des Hohngelächters.
Wir müssen dem Zufall Dank wissen, der ihn zur Welt kommen ließ, ehe das *Kreuz* heraufkam. Wer weiß, ob eine seiner Losgelöstheit aufgepfropfte Versuchung durch ein außermenschliches Abenteuer ihn nicht dazu verleitet hätte, irgendein Asket zu werden, heiliggesprochen von der Nachwelt und verloren in der Masse der Kalenderheiligen ... Dann erst wäre er nämlich verrückt geworden, er, der zutiefst Normale, der wie kein andrer aller Lehre und Doktrin fernblieb. Das gräßliche Gesicht des Menschen: als einziger hat *er* uns enthüllt. Eine Religion, die allem Augenfälligen feind ward, kam nun und trübte die Verdienste des Zynismus, trat sie nieder. Doch der Augenblick ist gekommen, den Wahrheiten des Gottessohnes die Wahrheiten dieses »Himmelshundes« – wie ein zeitgenössischer Dichter ihn nannte – entgegenzustellen.

Zweideutigkeit des Genies

Jegliche Inspiration geht aus einer Fähigkeit zum Übertreiben hervor: ohne diesen Elan, der die Worte bis zum Bersten anschwellen läßt, bliebe die Lyrik – und mit ihr die ganze Welt der Metapher – eine klägliche Gereiztheit unseres Gemüts. Erscheinen die Elemente oder die kosmischen Dimensionen zu gering, um als Maßstäbe unserer Zustände zu dienen, so erfordert die Poesie lediglich ein wenig Klarheit der sie präfigurierenden und hervortreibenden Gefühlswallungen, um aus dem Stadium des Virtuellen und Bevorstehenden hinauszutreten. Keine echte Inspiration, die nicht aus einer Seele hervorginge, deren Anomalie es ist, umfassender zu sein als die Welt ... Aus den Wortbränden eines Shakespeare oder eines Shelley schlägt uns der Geruch der Wortasche entgegen, der Qualm der mißlungenen Weltschöpfung. Ein Wort greift auf das andere über, so als fände keines von ihnen ein Äquivalent für seine innere Dilatation; dies ist die Hernie der Metapher, der transzendente Bruch armseliger Worte, die Kinder der Alltagssprache sind und nun auf wunderbare Weise zu den Höhen des Herzens emporrücken. Die Wahrheiten des Schönen leben von Übertreibungen, die sich als monströs und lächerlich erweisen, sobald man sie etwas näher ins Auge faßt. Die Poesie: ein kosmogonisches Irrereden ... Hat man jemals Scharlatanerie und Ekstase wirkungsvoller vereint? Die Lüge: ein Quell der Tränen! Solcherart ist der Betrug der Genialität und das Geheimnis der Kunst. Himmelhoch aufgeblasene Nichtigkeiten; das Unwahrscheinliche als Weltall-Erzeuger! In jedem Genie lebt ein Bramarbas zusammen mit einem Gott.

Götzendienst am Unglück

Alles, was wir jenseits des krassen Daseins erbauen, alle die mannigfachen Kräfte, die der Welt ein Antlitz verleihen wollen, verdanken wir dem *Unglück*, diesem Architekten der Vielfalt, dem einzigen intelligiblen Faktor unserer Handlungen. Was außerhalb seines Bereichs bleibt, ist nicht mehr faßbar: welchen Sinn sollte für uns ein Ereignis haben, das uns nicht zu Boden schlägt? Die Zukunft *wartet unser*, um uns hinzuschlachten: der Geist verzeichnet nur noch den Bruch des Daseins, die Sinne erzittern nur noch in der Erwartung eines Übels ... Wie sollte man sich von da an nicht in das Schicksal der Lucile de Chateaubriand oder der Karoline von Günderode vertiefen und nicht mit der ersten der beiden widerholen: »Auf meinem Schicksal ruhend will ich in einen Todesschlaf sinken« –, oder sich nicht berauschen an der Verzweiflung, in der die zweite sich den Dolch ins Herz stieß? Mit Ausnahme einiger Beispiele vollendeter Melancholie und einiger einzig dastehender Freitode

sind die Menschen nichts weiter als Hampelmänner, die mit roten Blutkörperchen vollgestopft wurden, um die Geschichte mitsamt ihren Grimassen zu gebären.
Vergöttern wir das Unglück, machen wir es zur Triebkraft und Substanz des Werdens, so tauchen wir in die Helligkeit des vorgezeichneten Geschicks, in die Morgenröte des Unheils, in eine ergiebige Gehenna ... Glauben wir jedoch, es ausgeschöpft zu haben und fürchten wir, daß wir es überleben könnten, so verliert das Dasein seinen Glanz, *wird* es nicht mehr. Und wir fürchten, wir könnten uns nun wieder an die Hoffnung gewöhnen – und unser Unglück verraten, uns selber verraten ...

Der Dämon

Im Glutofen des Blutes, in der Bitterkeit jeder einzelnen Zelle, im Erbeben der Nerven, in jenen Wider-Gebeten, aus denen der Haß aufsteigt, überall da, wo er aus Schrecken sein Wohlbehagen machen kann, hält er sich auf. Soll ich es zulassen, daß er mir die Stunden unterhöhlt, wo ich doch als peinlich genauer Mithelfer meiner eigenen Zerstörung alle meine Hoffnung ausspeien und von mir selber Abstand nehmen könnte? Ein mörderischer Untermieter, teilt er mein Lager, mein Vergessen, meine Schlaflosigkeit; will ich ihn vernichten, so muß ich mich selber vernichten. Und da man nur *einen* Körper und nur *eine* Seele hat, wobei der eine zu schwer, die andere zu dunkel ist, wie soll man da noch ein Mehr an Gewicht und an Finsternis ertragen? Wie schleppt man sich fort durch eine stockfinstere Zeit? Ich träume von einer goldenen Minute außerhalb des Werdens, von einem sonnenbeschienenen Augenblick, der hinausreicht über die Qual der Organe und die Melodie ihres Zerfalls.
Du hörst, wie der Böse in Todesnot oder vor Freude weint, während er deine Gedanken umkrallt –, und erwürgst ihn nicht, den Eindringling? Doch nein, wenn du ihn verwundest, so nur aus – nutzlosem – Entgegenkommen gegen dich selber. Er ist bereits dein Pseudonym, du tust ihm nicht ungestraft Gewalt an. Was sollen diese Winkelzüge beim Herannahen des letzten Akts? Warum solltest du dich nicht an deinen Namen heranwagen?

[Es wäre völlig falsch, wenn man glauben wollte, die »Offenbarung« des Dämons sei ein mit unserem Hiersein untrennbar verbundenes Gegenwärtiges; kommt sie jedoch über uns, so sind wir nicht imstande, uns die Zahl der vorher durchlebten indifferenten Augenblicke vor Augen zu halten. Den *Teufel* anrufen, hieße ein zweideutiges Erregtsein, das unser Stolz sich als solches hinzunehmen weigert, mit einem Rest von Theologie überfärben. Wer jedoch kennt nicht die plötzlichen Schrecken, inmitten derer man dem Fürsten der Finsternis von Angesicht zu Angesicht gegenübersteht?
Unser Hochmut braucht einen Namen, einen großen Namen, um eine Angst zu benennen, die nur allzu erbärmlich wäre, wenn sie nur unserer Körperlichkeit entstammte. Die herkömmliche Erklärung erscheint uns weit schmeichelhafter; ein Überrest von Metaphysik steht dem Geist gut an ...
So kommt es, daß wir, um unser allzu unmittelbares Leid zu verschleiern, auf Wesenheiten zurückgreifen, die zwar veraltet, aber immer noch elegant sind. Denn wie sollten wir zugeben, daß unsere geheimnisvollsten Taumel lediglich auf ein Unbehagen unserer Nerven zurückgehen, wo es doch genügt, an den *Dämon* in uns und außer uns zu denken, um uns sogleich wieder aufzurichten? Von unseren Ahnen haben wir die Neigung, unsere zuinnerst verborgenen Übel zu objektivieren; unser Blut ist durchtränkt von Mythologie, und die Literatur hat unsere Vorliebe für das *Effektvolle* gefördert ...]

Der Hohn eines „neuen Lebens"

Angenietet an uns selbst, sind wir unfähig, den unserem angeborenen Verzweifeltsein eingezeichneten Weg zu verlassen. Wir sollten uns von unserer Lebenssteuer befreien lassen, weil das Leben nicht unser Element ist? Niemand stellt uns ein Nichtdaseins-Zeugnis aus. So müssen wir weiteratmen, spüren, wie die Luft uns auf den Lippen brennt, im Herzen Trauer um Trauer häufen über eine unerbetene Wirklichkeit, so müssen wir es aufgeben, das Übel zu deuten, aus dem unser Untergang lebt. Dolchen gleich sausen die Augenblicke auf uns herab, während unser Fleisch, aufgestachelt von unseren Begierden, sich weigert, zu Stein zu werden – wie sollten wir da auch nur einem einzigen, unserem Los hinzugefügten Augenblick die Stirn bieten? Welcher Kunstgriffe bedarf es denn, um die Illusion hervorzuzaubern, die uns die Kraft gibt, auf die Suche zu gehen nach einem anderen, einem neuen Leben?

Denn alle, die auf ihre bisherigen Trümmer zurückblicken, bilden sich ein, es stehe in ihrer Macht, ein von Grund auf Neues zu beginnen, um dergestalt künftige Zusammenbrüche zu vermeiden. Sie legen ein feierliches Gelübde ab und warten auf ein Wunder, das sie aus dem Abgrund der Mittelmäßigkeit, in den ihr Geschick sie gestürzt hat, wieder emporhebe. Doch nichts geschieht. Alle bleiben sie die gleichen, nur ein wenig gewandelt durch die Überbetonung der Verfallssucht, von der sie gezeichnet sind. Rings um uns her erblicken wir nichts als verkümmerte Inspirationen und Leidenschaften: ein jeglicher berechtigt zu jeglicher Hoffnung, aber ein jeglicher wird vom Leben darüber belehrt, wie kurzatmig sein göttlicher Funke ist und wie sehr es dem Leben selbst an Genialität gebricht. Das Genuine einer Existenz liegt in ihrem eigenen Untergang. Die Blütezeit unseres Werdens: ein dem Anschein nach ruhmreicher Weg, der in ein Scheitern einmündet. Die Entfaltung unserer Gaben: Tarnung unseres Krebsgeschwürs ... Ein Frühling der Aase jubiliert unter der Sonne, und die Schönheit selber ist nichts als der Tod, der sich in den Knospen spreizt ...

Kein einziges »neues Leben« habe ich gekannt, das nicht das Werk einer Täuschung und bereits an seinen Wurzeln hinfällig gewesen wäre. Ich habe gesehen, wie jeder einzelne vorwärtsschritt durch die Zeit, um zuletzt allein dazustehen, bang und vergrübelt, zusammengesunken in sich selbst, mit der unvermuteten Fratze seiner Hoffnung an Stelle der Erneuerung.

Dreifache Sackgasse

Der Geist entdeckt die *Identität;* die Seele die *Langeweile;* der Körper die *Faulheit.* Es ist dies das in den drei verschiedenen Weisen des Welten-Gähnens zum Ausdruck gebrachte gleiche

Prinzip der Unveränderlichkeit. Die Monotonie des Daseins rechtfertigt die rationalistische These; sie zeigt uns ein gesetzmäßiges Universum, in dem alles vorhergesehen und reguliert ist; keinerlei barbarische Überraschung stört diese Harmonie. Entdeckt nun dieser Geist den *Widerspruch,* diese Seele das *Delirium* und dieser Körper die *Raserei,* so geschieht dies, um neue Irrealitäten hervorzubringen, um einem allzu offenkundig sich gleichbleibenden Universum zu entrinnen; und die antirationalistische These trägt den Sieg davon. Die erblühenden Widersinnigkeiten enthüllen uns nun eine Existenz, vor der auch noch die ungetrübteste Schau zum Lachen jämmerlich erscheint. Hier erfolgt der unaufhörliche Ansturm des *Unvorhersehbaren.*

Inmitten dieser beiden Tendenzen fächert der Mensch seine Zweideutigkeit aus: da er seinen *Standort* weder im *Leben* noch in der *Idee* findet, vermeint er zur *Willkür* bestimmt zu sein; sein Freiheitsrausch ist indessen nur ein Zappeln im Innern einer Fatalität, denn die Gestalt seines Schicksals ist nicht minder festgelegt als die Form eines Sonetts oder die Bahn eines Gestirns.

Kosmogonie der Begierde

Ich habe sämtliche Argumente wider das Leben am eigenen Leibe erfahren und geprüft, ich habe das Leben seiner Säfte beraubt, mich in seinem Abschaum gewälzt und seine ganze Nacktheit gespürt. Ich weiß nun Bescheid um die post-sexuale Metaphysik, um die Leere des nutzlos gezeugten Alls, um jenen vergeudeten Schweiß, der einen in eine unvordenkliche, der Raserei der Materie voraufgegangene Kälte niedertauchen läßt. Diesem Wissen wollte ich Treue bewahren; ich wollte die Instinkte zum Schlaf nötigen und mußte dabei feststellen, daß man die Waffen des Nichts vergebens führt, wenn man sie nicht gegen sich selber zu kehren vermag. Denn das Hervorbrechen der Begierden inmitten unseres sie aufhebenden Wissens führt zu einem schweren Konflikt zwischen unserem schöpfungsfeindlichen Geist und dem irrationalen Fundus, der uns mit der Schöpfung verbindet.

Jede Begierde bedeutet eine Demütigung der Summe unserer Wahrheiten und nötigt uns, alles bisher Verneinte zu überprüfen. In der Praxis erleiden wir eine Niederlage; unsere Prinzipien indessen bleiben unveränderlich ... Wir hatten gehofft. nicht länger Kinder dieser Welt zu sein, und sind nun Hörige unseres Gelüsts, zweideutigen Asketen gleich, die Herren der Zeit und Lehnsmänner ihrer Drüsen sind. Und dies Spiel hat keine Grenzen: jede unserer Begierden erschafft die Welt neu. jeder unserer Gedanken macht sie wieder zunichte ... Im täglichen Leben lösen Kosmogonie und Apokalypse einander ab: Tag für Tag Schöpfer und Vernichter, üben wir die ewigen Mythen im allerwinzigsten Maßstab aus; und von jedem unserer Augenblicke wird das dem Unendlichen zugefallene Saat-und-Asche-Schicksal nach- und vorgebildet.

Deutung unseres Tuns

Keiner würde auch nur den geringsten Akt ausführen, hätte er nicht das Gefühl, dieser Akt sei die einzige und alleinige Realität. Diese Verblendung ist die absolute Grundlage, das unbestreitbare Prinzip alles Existierenden. Wer dies in Frage stellt, beweist damit nur, daß sein eigenes Sein abgenommen hat, daß der Zweifel seine Lebenskraft unterhöhlt hat ... Aber selbst inmitten seiner Zweifel muß er der *Bedeutung* inne werden, die seinem Zusteuern auf die Negation zukommt. Das Wissen darum, daß *nichts der Mühe wert ist,* begreift bereits einen Glauben in sich, also das Möglichwerden eines *Akts.* Denn selbst die leiseste Daseinsspur setzt einen nicht eingestandenen Glauben voraus; ein einfacher Schritt – und gelte er auch nur einem Anschein von Realität – bedeutet Abtrünnigkeit gegenüber dem Nichts; ja das bloße Atmen geht auf einen im Keime bereits vorhandenen Fanatismus zurück – wie jegliche Teilnahme an der Bewegung ...

Angefangen vom lässigen Umherschlendern und bis zum Blutvergießen: die ganze Stufenfolge der Akte durchwandert der Mensch allein darum, weil er ihre Widersinnigkeit nicht wahrnimmt. Alles, was auf Erden vor sich geht, entstammt der

Illusion einer Fülle im Vakuum, eines *Mysteriums* des Nichts ... Mit Ausnahme der *Schöpfung* und der *Zerstörung* dieser Welt sind sämtliche Unternehmungen gleichermaßen nichtig.

Gegenstandsloses Leben

Ideen, so unbeteiligt wie tränenleere Augen; trübe Blicke, vor denen die Dinge verschwimmen; Selbst-Behorchungen, vor denen die Gefühle zu Phänomenen der Aufmerksamkeit zusammenschrumpfen; dunstiges Leben, ohne Weinen und Lachen –; wie euch Saft und Kraft einflößen, euch eine frühlinghafte Alltäglichkeit einimpfen? Und wie dies abdankende Herz ertragen, diese Zeit, die zu ausgelaugt ist, um die Jahreszeiten mit dem Ferment des Wachstums und der Auflösung zu speisen?
Hast du einmal eingesehen, daß jegliche Überzeugung eine Befleckung und jegliche Bindung eine Entweihung bedeutet, so hast du dich des Rechts begeben, hienieden oder anderswo auf ein durch Hoffen gewandeltes Los zu warten. Du mußt ein ideales, lächerlich einsames Vorgebirge aufsuchen, einen Stern, der Possen reißt, der gegen die Konstellationen rebelliert.
Unverantwortlich aus Schwermut, hat dein Leben Schindluder getrieben mit seinen Augenblicken. Indes, dieses Leben ist *Andacht vor der Dauer,* es ist das Gefühl eines Ewigkeits-Reigens, einer Zeit, die über sich hinausgeht, um mit der Sonne zu wetteifern ...

Acedia

Dies Stagnieren der Organe, diese Stumpfheit, dies versteinerte Lachen: rufen sie dir nicht die Langeweile der Klöster ins Gedächtnis, die gottesöden Herzen, die Fühllosigkeit und den Schwachsinn von Mönchen, die inmitten der Verzückung der Masturbation sich selbst verabscheuen? Du bist nichts weiter als ein Mönch ohne Gottes-Hypothesen und ohne den Hochmut dessen, der einsam dem Laster frönt.
Himmel und Erde sind die Wände deiner Zelle, und die Luft, in der kein Hauch sich regt, ist durchwaltet von ausgebliebenen Gebeten. Den unausgefüllten Stunden der Ewigkeit, den Rand-

bezirken des Erschauderns, den beim Herannahen des Heils vermodernden Begierden wurdest du verheißen und rückst nun einem jüngsten Gericht ohne Pomp und Posaunen entgegen, während deine Gedanken anstatt aller Feierlichkeit bloß eine irreale Prozession der Hoffnungen ersonnen haben.
Begünstigt durch ihre Leiden schwangen sich die Seelen einst zu den Wölbungen empor; du aber stößt dich an ihnen. Und du fällst zurück in die Welt, du gehörst einem Trappistenorden ohne Glauben an, dessen Zelle der Boulevard – der Orden der Freudenmädchen und deiner Freudlosigkeit – ist.

Missetaten des Muts und der Furcht

Sich fürchten heißt beständig an sich selbst denken und außerstande sein, sich einen objektiven Ablauf der Dinge vorzustellen. Das Gefühl des Furchtbaren, das Gefühl, alles, was geschieht, geschehe *wider* dich, setzt voraus, daß du die Welt so auffaßt, als gebe es in ihr keinerlei *indifferente* Gefahren. Der Furchtsame – Opfer seiner übertriebenen Subjektivität – hält sich, weit mehr noch als alle übrigen Menschen, für die Zielscheibe drohender Geschehnisse. In diesem Irrtum trifft er mit dem Tapferen zusammen, der wiederum allenthalben nur Unverwundbarkeit erblickt. Beide haben den äußersten Grad eines in sich selbst vernarrten Bewußtseins erreicht: dem einen ist alles Verschwörung, dem anderen alles Gewogenheit.
[Der Mutige ist nur ein Prahler, der sich der Bedrohung in die Arme wirft und der Gefahr entgegenflieht.]
Der eine stellt sich negativ in den Mittelpunkt der Welt, der andere positiv; ihre Illusion ist indessen die gleiche, denn ihre Erkenntnis hat ein und denselben Ausgangspunkt: die Gefahr als das einzig Reale. Der eine fürchtet sie, der andere sucht sie auf: eine ruhige Verachtung der Dinge ist für sie undenkbar, sie beziehen alles auf sich selber, sie sind zu erregt.
[Und alles Übel der Welt entspringt einer übermäßigen Erregung, den dynamischen Fiktionen der Tapferkeit und Feigheit.]
So sind diese einander entgegengesetzten und dennoch gleich-

artigen Exemplare die Unruhestifter, die Störenfriede des Zeitablaufs. Kaum deutet sich ein Ereignis an, so erhält es die Farbe ihrer Affektivität, und ein Weltall, das – wofern man sich nicht einem stillen Ekel davor überläßt – entwürdigend und unerträglich ist, erglüht im Schein ihrer Fieberpläne, Mut und Furcht: die beiden Pole ein und derselben Krankheit, die darin besteht, daß man mißbräuchlich dem Leben Sinn und Gewicht zuerkennt ... Weil es ihnen an nonchalanter Bitterkeit fehlt, werden die Menschen zu sektiererischen Bestien: die nuanciertesten sowie die plumpesten Verbrechen werden von jenen begangen, die die Dinge ernst nehmen. Einzig der Dilettant findet keinen Geschmack an vergossenem Blut, er allein ist kein Schurke ...

Ernüchterung

Die geheimnisvollen Anliegen der einzelnen Wesen haben ebenso deutliche Umrisse wie diese Buchseite ... Wer also soll hier verzeichnet werden, wenn nicht der Ekel von Generationen, die aneinandergefügt sind wie die einzelnen Glieder eines fruchtlos-fatalen Kettenschlusses?

Zweifellos ist dem Abenteuer der Menschen ein Ziel gesetzt, und man braucht durchaus nicht dessen Zeitgenosse zu sein, um es sich vorzustellen. Hat man sich einmal aus der Geschichte herausgelöst, so erübrigt es sich, ihrem Torschluß beizuwohnen. Es genügt, dem Menschen ins Angesicht zu schauen, um von ihm abzurücken und seinem Hokuspokus nicht länger nachzutrauern. Jahrtausende eines Lieds, von dem selbst die Steine sich hätten erweichen lassen, bewirkten nur, daß der Mensch noch fühlloser wurde; der Mensch: diese stählerne Eintagsfliege, dies ungeheuerliche Muster von Verflüchtung und Verhärtung, geschüttelt von seinem leeren Wahn, von einem unfaßbaren und zugleich schamlosen Daseinswillen. Wo erkannt wird, daß Unendlichkeit und menschliche Beweggründe unvereinbar sind, daß auch die leiseste Geste sich nicht verlohnt, da ist das Herz nicht länger imstande, durch sein Pochen die eigene Leerheit zu verhehlen. Die Menschen verschmelzen zu einem gleichförmigen, eitlen Los – wie vor teilnahmslosen Augen die Gestirne oder die Kreuze eines Soldatenfriedhofs verschmelzen. Welches von allen dem Dasein gesetzten Zielen gehört nicht, genau besehen, entweder in einen Schwank oder ins Leichenbeschauhaus? Gibt es auch nur *eines,* das nicht entweder belanglos oder schauerlich wäre? Und gibt es auch nur einen einzigen Zauber, der imstande wäre, uns hinters Licht zu führen?

[Wer sich nicht länger an die ersichtlichen Vorschriften hält, ist, wie der Teufel, ein in metaphysischer Hinsicht Illegaler; er ist hinausgetreten aus der Weltenordnung: er findet keinen Platz mehr in der Welt und betrachtet sie nun, ohne sie zu erkennen; seine Befremdung geht in einen Reflex über, sein wehmütiges Erstaunen bleibt, da es eines Gegenstandes ermangelt, angenietet an die Leere. Er erleidet Sinneseindrücke, die keinerlei Außendingen entsprechen, da sie von nichts hervorgerufen werden. So übertrifft er selbst die Versonnenheit des Engels der Melancholie und bedauert, daß die Augen, die Dürer sich erträumte, nicht noch versonnener waren ...
Erscheint alles, auch die erhabenste Vision, zu konkret, zu *seiend,* und sehnt man sich nach einem *Unbestimmten,* das weder aus dem Leben noch aus dem Tod hervorginge, bedeutet jede Berührung mit dem Sein eine Vergewaltigung der Seele, so entzieht diese sich der universalen Rechtsprechung, braucht sie weder Rechenschaft abzulegen noch Gesetze zu übertreten, und so nimmt sie es – kraft ihrer Traurigkeit – mit der göttlichen Allmacht auf.]

Itinerarium des Hasses

Ich hasse niemand; aber mein Blut ist schwarz von Haß, und diese Haut hier, die all die Jahre nicht zu gerben vermochten, ist verbrannt von ihm. Wie sollte ich da mit milderen oder strengeren Urteilen eine scheußliche Traurigkeit und den Schrei eines Geschundenen unterdrücken?
Ich war willens, Erde und Himmel mitsamt ihren Großtaten und Fieberwallungen zu lieben, aber alles, was ich bei ihnen

fand, erinnerte mich an den Tod: Blumen, Gestirne, Gesichter – lauter Sinnbilder des Verwelkens, lauter künftige Steine zu sämtlichen möglichen Gräbern! Alles, was im Leben entsteht und es adelt, strebt irgendeinem – gewöhnlichen oder makabren – Ende zu. Der Überschwang der Herzen hat Katastrophen herbeigeführt, wie kein Dämon sie auszudenken gewagt hätte. Erblickt ihr einen flammenden Geist, so macht euch darauf gefaßt, daß ihr ihm eines Tages zum Opfer fallet. Hinter allen jenen, die an *ihre* Wahrheit glauben – und sie sind die einzigen, die in der Erinnerung der Menschen eine Spur hinterlassen –, ist der Boden übersät mit Leichen. In der Bilanz der Religionen sind mehr Mordtaten aufgeführt als in den Aktiva der blutigsten Tyranneien, und die Blutrünstigkeit der von der Menschheit Vergötterten übertrifft bei weitem die der gewissenhaftesten Mörder.

Wer einen neuen Glauben verkündet, wird verfolgt – bis er selbst zum Verfolger wird: zu Beginn stehen die Wahrheiten im Konflikt mit der Polizei, am Ende stützen sie sich auf sie. Denn jede Widersinnigkeit, um deretwillen man gelitten hat, artet in Legalität aus, wie ja auch jedes Martyrium in einen Paragraphen des Gesetzbuches einmündet, in Kalenderunsinn oder Straßenbenennungen. In dieser Welt wird selbst der Himmel zur *Behörde,* und man hat Zeiten gesehen, die nur aus ihm lebten, *Mittelalter,* die mit ihren Kriegen verschwenderischer umgingen als die zügellosesten Epochen, bestialische Kreuzzüge, überfirnißt mit Erhabenheit, vor denen die Hunneneinfälle wie übermütige Streiche dekadenter Banden erscheinen.

Hohe Ruhmestaten sinken zu öffentlichen Unternehmungen herab; durch seine Sanktionierung verliert selbst der zarteste Nimbus seinen Glanz. Ein Engel, der von einem Gendarm beschützt wird – so haucht alle Wahrheit und Begeisterung ihr Leben aus. Kaum hat eine Empörung ihre Berechtigung bewiesen und Eiferer gefunden, kaum hat eine Offenbarung um sich gegriffen, als eine Institution sie auch schon beschlagnahmt; und die einstmals einsamen Schauder, in die nun ein paar verträumte Neophyten sich teilen, beflecken sich inmitten eines sich prostituierenden Daseins. Man zeige mir eine einzige Sache hienieden,

die gut angefangen und nicht schlecht geendet hat! Noch das hochgemutetste Herz endet in der Gosse und hört auf zu schlagen, so als wäre es nun an sein natürliches Ziel gelangt: dieses elende Zugrundegehen bildet die Tragik des Herzens und den negativen Sinn der Geschichte. Ein jedes »Ideal«, das im Entstehen sich aus dem Blut von Sektierern speist, schrumpft und schwindet dahin, sobald die Menge es sich zu eigen gemacht hat. Ein Weihwasserbecken wird zum Spucknapf: dies ist der unvermeidliche Gang des »Fortschritts« ...
Über wen soll man nun seinen Haß ausschütten? Niemand kann etwas dafür, daß er ist, und noch weniger kann jemand etwas dafür, daß er *das* ist, *was* er ist. Mit Dasein geschlagen, trägt jeder wie ein Tier die Folgen, die sich daraus ergeben. So wird in einer Welt von lauter Hassenswertem der Haß selbst ausgedehnter als diese Welt und hebt, da er nun seinen Gegenstand überragt, sich selbst auf.

[Nicht verdächtige Müdigkeiten und auch nicht bestimmte Störungen der Organe enthüllen uns den Tiefstand unserer Vitalität; ebensowenig unsere Ratlosigkeiten oder Fieberkurven – sondern es genügt, daß wir Anfälle von grundlosem Haß oder Mitleid verspüren, Fieberwallungen, die wir nicht messen können, um zu begreifen, daß unser Gleichgewicht bedroht ist. Alles hassen und sich selber hassen in ohnmächtiger, kannibalischer Wut; mit jedermann Mitleid haben und sich selber bemitleiden: das sind scheinbar entgegengesetzte, dem Ursprung nach aber identische Regungen; denn man erbarmt sich nur über das, was man aus der Welt schaffen möchte, nur über das, was nicht zu existieren verdient. Derjenige, der sich in solchen Krämpfen windet, ist der gleichen Zerstörungswut, der gleichen Mitleidsraserei verfallen wie das Weltall, dem all das gilt. Wen plötzlich Mitgefühl überkommt, ohne daß er weiß für wen, dem kündigt auf diese Weise eine Ermüdung seiner Organe die Gefahr eines Ausgleitens an; und wessen unbestimmtes, allem zugleich geltendes Mitgefühl sich nun dem eigenen Selbst zuwendet, der ist der jämmerlichste aller Menschen. Aus einer namenlosen physischen Schwäche nämlich entsteht jene haß- oder mitleidsvolle

negative Solidarität mit den Dingen. Und diese beiden gleichzeitigen oder aufeinanderfolgenden Anwandlungen sind nicht so sehr unbestimmte Symptome, als vielmehr deutliche Anzeichen einer sinkenden Vitalität, die an allem – angefangen von der umrißlosen Existenz bis zur deutlich umrissenen eigenen Person – Anstoß nimmt.
Geben wir uns jedoch keiner Täuschung hin: diese Anfälle sind zwar die eindeutigsten und unmäßigsten, aber keineswegs die einzigen: in verschiedenen Abstufungen ist *alles* ein pathologischer Zustand – mit Ausnahme der *Gleichgültigkeit.*]

„La Perduta Gente"

Was für eine hirnverbrannte Idee ist es doch, die Hölle in »Kreise« einzuteilen, die Flammen je nach den Abteilungen verschieden heiß brennen zu lassen und die Qualen abzustufen! Wichtig ist, daß man dort ist; alles andere ist Floskel – oder Brandwunde. Im irdischen Staat, der ja nur eine freundlicher anmutende Vorform des unterirdischen ist – beide unterstehen dem gleichen Herrn –, besteht das Wesentliche ebenfalls nicht darin, irgend etwas – König, Bürger oder Tagelöhner – zu sein, sondern darin, daß man ihm angehört oder sich ihm entzieht. Du magst diese oder jene Idee verfechten, eine Stellung einnehmen oder im Staube kriechen – von dem Augenblick an, da dein Tun und dein Denken einem wirklichen oder erträumten Staat dient, bist du sein Anbeter und sein Gefangener. Der ängstlichste Beamte und der wildeste Anarchist: sie leben, selbst wenn sie dem Staat ein verschieden gerichtetes Interesse entgegenbringen, als dessen Funktion: beide sind sie zuinnerst Bürger, wenn auch dem einen seine Pantoffel am Herzen liegen und dem anderen seine Bombe. Wie die »Kreise« des unterirdischen Staates, so schließen auch die des irdischen Menschen zu einer Gemeinschaft zusammen, aus der sich derselbe lange Zug der Leiden formiert, und es wäre müßig, hier Abstufungen zu suchen. Wer den Unternehmungen der Menschen – mögen sie konservativer oder revolutionärer Art sein – zustimmt, geht an einem kläglichen Vergnügen zugrunde; er vermengt in dem

Durcheinander des Werdens seine Vornehmheit mit seiner Gewöhnlichkeit ...

Dem Nichtzustimmenden, dem diesseits oder jenseits des Gemeinwesens Stehenden, demjenigen, dem es widerstrebt, in den Lauf der größeren oder kleineren Ereignisse einzugreifen, erscheinen sämtliche Formen des Lebens in der Gemeinschaft gleichermaßen verächtlich. In seinen Augen ist die Geschichte nichts als das Sichwiederholen voraussehbarer Enttäuschungen und Winkelzüge. Wer unter den Menschen gelebt hat *und noch auf ein einziges unverhofftes Ereignis lauert,* der hat nichts verstanden und wird auch niemals etwas verstehen. Er ist reif für den *Staat:* ihm gebührt alles, alle Ämter und Ehren. So aber ist es um alle Menschen bestellt, und dies erklärt auch die Langlebigkeit dieser Hölle unter dem Monde.

Wort und Geschichte

Wie sollte man nicht die herbstliche Weisheit erschlaffender, überreifer Kulturen lieben? Der Abscheu, den der Grieche und der Römer der Spätzeit vor der Frische und den Reflexen der Hyperboreer empfand, entsprang einer Abneigung gegen Tagesanbrüche, gegen zukunftsschwangeres Barbarentum, gegen den Unfug der Gesundheit. Indes, die strahlende Korrumpiertheit eines jeden Nachsommers der Geschichte ist überschattet von der Nachbarschaft des Skythen. Keiner Kultur ist eine unendliche Agonie vergönnt; Barbarenstämme schweifen um sie her, wittern ihr wohlriechendes Aas ... So sieht der Liebhaber von Sonnenuntergängen dem Fiasko der Überfeinerung und dem schamlosen Vordringen des Vitalen zu. Ein paar Anekdoten, das ist alles, was er all diesem Werden abzugewinnen vermag ... Eine Aufgliederung der Geschehnisse hat jetzt keinerlei Sinn mehr: Heldentaten und Kindermärchen treffen jetzt zusammen. Die glorreichen Unternehmungen von einst wie auch die Menschen, die sie in die Wege leiteten, sind nur noch durch die Worte interessant, von denen sie gekrönt wurden. Wehe dem Eroberer, dem es an Esprit fehlt! Christus selber, dessen indirekte Diktatur doch seit bereits zweitausend Jahren andauert, lebt in der Er-

innerung seiner Getreuen und seiner Verleumder nur durch die paar paradoxen Brocken, die sein so bühnenwirksames Leben abstecken. Wer wird sich denn um einen Glaubenshelden kümmern, der kein einziges seinem Leiden angemessenes Wort über die Lippen brachte? Wir gedenken der Opfer älteren oder jüngeren Datums nur dann, wenn eines ihrer Worte das Blut unsterblich machte, das sie verspritzten. Die Henker selbst sind nur insoweit unsterblich, als sie Komödianten waren: ohne seine blutigen Hanswurstereien wäre Nero längst vergessen.
Nicht um seinen letzten Willen zu enträtseln, beugen sich die Mitlebenden über den Sterbenden, sondern um von seinen Lippen ein Bonmot abzulesen, das sie später zu zitieren vermöchten, um sein Andenken zu ehren. Wenn die römischen Geschichtsschreiber es niemals unterlassen, die Agonie ihrer Imperatoren zu schildern, so nur darum, weil sie einen Ausruf oder einen Sinnspruch anbringen wollten, der vom Sterbenden erwartet wurde oder der in der Tat von diesem stammte. Das gilt von allen Agonien, selbst von den allergewöhnlichsten. Jedermann weiß oder ahnt zumindest, daß das Leben nichts bedeutet: so möge es denn wenigstens durch eine Redewendung gerettet werden! Eine Phrase an den Wendepunkten ihres Lebens – das ist alles, was von den Großen und den Kleinen verlangt wird. Wenn sie dieser Forderung, dieser Verpflichtung nicht genügen, so sind sie für immer verloren; denn alles, selbst ein Verbrechen, wird verziehen, unter der Bedingung allerdings, daß es von einem erlesenen *Kommentar* begleitet werde – und schon vorüber sei. Dies ist die Absolution, die der Mensch der Geschichte global erteilt, wenn kein anderes Kriterium sich als wirksam und gültig erweist und wenn er selber, die allgemeine Sinnlosigkeit rekapitulierend, kein anderes Amt für sich entdeckt als das eines Fiasko-Literaten und Blut-Ästheten.
In dieser unsrer Welt, in der die Leiden verschmelzen und verschwimmen, regiert die *Formel.*

Philosophie und Prostitution

Der aller Systeme und allen Irrglaubens überdrüssige Philosoph, der dennoch auf den Straßen der Welt weiterwandelt, sollte sich ein Beispiel nehmen an jenem Gassen-Pyrrhonismus, den das dogmenfreieste aller Geschöpfe – die Straßendirne – an den Tag legt. Von allem gelöst und allem aufgeschlossen; Launen und Einfälle des Kunden teilend; Tonfall und Miene wechselnd von Fall zu Fall; jederzeit bereit, traurig oder heiter zu sein, da sie unbeteiligt ist; aus Geschäftsgründen freigebig mit Seufzern; dem ernsthaften Treiben ihres Bettgenossen aus wissend-falschen Augen zusehend –: so führt sie dem Geist ein Verhalten vor, das es mit dem der Weisen aufzunehmen vermag. Den Mitmenschen und sich selbst gegenüber keinerlei Überzeugungen haben: das ist die hohe Lehre der Prostitution, dieser Wanderakademie der Klarsichtigkeit, die sich wie die Philosophie am Rande der Gesellschaft fortbewegt. »Alles, was ich weiß, habe ich in der Schule der Straßenmädchen gelernt«, müßte der alles bejahende und alles verneinende Denker ausrufen, wenn er, ihrem Beispiel folgend, ein Spezialist in müdem Lächeln geworden ist, wenn er die Menschen als bloße Kunden ansieht und die Straßen der Welt als einen Markt, auf dem er seine Bitterkeit feilhält, wie seine Gefährtinnen ihren Körper.

Im Banne des Wesentlichen

Wenn alles Fragen sich als bloßer Zufall und als rein peripher erwiesen hat, so geschieht es, daß der nach immer umfassenderen Problemen forschende Geist in seinem Fortschreiten auf keinerlei Gegenstand mehr stößt, es sei denn auf das diffuse Hindernis der *Leere*. Von da an setzt sich der dem *Unzugänglichen* zugekehrte Anlauf des Philosophen dem Bankrott aus. Der Reihe nach hat er die Dinge und Scheingründe der Zeitlichkeit abgeschritten – nun tut er sich einen heilsamen Zwang an. Sieht er sich jetzt nach einem immer allgemeiner werdenden Prinzip um, so verliert er sich im Ungefähr des *Wesentlichen* und hebt sich darin auf.

In der Philosophie gelangt nur derjenige auf einen grünen Zweig, der zur rechten Zeit innehält, der sich mit der Begrenztheit abfindet und sich mit einem komfortablen, vernünftigen Maß von Unruhe zufriedengibt. Einem Problem auf den Grund gehen, führt zum Falliment, läßt den Verstand ohne Deckung: in horizontlosen Räumen gibt es weder Frage noch Antwort. Alles Fragen kehrt sich gegen den Geist, in dem es entstand, und richtet ihn zugrunde. Alles ist ihm nun feind: seine eigene Einsamkeit und Kühnheit, das undurchsichtige Absolute, die nicht nachweisbaren Götter, das eklatante Nichts. Wehe dem, der bei einem bestimmten Punkt des Wesentlichen anlangte und da nicht halt machte! Die Geschichte hat gezeigt, daß Denker, die bis zur Spitze der Stufenleiter aller Fragen hinaufklommen, die den Fuß auf die letzte Stufe – die des Absoluten – setzten, der Nachwelt nichts hinterließen als ein Beispiel vergeblicher Mühe, während ihre auf halbem Wege stehengebliebenen Fachgenossen das Fortschreiten des Geistes förderten und ihren Mitmenschen einen Dienst erwiesen, indem sie ihnen irgendein wohlgestaltetes Idol vermachten, ein paar schöngeschliffene Irrglauben, ein paar als Prinzipien getarnte Irrtümer und ein System von Hoffnungen. Hätten sie die Gefahren eines übermäßigen Vorwärtsschreitens auf sich genommen, so wäre durch dies Hinweggehen über barmherzige Fehlschlüsse sowohl den anderen als auch ihnen selbst ungeheurer Schaden zugefügt worden; an die Grenzen des Alls und des Denkens hätten sie ihre Namen geschrieben, die Namen von krankhaften Suchern und blutleeren Verstoßenen, von Liebhabern ergebnisloser Räusche, von Aufspürern unstatthafter Träume . . .
Nur Ideen, die sich gegen das Wesentliche sträuben, haben Gewalt über die Menschen. Was soll den Menschen denn ein Bezirk des Geistes, wo selbst derjenige, der aus natürlichem Hange oder krankhafter Sucht hinstrebte, in Gefahr schwebt? In einem Bereich, der die üblichen Zweifel nicht kennt, gibt es kein Atmen mehr. Und wenn manche Geister sich außerhalb der Fragen aufhalten, die gang und gäbe sind, so nur darum, weil ein in den Tiefen der Materie wurzelnder Instinkt oder ein einer kosmischen Krankheit entsprungenes Laster sich ihrer bemächtigt

und sie einer Art der Reflexion zugeführt hat, deren Ansprüche und Ausdehnung so groß sind, daß ihnen der Tod selber belanglos vorkommt und ihnen die Gewalten des Schicksals abgeschmackt und der Apparat der Metaphysik auf Nützlichkeit angelegt und verdächtig erscheint. Dieser Wahn einer letzten Grenze, dies Fortschreiten im Leeren führen zur gefährlichsten Form der Sterilität, zu einer Sterilität, neben der selbst das Nichts wie ein Versprechen von Fruchtbarkeit wirkt. Wer *schwierig* ist in allem, was er tut – in seinem Tagewerk wie in seinem Wagnis –, der braucht nur seine hohen Ansprüche an das *Vollendete* auf die Ebene des Universalen zu übertragen, und er wird weder sein Tagewerk noch sein Leben vollenden können.

Die metaphysische Angst geht auf die Stellung eines ungemein gewissenhaften Handwerkers zurück, dessen ausschließliches Arbeitsobjekt das *Sein* ist. Je mehr er es zerlegt, desto unmöglicher wird es ihm, es zusammenzufügen, eine Miniatur des Universums zuwegezubringen. Der Künstler, der sein Gedicht aufgibt, weil er an der Dürftigkeit der Worte verzweifelt, läßt uns die Verwirrung des inmitten der Gesamtheit des Seienden unbefriedigten Geistes ahnen. Das Unvermögen, Elemente aufzureihen, die ebenso sinn- und saftlos sind wie die Worte, die ihnen Ausdruck geben, führt zum Offenbarwerden der Leere. Daher zieht sich der Reimkünstler ins Schweigen zurück oder hinter undurchdringliche Kunstgebilde. Vor dem Weltall erleidet der allzu anspruchsvolle Geist die gleiche Niederlage wie Mallarmé vor der Kunst. Es ist die panische Angst vor einem Objekt, das nicht mehr Objekt ist, das man nicht mehr handhaben kann, weil man – idealiter – über seine Grenzen hinausgelangt ist. Diejenigen, die nicht im *Innern* der von ihnen ausgebeuteten Realität bleiben, diejenigen, die über das Handwerk des Existierens hinausgehen, müssen sich entweder mit dem Unwesentlichen abfinden, Rückzug blasen und sich in das ewige Possenspiel einreihen – oder sie müssen in Kauf nehmen, was aus einem Sonderdasein folgt, nämlich – je nachdem, ob man es betrachtet oder es erleidet – überflüssige Wiederholung oder Tragik.

Glück der Epigonen

Gibt es Ergötzlicheres, Subtileres, Zweideutigeres, als zugegen zu sein, wenn ein Mythos in Trümmer sinkt? Welcher Herzensverschwendung hat es doch bedurft, um ihn hervorzubringen, welcher Unduldsamkeit, um ihm Achtung zu verschaffen, welcher Schrecken mußte jenen eingeflößt werden, die ihn nicht bejahten, und welch eines Aufwands an Hoffnungen bedarf es nun, um ihn – vergehen zu sehen! Der Verstand blüht nur in Zeiten auf, in denen die Religionen verkümmern, in denen Glaubensartikel und Glaubenssätze sich auflockern und die Strenge der Vorschriften nachläßt. Dem Geist ist jedes Ende einer Epoche ein wahres Paradies, denn erst inmitten der Auflösung findet er zurück zu Spiel und Scherz. Wer das Unglück hat, einer Zeit der Schaffensfreude und der Fruchtbarkeit anzugehören, leidet unter ihrer Begrenztheit, unter ihren ausgetretenen Wegen; ein Sklave der einseitigen Schau, bleibt er eingeschlossen in einem begrenzten Horizont. Die ergiebigsten Augenblicke der Geschichte waren gleichzeitig auch diejenigen, in denen die Luft am wenigsten atembar war; sie drängen sich auf wie ein Schicksal – segensreich für den einfältigen Geist, todbringend für den Liebhaber intellektueller Bereiche. Schwingungsweite hat die Freiheit nur unter illusionslosen, sterilen Epigonen, bei Intelligenzen niedergehender Epochen, deren zerfallender Stil allenfalls eine ironische Zustimmung erweckt.

Einer Kirche angehören, die ihres Gottes nicht gewiß ist – nachdem sie ihn einst mit Feuer und Schwert aufgezwungen hatte –, das müßte das Ideal eines jeden hellen Verstandes sein. Sobald ein Mythos träge und durchscheinend, die Institution, auf der er ruht, milde und einsichtsvoll wird, gewinnen die Probleme eine angenehme Geschmeidigkeit. Das Versagen eines Glaubens, seine herabgeminderte Kraft läßt in den Gemütern eine sanfte Leere entstehen, macht sie empfänglicher, verbietet ihnen jedoch, sich verblenden zu lassen von dem Aberglauben, der die Zukunft umlauert und überschattet. Allein von den Agonien der Geschichte, die dem Irrsinn aller Morgenröte vorausgehen, wird der Geist gewiegt ...

Äußerste Kühnheit

Sollte es wahr sein, daß Nero ausgerufen hat: »Ein Glücklicher bist du, o Priamus, der du dem Untergang deines Vaterlandes zusahst«, so müssen wir ihm das Verdienst zuerkennen, die erhabenste Form der Herausforderung, die letzte Hypostase der großen Geste und schaurigen Emphase erreicht zu haben. Nach einem solchen, im Munde eines Kaisers sich so wunderbar ausnehmenden Wort hat man Anrecht auf Banalität, ja man ist geradezu verpflichtet zu ihr. Wer könnte jetzt noch Anspruch auf Extravaganz erheben? Die winzigen Zufälligkeiten unserer Trivialität nötigen uns Bewunderung ab für diesen grausamen und komödiantischen Cäsaren [und diese ist um so größer, als sein Wahnsinn zu einem Ruhm gelangte, wie ihn das Gestöhn seiner Opfer niemals erntete, da ja die Geschichtsschreibung zumindest ebenso unmenschlich ist wie die Geschehnisse, die sie ins Leben rufen]. Neben den seinen wirken alle übrigen *Attitüden* wie Äfferei. Ist es wahr, daß er nur aus Vorliebe für die Ilias Rom in Brand stecken ließ, so hat es wohl kaum jemals eine *sinnfälligere* Art gegeben, einem Kunstwerk zu huldigen. Jedenfalls bleibt dies das einzige Beispiel einer *zielbewußten* Literaturkritik, eines *aktiven* Kunsturteils.

Nur dann übt ein Buch eine wahrhafte Wirkung auf uns aus, wenn wir Lust verspüren, seiner Fabel nachzuleben, zu töten, wenn der Held tötet, eifersüchtig zu sein, wenn er eifersüchtig ist, ein Kranker oder Sterbender zu sein, wenn er leidet oder stirbt. Uns jedoch bleibt all das nur ein Mögliches oder sinkt zum toten Buchstaben herab; Nero allein bietet sich die Literatur als Schauspiel dar; seine *Rezensionen* schreibt er mit der Asche seiner Mitleidenden und seiner Hauptstadt ...

Einmal wenigstens mußten diese Worte hervorgebracht, diese Taten ausgeführt werden. Ein Schurke hat es auf sich genommen. Das kann, ja *muß* uns zum Trost gereichen – wie fänden wir sonst zu unserem alten Schlendrian zurück, zu unseren flinken, artigen Wahrheiten?

Bildnis des Gescheiterten

Alles Tun ist ihm ein Greuel. »Bewegung – welch ein Blödsinn«, sagt er sich immer wieder. Nicht die Ereignisse selbst bringen ihn auf, vielmehr der Gedanke einer etwaigen Beteiligung an ihnen; sein ganzes Hin und Her ist nichts als das Bestreben, von ihnen loszukommen. Mit seinem Grinsen hat er das Leben verwüstet, ehe er noch dessen Saft ausgeschöpft hatte. Er ist ein Prediger Salomo an den Straßenecken, der in der Eitelkeit aller Dinge eine Entschuldigung für seine Niederlage findet. Jederzeit darauf bedacht, alles, was immer es auch sei, belanglos zu finden, hat er leichtes Spiel; die zahllosen Tatbestände stehen auf seiner Seite. Aus der Schlacht der Argumente geht er stets als Sieger hervor, so wie er der ewige Besiegte aller Handlungen ist: er behält recht, verwirft alles – und wird von allem verworfen. Von der Zeit hat er verstanden, was nicht verstanden werden darf, wenn man leben will, und da seine Begabung über ihre Funktionen nur allzusehr im Bilde war, verzettelte er sie aus Angst, sie vermöchte in der Albernheit irgendeines Opus einen Niederschlag zu finden. Das Bild dessen, was er hätte sein können, ist sein Stigma, sein Nimbus, er errötet und rühmt sich seiner besonderen Sterilität, niemals erliegt er einfältigen Lockungen – er ist der einzige Zeitenthobene unter lauter Heloten der Zeit. Seine Freiheit schöpft er aus der Fülle des Nicht-Vollbrachten; er ist ein uneingeschränkter und zugleich kläglicher Gott, dem keinerlei Schöpfung Grenzen setzt, den keinerlei Geschöpf verehrt und der von niemandem verschont wird. Die Verachtung, mit der er die anderen bedacht hat, wird ihm von diesen zurückgegeben. Er büßt für Taten, die er zwar nicht begangen hat, deren Zahl jedoch die Berechnungen seines tödlich gekränkten Stolzes weit übersteigt. Zuletzt jedoch, am Ende eines Lebens ohne Titel und Würden, trägt er – als Trost – seine Nutzlosigkeit wie eine Krone.

[»Wozu denn?« – Lieblingswort des Gescheiterten, Lieblingswort dessen, der den Tod gewähren läßt ... Welch ein Stimulans, wenn er zum Quälgeist wird! Denn der Tod, ehe er in seiner ganzen Schwere auf uns lastet, bereichert uns, durch seine Berührung wachsen unsere Kräfte; dann aber setzt er zum Zerstörungswerk an. Die deutliche Vergeblichkeit allen Sichbemühens und das Gefühl einer Leichenzukunft, die schon jetzt zutage tritt und die Zeit bis an ihren Horizont ausfüllt – all das läßt schließlich unsere Gedanken, Hoffnungen und Muskeln erstarren, so daß jenes Mehr an Elan, das aus dem eben erst erlebten, nun aber bereits unwiderruflich im Geist verankerten Todesgedanken hervorging, sich zu einem Stagnieren unserer Vitalität verkehrt. So treibt dieses Besessensein vom Todesgedanken uns an, alles zu werden – und nichts. Normalerweise müßte es uns vor die einzig mögliche Wahl stellen: Kloster oder Kabarett. Aber wir entkommen ihm nicht, weder in die Ewigkeit noch in irgendwelche Vergnügungen, wir sind Gehetzte inmitten unseres eigenen Lebens, wir sind vom Himmlischen ebenso weit entfernt wie vom Vulgären, und so verwandelt der Todesgedanke uns in eine Art zerrütteter Helden, die alles versprechen und nichts zuwegebringen, in Müßiggänger, die von der Leere außer Atem gebracht werden, in aufrechtgehende Kadaver, deren einzige Betätigung es ist, daran zu denken, daß sie aufhören werden zu sein ...]

Voraussetzung des Tragischen

Hätte Christus seine Laufbahn am Kreuze beendet, hätte er es nicht auf sich genommen, aufzuerstehen – welch einen Tragödienhelden hätte er abgegeben! Das Göttliche an ihm hat die Literatur um einen hervorragenden Vorwurf gebracht. So aber teilt er das – ästhetisch mediokre – Los aller *Gerechten*. Wie alles, was sich im Herzen der Menschen fortpflanzt, wie alles, was sich einem Kult aussetzt und nicht ein für allemal stirbt, eignet er sich kaum für jene Vision eines totalen Endes, wie sie jedes wahrhaft tragische Schicksal kennzeichnet. Dazu hätte niemand ihm folgen, hätte keinerlei usurpierte Aureole ihn verklären dürfen. Nichts ist der Tragödie so fremd wie die Vorstellung von Erlösung, Heil und Unsterblichkeit! – Unter der Last seiner eigenen Taten bricht der Held zusammen, ohne daß es ihm vergönnt wäre, seinen Tod mittels einer übernatürlichen Gnade wegzuzaubern. Als *Existenz* setzt er sich in keiner Weise fort, im Gedächtnis der Menschen bleibt er als *Schauspiel* des Leidens *deutlich;* er hat keinerlei Jünger, und sein fruchtloses Schicksal befruchtet nichts – es sei denn die Einbildungskraft der anderen. Ohne die leiseste Hoffnung, losgekauft zu werden, bricht Macbeth zusammen: in einer Tragödie gibt es keinerlei *letzte Ölung* ...

Es liegt im Wesen des Glaubens, das Irreparable zu umgehen – und wenn er daran scheitern müßte. [Was hätte Shakespeare mit einem Märtyrer wohl anfangen sollen?] Der wahre Held kämpft und stirbt im Auftrage seines Schicksals und nicht um eines Glaubens willen. Sein Dasein kennt keine Notausgänge; Wege, die nicht in den Tod führen, sind für ihn Sackgassen; ihm ist es um seine »Biographie« zu tun; wohlbedacht schürzt er seinen Knoten und setzt instinktiv alles daran, um Unheilvolles in die Wege zu leiten. Sein innerstes Wesen ist Verhängnis, jeglicher Ausweg bedeutet einen Treuebruch gegenüber seinem Untergang. Daher bekehrt der Schicksalverbundene sich niemals zu irgendeinem Glauben: er würde darüber sein Ziel verfehlen. Und würde er ans Kreuz genagelt, er würde seine Blicke nicht zum Himmel senden: ihm ist seine eigene Geschichte das einzige Absolute, wie sein Wille zum Tragischen sein einziger Wunsch ist ...

Die immanente Lüge

Leben bedeutet: glauben und hoffen, lügen und *sich* belügen. Darum ist auch das wahrheitsgemäßeste Bild des Menschen, das jemals entworfen wurde, das Bild jenes Ritters von der traurigen Gestalt, den man noch im vollendetsten Weisen wiederfindet. Die peinliche Episode mit dem Kreuze und jene andere, majestätischere, die vom Nirwana gekrönt wurde, gehören ein und derselben *Irrealität* an, obgleich man ihnen eine Symbolik zuerkannte, wie sie den Abenteuern jenes armen Hidalgo vorenthalten blieb. Nicht alle Menschen können erfolgreich sein: die Ergiebigkeit ihrer Lügen ist jeweils eine andere ... Der eine Betrug triumphiert: aus ihm geht eine Religion hervor, eine Doktrin oder ein Mythos – und ein Haufe von Eiferern; ein anderer wie-

der mißlingt: er ist nichts weiter als eine Verirrung, eine Theorie, eine Fiktion. Nur reglose Dinge *fügen* dem, was sie sind, *nichts hinzu:* ein Stein lügt nicht, er geht niemand etwas an, – wohingegen das Leben immerzu etwas erfindet: das Leben ist der *Roman* der Materie.
Ein in Phantome verliebter Staub, das ist der Mensch: sein wahrstes Inbild wäre ein Don Quichotte, wie ihn ein Äschylos gesehen hätte ...

[Nimmt das Leben den ersten Platz in der Hierarchie der Lügen ein, so folgt die Liebe – die Lüge in der Lüge – dicht hinterher. Ein Ausdruck unserer hybriden Stellung, umgibt sie sich mit allerlei Seligkeiten und Seelenqualen, vermöge derer wir in einem andern Ersatz für uns selbst finden. Durch welche List bringt ein Augenpaar uns von unserer Einsamkeit ab? Gibt es ein demütigenderes Fiasko des Geistes? Die Liebe lullt die Erkenntnisse ein; die erwachte Erkenntnis tötet die Liebe. Selbst wenn sie die Gestalt der beschwingtesten Lüge annimmt, kann die Irrealität nicht unbegrenzt triumphieren. Und überdies: wessen Illusion ist so standhaft, als daß sie ihn im *anderen* finden ließe, was er vergebens in sich selbst gesucht hat? Sollte die Wärme von Eingeweiden uns bieten können, was das ganze Weltall uns nicht zu bieten vermochte? Dessenungeachtet ist dieser landläufigen – und übernatürlichen – Anomalie gerade dies zugrunde gelegt: sämtliche Rätsel zu zweien zu lösen – oder vielmehr offen zu lassen; durch Vorspiegelungen begünstigt, die Fiktion zu vergessen, die das Leben umspült; mit zwiefachem Girren die allgemeine Leere auszufüllen; und schließlich – Parodie der Ekstase – zu ertrinken im Schweiß einer Zufallsgefährtin ...]

Auftreten des Bewußtseins

Wie abgestumpft mußten unsere Instinkte werden, wie nachgiebig in ihrer Betätigung, ehe das Bewußtsein seine Kontrolle auf unser gesamtes Tun und Denken ausdehnen konnte! Aus der ersten *gezügelten* natürlichen Reaktion gingen sämtliche Vertagungen unserer vitalen Handlungen, sämtliche Mißerfolge im

Unmittelbaren, hervor. Der Mensch – das Tier mit den retardierten Begierden – ist ein klarsichtiges, alles umfassendes und unumfaßtes Nichts, das die Gesamtheit der Dinge überwacht, ohne auch nur über ein einziges verfügen zu können.
Verglichen mit dem Auftreten des Bewußtseins sind alle übrigen Ereignisse von minimaler oder gar keiner Bedeutung. Dieses, mit den Gegebenheiten des Lebens im Widerspruch stehende Auftreten, stellt jedoch einen gefährlichen Einbruch in die Welt des Belebten, einen biologischen Skandal dar. Nichts ließ darauf schließen: der Automatismus der Natur legte keineswegs die Möglichkeit eines sich über die Materie hinausschwingenden Tieres nahe. Ein Gorilla, dem die Haare ausfallen und der sie durch Ideale ersetzt, ein behandschuhter Gorilla, der sich Götter ersinnt, seine Fratze noch ärger verzerrt als zuvor und nun den Himmel anbetet –: wie muß die Natur gelitten haben, wieviel wird sie noch leiden müssen angesichts eines solchen Sturzes! Denn Bewußtsein führt weit und läßt alles zu. Dem Tier ist das Leben ein Absolutes; dem Menschen ist es ein Absolutes *und* ein Vorwand. Es gibt in der gesamten Entwicklung des Alls kein einziges Phänomen, dem die gleiche Bedeutung zukäme wie der uns eröffneten Möglichkeit, sämtliche Dinge in Scheinbarkeiten umzuwandeln, mit unseren tagtäglichen Unternehmungen, sowie mit unseren letzten Bestimmungen zu *spielen*, vermöge der Göttlichkeit unserer Einfälle einen Gott und einen Besen auf dieselbe Ebene zu stellen.
Und der Mensch wird sich seiner Voreltern – und der Natur – erst dann entledigen, wenn er die letzten Spuren des *Bedingungslosen*, die noch an ihm haften, getilgt hat, wenn ihm sein eigenes Leben und das der anderen vorkommt wie ein Spiel mit Fäden, die er scherzhalber zieht, nur um sich die Zeit, um sich das Zeitenende zu vertreiben. Dann wird er das *reine Wesen* sein. Das Bewußtsein hat dann seine Aufgabe erfüllt ...

Arroganz der Gebete

Ist man mit seinen Monologen zu Ende und hat man die äußerste Grenze seiner Einsamkeit erreicht, so ersinnt man sich – man-

gels eines anderen Gesprächspartners – *Gott,* diesen obersten Vorwand für den Dialog. Solange du seinen Namen nennst, ist dein Irrsinn aufs beste verkleidet und – alles ist dir verstattet. Der wahre Gottesfürchtige unterscheidet sich kaum vom Verrückten; nur daß seine Verrücktheit legal ist, anerkannt; trügen seine Verirrungen nicht die Spuren des Glaubens, er käme in eine Anstalt. Aber Gott leiht diesen Verirrungen seinen Schutz, er legitimiert sie. Der Hochmut eines Eroberers verblaßt neben der Schaustellung des Frommen, der sich an den Schöpfer wendet. Woher all diese Keckheit? Und wie sollte die Bescheidenheit eine Kirchentugend sein, wo doch jedes altersschwache Weiblein das Unendliche in Reichweite zu haben glaubt und sich im Gebete in einem Maße erkühnt, wie kein Tyrann es jemals gewagt hat?
Die Herrschaft der Welt würde ich hingeben für einen einzigen Augenblick, in dem meine gefalteten Hände ihn anflehen könnten – den großen Verschulder unserer Rätselhaftigkeit und Nichtssagendheit. Dabei ist ein solcher Augenblick jedem beliebigen Frommen etwas Fortwährendes – gleichsam seine *offizielle* Zeit. Der wahrhaft Bescheidene aber sagt sich immer wieder: »Zu gering, um zu beten, zu träge, um die Schwelle einer Kirche zu überschreiten, bescheide ich mich mit meinem Schattendasein und will nicht, daß Gott vor meinen Gebeten kapituliere.« Und denen, die ihm die Unsterblichkeit in Aussicht stellen, antwortet er: »Die Quellen meines Stolzes sind nicht unversiegbar. Ihr glaubt im Namen des Glaubens euer *Ich* zu besiegen; in Wirklichkeit wollt ihr es in alle Ewigkeit fortsetzen, die irdische Dauer genügt euch nicht. Euer Dünkel ist durchtriebener als aller weltliche Ehrgeiz. Welcher Traum von Ruhm erweist sich, mit dem euren verglichen, nicht als Schall und Rauch? Euer Glaube ist nichts als Größenwahn, den die Gemeinschaft nur darum duldet, weil er sich verkappt; doch der Gedanke, Staub zu sein, läßt euch nicht los: nach Zeitlosem lüstern, verfolgt ihr die Zeit, die den Staub in alle Winde verstreut. Allein das Jenseits ist geräumig genug für eure Begehrlichkeiten; Erde und Erdenzeit erscheinen euch zu kurzatmig. Der Größenwahn der Klöster übertrifft alles, was jemals der Fieberprunk der Paläste sich ausdachte. Wer sich mit seiner Nichtigkeit nicht abfindet, ist ein Geisteskranker. Und unter allen

Menschen ist der Gläubige derjenige, der am wenigsten dazu bereit ist. Ein so weit getriebener Wille zur Dauer erfüllt mich mit Entsetzen. Ich versage mich dieser verderblichen Verführung durch ein unbegrenztes Ich. Ich will mich sielen in meiner Sterblichkeit, ich will *normal* bleiben.«

[Herr, verleihe mir die Gabe, niemals zu beten, bewahre mich vor der Unsinnigkeit der Anbetungen, wende sie von mir ab, jene Versuchung zur Liebe, die mich dir ausliefern würde auf immer und ewig. Laß die Leere wachsen zwischen meinem Herzen und dem Himmel! Mitnichten will ich, daß du anwesest in meinen Wüsten, daß dein Licht der Tyrann meiner Nächte sei, daß das Eis meiner Steppen auftaue unter deiner Sonne! Einsamer als du, wünsche ich meine Hände rein zu bewahren – im Gegensatz zu den deinen, die sich für immer befleckten, als sie den Lehm kneteten und eingriffen in die Geschäfte der Welt ... Von deiner stumpfsinnigen Allmacht verlange ich nichts als Respekt vor meiner Einsamkeit und Drangsal. Ich mache mir nichts aus deinen Worten; und ich fürchte mich vor der Torheit, die sie mich vernehmen ließe. Gib mir das Wunder vor dem Anbeginn der Zeit, den Frieden, den du nicht zu dulden vermochtest und der dich dahin brachte, eine Bresche zu schlagen in das Nichts, um diesen Jahrmarkt der Zeiten darin aufzunehmen und mich auf diese Weise zum All zu verdammen, – zur Demütigung und zur Daseinsschande.]

Lypemanie

Warum hast du nicht die Kraft, dich der Atempflicht zu entziehen? Warum erträgst du sie immer noch, diese verfestigte Luft, die deine Lungen blockiert und gegen dein Fleisch brandet? Wie willst du dieser undurchsichtigen Hoffnungen, dieser versteinerten Ideen Herr werden, wenn du es bald der Einsamkeit eines Felsens, bald einem am Rand der Welt geronnenen Speichelauswurf gleichtust? Du liegst weiter ab von dir selbst als ein noch unentdeckter Planet, und deine den Friedhöfen zugewandten Sinnesorgane beneiden ihn um seine Dynamik ...

Du willst dir die Adern öffnen, um dies Blatt hier mit Blut zu überfluten, dieses Blatt, das deinen Unwillen reizt, wie der Wechsel der Jahreszeiten? Aber dein Blut ist entfärbt worden von den durchwachten Nächten und hat zu strömen aufgehört ... Nichts weckt deinen Lebens- und Sterbensdurst wieder, die Jahre haben ihn ausgelöscht, für alle Zukunft bleibt er angewidert von jenen Quellen ohne Glanz und Gemurmel, aus denen die Menschen ihren Trunk schöpfen. Eine Fehlgeburt mit stummen, trockenen Lippen, bleibst du hinfort jenseits aller Lebens- und Todesgeräusche, jenseits der rauschenden Tränen ...

[Die wahre Größe der Heiligen besteht in ihrer unübertrefflichen Kraft, die *Furcht vor der Lächerlichkeit* zu besiegen. *Wir* können nicht weinen, ohne uns dessen zu schämen; *sie* erflehen die »Gabe der Tränen«. Daß wir inmitten unserer »Tränenlosigkeit« auf unser Ansehen bedacht bleiben, macht uns zu reglosen Zuschauern unserer bitteren, geballten Unendlichkeit und unserer ausbleibenden Rieselungen. Dabei ist ja nicht das Sehen, sondern das Weinen die Aufgabe der Augen; um wirklich zu *sehen,* müssen wir sie schließen: das ist die Vorbedingung der Ekstase, der einzigen enthüllenden Schau. Die Wahrnehmung hingegen erschöpft sich in der Abscheulichkeit des *Schongesehenen,* des irreparablen, seit jeher *Gewußten.*
Wer die fruchtlosen Katastrophen der Welt im voraus erkannt hat, wem sein Wissen nichts als die Bestätigung eines angeborenen Enttäuschtseins brachte, dessen Vorherbestimmung zur Traurigkeit wird durch die Bedenken, die er gegen das Weinen hegt. nur um so deutlicher werden. Und wenn er auf die Taten der Heiligen irgendwie eifersüchtig ist, so nicht so sehr darum, weil er sie um ihren Widerwillen gegen allen Schein oder um ihre Transzendenz-Gier beneidet, als vielmehr um des Sieges willen, den sie über jene Furcht vor der Lächerlichkeit errangen, der er sich nicht zu entziehen vermag und die ihn diesseits der übernatürlichen Ungebührlichkeit des Weinens festhält.]

Tagesfluch

Es sich tausendmal am Tage wiederholen, daß nichts auf Erden einen Wert hat; immer wieder auf den gleichen Punkt zurückkommen und sich albern drehen wie ein Kreisel ... In der Idee von der Eitelkeit aller Dinge gibt es weder Fortschreiten noch Ergebnis. So weit wir uns auch in dieser Grübelei vorwagen mögen, unsere Erkenntnis wird darüber nicht größer: sie bleibt ebenso reich und ebenso nichtig wie an ihrem Ausgangspunkt. Es ist ein Verharren im Unheilbaren, ein Aussätzigsein des Geistes, eine Offenbarung durch den Stupor. Einem Schwachsinnigen, einem Idioten, der plötzlich eine Erleuchtung hätte und in ihr verharrte, der nicht zurückkönnte in seine bequeme Umnachtung – einem solchen Schwachsinnigen gleicht derjenige, der, ohne es zu wollen, der Wahrnehmung der allgemeinen Nichtssagendheit teilhaftig wird. Im Stich gelassen von seinen Nächten, Opfer einer den Atem verschlagenden Helle, weiß er mit diesem nicht enden wollenden Tag nichts zu beginnen. Das Licht: wann wird es endlich aufhören, jene Strahlen auszusenden, die der Erinnerung an eine nächtliche, allem Seienden voraufgegangene Welt zum Verhängnis werden? Wie ist es doch vorüber und vorbei, das ruhende, stille Chaos vor der schrecklichen Schöpfung oder das – noch viel sanftere – Chaos des geistigen Nichts!

Verteidigung der Korruption

Legte man auf den einen Teller einer Waage das Unheil, das die »Reinen« in der Welt stifteten, und auf den anderen Teller das Übel, das ihr die Prinzipien- und Skrupellosen zufügten, die Waage würde sich nach dem ersteren hin neigen. Jede Heilslehre errichtet in dem Geist, der sie ausspricht, ein Blutgerüst ... Das Unheil, das korrumpierte Epochen heraufbeschworen haben, ist nicht so schwerwiegend wie die Katastrophen, die von Epochen des Glaubenseifers ausgelöst wurden. Schlamm ist angenehmer als Blut, im Laster liegt mehr Süße als in der Tugend, in der Verderbtheit mehr Menschlichkeit als in der Sittenstrenge. Der Mensch, der regiert und an nichts glaubt –: das wäre ein Vorbild für ein Paradies des Niedergangs, für eine souveräne Lösung des Geschichtsproblems. Die Opportunisten haben den Völkern die Rettung gebracht, die Helden den Ruin. Man fühle sich als Zeitgenosse nicht etwa der Revolution oder Bonapartes, sondern eines Fouché und Talleyrand: ein Mehr an Traurigkeit in der Unbeständigkeit dieser beiden, und wir hätten an Hand ihrer Taten eine wahre *Lebenskunst* entwerfen können!

Gerade den sittenlosen Epochen kommt das Verdienst zu, das Wesen des Lebens freigelegt zu haben, uns darüber aufgeklärt zu haben, daß alles nur *Possenspiel* oder *Bitternis* ist – und daß es sich nicht verlohnt, irgendein Ereignis auszuschmücken: jedes Ereignis ist zwangsläufig ein Greuel. Große Zeitalter, Jahrhunderte, Könige, Päpste –: lauter Blendwerk und Lüge ... Die »Wahrheit« sickert erst ein, wenn die Geister ihren konstruktiven Fieberwahn vergessen und nichts wahrnehmen als die Auflösung von Moral, Idealen und Religionen. Erkennen heißt *sehen;* es heißt weder hoffen noch unternehmen.

Die Stupidität, die die großen Gestalten der Geschichte kennzeichnet, findet nur in der Dummheit derer, die der Geschichte den Weg bahnen, ihresgleichen. Nur weil es uns an Scharfsinn fehlt, führen wir unser Tun und Denken bis zu Ende. Einem hellen Kopf flößen Tragödien und Apotheosen bloß Widerwillen ein: Mißgunst oder Siegespalme bringen ihn nicht minder zur Verzweiflung als Banalität. *Zu weit gehen heißt* den untrüglichen Beweis seines schlechten Geschmacks erbringen. Dem Ästheten sind Blut, Erhabenheit und Heldenmut ein Greuel ... Er schätzt allenfalls die Possenreißer ...

Unmodernes All

In der Welt der Worte geht das Altern weit schneller vor sich als in der Welt der Dinge. Die allzu oft wiederholten Worte sterben vor Erschöpfung; das Gesetz der Materie hingegen ist ein ewiges Einerlei. Der Geist benötigt ein endloses Diktionär – und verfügt nur über ein paar abgegriffene Vokabeln. So kommt es, daß das seltsame Verbindungen erfordernde *Neue* den Worten die unvorhergesehensten Funktionen abnötigt: *die Originalität läuft*

auf eine Zermarterung des Adjektivs, auf einen einprägsamen Mißbrauch der Metapher hinaus. Man stelle die Wörter dorthin, wo sie hingehören: lauter Gräber auf dem Alltagsfriedhof des *Sprechens.* Was durch den Gebrauch *geheiligt* ist, bedeutet den Tod der Sprache: ein *vorhergesehenes* Wort ist stets ein *verstorbenes* Wort, und nur ein abwegiger Gebrauch flößt ihm neues Leben ein – bis die Allgemeinheit es sich zu eigen macht, es verunreinigt und abgreift. Der Geist ist, solange er *preziös* ist; die Natur hingegen macht es sich bequem inmitten ihrer schlichten, sich immer gleichbleibenden Behelfe.
Was wir im Verhältnis zum Leben als solchem *unser* Leben nennen, ist ein unablässiges Kreieren neuer Moden mittels künstlich gehandhabter Worte, eine Fortpflanzung von Belanglosigkeiten, ohne die wir unseren Geist längst in einem Gähnen aufgegeben hätten, von dem Geschichte und Materie verschlungen worden wären. Wenn der Mensch immer wieder ein neues physikalisches Weltbild entwirft, so geschieht dies nicht so sehr deshalb, weil es ihm um eine gültige Erklärung der Naturvorgänge geht, als vielmehr darum, weil er der Langenweile eines selbstverständlichen, gewohnten und gemeinhin irreduziblen Universums zu entgehen versucht, eines Universums, dem er nach Gutdünken ebenso viele Dimensionen zuteilt, als wir Adjektive hängen an Regloses, das wir nicht länger so zu sehen und zu ertragen vermögen, wie unsere Ahnen und unmittelbaren Vorfahren es in ihrem Stumpfsinn sahen und ertrugen. Wehe demjenigen, der diesen Mummenschanz durchschaut hat und nun von ihm abrückt! Er tritt das Geheimnis seiner Lebendigkeit mit Füßen, er gesellt sich nun der starren, ungeschliffenen Wahrheit jener hinzu, deren Preziosität verbraucht ist und deren Geist aus Mangel an Künstlichem verkümmert.

[Mit gutem Recht darf man sich einen Zeitpunkt denken, da das Leben aus der Mode kommt, wie Mondschein und Schwindsucht durch den Mißbrauch, den die Romantik mit ihnen trieb, außer Gebrauch kamen: den Anachronismus entblößter Symbole und entlarvter Krankheiten krönend, wird das Leben wieder *es selber:* ein Gebrechen ohne Aura, ein prunkloses Verhängnis. Und nur

allzu deutlich läßt sich der Augenblick voraussehen, da aus den Herzen kein Hoffen mehr aufsteigt, da die Erde zu Eis erstarrt wie die Kreatur und da in die unfruchtbare Unendlichkeit kein Traum mehr tritt, der sie verschönt. Wenn sie dann die Dinge *so* sieht, wie sie sind, wird die Menschheit erröten vor Scham darüber, daß sie noch zeugt und sich fortpflanzt. Ein Leben ohne Vorspiegelungen, ein Leben, das aufhört, im Schwange zu stehen, wird vor dem Tribunal des Geistes keinerlei Gnade finden, und zu guter Letzt wird dieser Geist selber dahinschwinden: er ist ein bloßer Scheingrund inmitten des Nichts, wie das Leben nur eine Mutmaßung des Nichts ist.
Die Geschichte hat nur so lange Bestand, als über den vorübergehenden Moden, deren Schatten die Ereignisse sind, eine allgemeinere Mode als Invariante thront; sobald sich diese Invariante jedoch als bloße Laune erweist, sobald jedoch die Einsicht, daß Leben ein einziger Irrtum ist, Allgemeingut und eine einhellig zugegebene Wahrheit wird, werden wir vergebens nach Kräften Ausschau halten, um uns fortzupflanzen oder auch nur die Spur eines Tuns, den Schatten einer Geste zuwegezubringen. Mittels *welcher* Kunst wollen wir dann unsere aufgeklärten Instinkte, unsere wissenden Herzen überleben? Mittels welcher Wunder wollen wir inmitten eines verjährten Alls eine in die Zukunft weisende Lockung ins Leben rufen?]

Der wurmstichige Mensch

Nicht länger will ich gemeinsame Sache machen mit dem Licht, nicht länger will ich das Kauderwelsch des Lebens sprechen. Ich werde nicht mehr sagen: »Ich bin« – ohne vor Scham zu erröten. Die Schamlosigkeit des einzelnen Atemzugs, der Skandal des Atmens überhaupt – sie sind verbunden mit dem Mißbrauch eines Hilfszeitworts ...
Vorbei die Zeiten, da die Idee vom Menschen noch in Morgenröte-Begriffen gedacht wurde ... Auf einer blutleeren Materie ruhend, ist er nun seiner eigentlichen Aufgabe aufgeschlossen, der Aufgabe, seinen Untergang zu erforschen, ihm entgegenzueilen ... Er steht nun an der Schwelle einer neuen Ära: der Ära der *Selbst-*

bemitleidung, und dieses Mitleid mit sich selbst ist sein zweiter Sturz, eindeutiger und noch demütigender als der erste: ein Sturz, von dem er sich nicht loskauft. Vergebens sucht er den Horizont ab: tausend und abertausend Erlösergestalten zeichnen sich ab, possenreißerische Erlöser, ungetröstet auch sie. Er wendet sich von ihnen ab, seine überreife Seele rüstet sich zu sanftem Verwesen ... Er ist ins Innerste seiner Herbstlichkeit vorgestoßen, er pendelt nun zwischen Schein und Nichts, zwischen trügerisch anwesendem Sein und abwesendem Sein: es ist ein Hin- und Herschwingen zwischen zwei Irrealitäten ...
Das Bewußtsein füllt die infolge der Erosion des Daseins durch den Geist entstandene Leere aus. Es bedarf der Umnachtung eines Gläubigen oder Schwachsinnigen, um sich in die »Realität« einzuordnen, die sich im Nu verflüchtigt, wenn sie auch nur dem leisesten Zweifel, auch nur einem Anflug von Unwahrscheinlichkeit, auch nur dem Aufflackern einer Angst – lauter Ansätzen, in denen das Bewußtsein vorgebildet ist und die, zur Entfaltung gelangt, es erzeugen, umreißen und es bis zum Äußersten treiben – begegnen. Unter der Einwirkung dieses Bewußtseins, dieses unheilbar Gegenwärtigen, gelangt der Mensch zu seinem höchsten Vorrecht: dem Vorrecht, zugrunde zu gehen. – Von Natur zu ihrem Ehrenkranken auserkoren, schwächt er ihre Kraft. Er ist das abstrakte Laster seiner Instinkte – er zerstört sie. Das Universum schrumpft bei seiner Berührung, und die Zeit macht sich aus dem Staube ... Nur auf den Trümmern der Elemente vermochte er zur Vollendung zu gelangen – und den Abhang hinabzusteigen. Nun ist sein Werk vollbracht, er ist reif zum Verschwinden: über wieviel Jahrhunderte dehnt er sein Todesröcheln noch aus?

DER GELEGENHEITSDENKER

»Ideen sind Surrogate des Kummers.«

(Marcel Proust)

Der Gelegenheitsdenker

Ich lebe in der Erwartung der *Idee;* ich erahne sie, kreise sie ein, greife zu und – kann sie nicht fassen, sie entgleitet mir, sie gehört mir noch nicht: sollte ich sie etwa inmitten meines Nichtzugegenseins ersonnen haben? Verworren stand sie bevor – wie soll ich sie nun gegenwärtig und leuchtend machen inmitten der deutlichen Agonie des Ausdrucks? Welchen Zustand muß ich herbeisehnen, damit sie aufblühe – und verwelke?

Als Gegner der Philosophie verabscheue ich jede *indifferente* Idee: ich bin nicht immer traurig, also denke ich nicht immer. *Betrachte* ich die Ideen, so erscheinen sie mir noch nutzloser als die Dinge; daher habe ich auch seit jeher nur die Elukubrationen der Schwerkranken geliebt, die Grübeleien der Schlaflosigkeit, das Aufblitzen unheilbarer Ängste, die durchseufzten Zweifel. Die Summe des Helldunkels, das sie in sich birgt, ist der einzige Gradmesser für die Tiefe einer Idee, wie die Verzweiflung, die in ihrer Verspieltheit mitklingt, der Gradmesser ihrer Faszination ist. »Auf wieviel durchwachte Nächte kannst du zurückblicken?« – mit dieser Frage sollten wir an jeden Denker herantreten. Derjenige, der nur denkt, *wenn er will,* hat uns nichts zu sagen: über, oder vielmehr *neben* seinem Gedanken stehend, ist er für diesen nicht *verantwortlich,* braucht er kaum für ihn einzustehen, gewinnt oder verliert er nichts, wenn er sich in einen Kampf wagt, in dem er nicht sein eigener Gegner ist. Es kostet ihn nichts, an die Wahrheit zu glauben.

Anders verhält es sich bei einem Geist, für den der Aberglaube an *Wahr* oder *Falsch* nicht mehr besteht. Er hat mit sämtlichen Kriterien aufgeräumt und *stellt nur sich selber fest,* wie Sieche und Dichter es tun. Sein Denken ist dem Zufall überlassen: die Herrlichkeit eines Unbehagens oder eines Deliriums genügen ihm. Ist eine Verdauungsstörung nicht ideenreicher als ein Aufmarsch von Begriffen? Organische Störungen bestimmen die Ergiebigkeit des Geistes: wer seinen Körper nicht *fühlt,* wird niemals einen Gedanken, der Leben hat, zustande bringen; umsonst wird er darauf warten, daß irgendeine förderliche Unannehmlichkeit ihn überrascht ...

Wenn das Gemüt nicht beteiligt ist, treten allmählich die Ideen hervor – ohne jedoch festere Gestalt annehmen zu können: erst die Traurigkeit schafft das Klima, in dem sie aufblühen. Sie bedürfen einer besonderen Tönung, einer besonderen Farbe, um in Schwingung zu kommen und aufzuleuchten. Lange unproduktiv sein heißt: den Ideen auflauern und sie herbeiwünschen, ohne sie durch eine Formel gefährden zu können. Die »Jahreszeiten« des Geistes sind durch einen Rhythmus der Organfunktionen bedingt; nicht von »mir« hängt es ab, ob ich naiv oder zynisch bin: *meine Wahrheiten sind die Trugschlüsse meines Hochgefühls oder meiner Niedergeschlagenheit.* Ich existiere, ich fühle und ich denke, wie der Augenblick es will – und gegen meinen Willen. Die *Zeit* formt mich; vergebens setzte ich mich zur Wehr – *ich bin.* Meine von mir nicht herbeigewünschte Gegenwart entfaltet sich, entfaltet *mich.* Ich kann sie nicht kommandieren, also kommentiere ich sie; ein Sklave meiner Gedanken, spiele ich mit ihnen – wie ein Hofnarr des Schicksals ...

Vorteile der Gebrechlichkeit

Individuen, deren Besonderheit sich darin erschöpft, Prachtexemplare, vollendete Vorbilder der Gattung zu sein, deren Dasein also mit ihrer Vitalität zusammenfällt, stehen außerhalb des Geistigen. Die ideale Männlichkeit – eine der Wahrnehmung von Nuancen errichtete Schranke – hat Unempfindlichkeit gegenüber dem täglich auftauchenden *Übernatürlichen* zur Folge – und gerade aus diesem schöpft die Kunst ihre Substanz. Je mehr man *Natur* ist, desto weniger ist man Künstler. Sagenwelt und Mythenphantastik vergötterten die ungebrochene, undifferenzierte, undurchsichtige Lebenskraft. Später, als die Griechen sich dem spekulativen Denken ergaben, trat der Kult des bleichsüchtigen Epheben an die Stelle des Gigantenkults. Selbst die Heroen, zu Homers Zeiten noch erlauchte Dummköpfe, wurden dank der Tragödie zu Trägern von Qualen und Zweifeln, die durchaus nicht zu ihrem rauhen Naturell paßten.

Innerer Reichtum geht aus inneren Konflikten hervor, für deren Fortbestehen man sorgt; die Vitalität jedoch ist vollends ihr eigener Herr und kennt nur den äußeren Kampf, nur das Sichverbeißen in den Gegenstand. Im Manne, den eine Dosis Weiblichkeit schwächt, stoßen zwei Tendenzen aufeinander: das Passive in ihm bewirkt Hingabe um Hingabe; das Gebieterische in ihm macht seinen Willen zum Gesetz. Solange seine Instinkte intakt bleiben, ist er nur für die Gattung von Belang; es genügt jedoch, daß ein geheimes Unbefriedigtsein sich in seine Seele schleicht, und er wird zum *Eroberer.* Der Geist rechtfertigt, erklärt und entschuldigt ihn, reiht ihn in die Ordnung der höheren Idioten ein, überläßt ihn der Neugier der Geschichte, die sich mit der Erforschung des fortschreitenden Stumpfsinns befaßt ... Derjenige, dessen Dasein nicht ein vages und dabei zähes Übel ist, wird sich niemals inmitten der Probleme zurechtfinden und niemals ihre Gefahren erkennen. Die günstigsten Bedingungen für Wahrheits- oder Ausdruckssuche liegen auf dem halben Wege zwischen Mann und Frau: die Lücken in der »Männlichkeit« sind der Sitz des Geistes ... Ist das reine Weibchen, die Frau also, der man nicht die geringste Anomalie sexueller oder psychischer Art nachsagen kann, innerlich noch hohler als ein Tier, so stellt das unversehrte Männchen den Inbegriff des »Kretins« dar. – Man betrachte ein beliebiges Wesen, das unsere Aufmerksamkeit erweckt oder unsere Leidenschaft erregt hat: irgendeine Kleinigkeit in seinem Mechanismus ist in Unordnung geraten – *zu seinem Vorteil.* Mit Recht verachten wir diejenigen, die aus ihren Fehlern keinen Vorteil herausschlugen, ihre Mängel nicht ausbeuteten, sich an ihren Verlusten nicht bereicherten, so wie wir jeden verachten, der nicht an seinem Menschsein, ja an seinem bloßen Sein leidet. So kann man auch niemanden schwerer beleidigen, als wenn man ihn »glücklich« nennt, und niemandes Eitelkeit besser schmeicheln, als wenn man ihm sagt, etwas Trauriges spreche aus ihm ... Denn keine einzige bedeutende Tat hat mit der Fröhlichkeit etwas gemein, und mit Ausnahme der Narren lacht niemand, wenn er allein ist.

Das »Innenleben« ist das Erbteil der Empfindsamen, jener zittrigen Fehlgeburten, die an einer Epilepsie ohne Sturz und Speichelfluß leiden. Der biologisch Unversehrte mißtraut der »Tiefe«, ist ihrer nicht fähig, erblickt in ihr eine verdächtige, allem spontanen Tun schädliche Dimension. Er täuscht sich nicht: mit der Rückwendung des Individuums zu sich selbst beginnt auch sein Drama – sein Ruhm und sein Niedergang; indem er aus dem namenlosen Strom heraustritt, aus dem zweckbestimmten Verströmen des Lebens, entwächst er jeglicher *objektiven Bestimmung.* Eine Kultur ist »angegriffen«, wenn die Empfindsamen tonangebend geworden sind; aber ihnen verdankt sie es auch, daß sie nun endgültig über die Natur gesiegt hat – und zusammenstürzt. Ein Musterexemplar höchster Verfeinerung vereinigt in seiner Person den Exaltierten und den Sophisten: er steht nicht mehr zu seiner Begeisterung, er gestaltet sie zwar aus, aber glaubt nicht an sie: diese allwissende Gebrechlichkeit der niedergehenden Epochen kündet die künftige Abwesenheit des Menschen an. Die Empfindsamen lassen uns jenen Augenblick erahnen, da die Portiersfrauen von den Skrupeln eines Ästheten geplagt werden, da der zweifelbeladene Bauer seinen Pflug nicht mehr führen kann, da die von ihren Erkenntnissen ausgehöhlten und von ihren Instinkten im Stich gelassenen Wesen erlöschen, ohne die Kraft zu haben, der Blütennacht ihrer Illusionen nachzutrauern ...

Der Schmarotzer der Poesie

I. – Im Leben eines Dichters kann es keinerlei Erfüllung geben. Aus seinen Unterlassungen, aus seinen mit Unerreichbarem gespeisten Augenblicken entspringt seine Macht. Empfindet er das Unpassende des Existierens? Seine Ausdrucksfähigkeit ist darum nur gefestigter, sein Atem reicher.
Biographien haben nur dann eine Berechtigung, wenn sie die Elastizität eines Schicksals, die Summe seiner Variablen vor Augen führen. Der Dichter jedoch folgt einer Schicksalslinie, deren Strenge durch nichts gemildert wird. Dummköpfen fällt das Leben als Erbteil zu; und um für ein nicht gelebtes Leben Ersatz zu schaffen, hat man die Dichterbiographien erfunden ...
Die Poesie bringt das Wesen dessen zum Ausdruck, was man nicht besitzen kann. Ihr innerster Sinn: die Unmöglichkeit jeg-

licher »Aktualität«. Freude ist kein poetisches Gefühl. [Gleichwohl entstammt sie einem Bezirk des Dichterischen, wo der Zufall Leidenschaften und Narrheit zusammenbündelt.] Hat man jemals ein Lied der Hoffnung angehört, ohne ein Unbehagen, ja Ekel zu empfinden? Und wie soll man ein Gegenwärtiges besingen, wenn schon am *Möglichen* der Makel der Gewöhnlichkeit haftet? Poesie und Hoffnung sind unvereinbar; darum fällt der Dichter auch einer raschen Zersetzung anheim. Wer will es wagen, sich die Frage zu stellen, wie er das Leben empfunden habe, wenn er durch den Tod überhaupt erst lebendig war? Erliegt er der Versuchung des Glücks, so gehört er der Komödie an ... Wenn jedoch Flammen aus seinen Wunden schlagen und er dennoch die Glückseligkeit – diese weißglühende Wollust des Unglücks – preist, so bewahrt er sich vor jenem gewöhnlichen Ton, der in allem Bejahenden mitklingt. So flüchtete sich Hölderlin in ein erträumtes Land der Griechen und verklärte die Liebe durch reinere Wonnen, durch die Wonnen des Irrealen ...
Der Dichter wäre ein verabscheuenswerter Überläufer aus dem Bereich des Realen, wenn er sein Unglück auf der Flucht nicht mit sich nähme. Im Gegensatz zum Mystiker oder zum Weisen kann er sich selber nicht entgehen, bleibt er ein Gefangener seines Wahns: selbst seine Ekstasen sind unheilbar und Künder kommenden Unheils. Unfähig, sich selbst zu erretten, ist alles ihm möglich, nur nicht sein Leben ...

II. – Daran erkenne ich den wahren Dichter: durch den Umgang mit ihm und durch das vertraute Zusammenleben mit seinem Werk wandelt sich *etwas* in mir: nicht so sehr meine Neigungen und mein Geschmack, als vielmehr mein Blut, so als hätte ein unmerklich eingesickertes Übel seinen Lauf, seinen Gehalt und seine Beschaffenheit verändert. Valéry oder Stefan George führen uns immer wieder an den Ort zurück, wo wir sie aufsuchten, oder erhöhen unsere Ansprüche an das Formale am Geistigen: sie sind Genies, deren wir nicht bedürfen, sie sind nur Künstler. Dagegen dringen ein Shelley, ein Baudelaire, ein Rilke bis ins Innerste unseres Organismus vor, und dieser macht sie sich zu eigen, wie er es mit einem Laster täte. In ihrer Nähe erstarkt unser Körper, – verweichlicht dann und zersetzt sich. Denn der Dichter ist ein Agens der Zerstörung, ein Virus, eine verkappte Krankheit und die schlimmste, wenn auch wunderbar unbestimmte Gefahr für unser Blut. In seiner Nachbarschaft leben? Das hieße fühlen, wie das Blut dünner wird, das hieße von einem Paradies der Blutleere träumen und in den Adern Tränen rieseln hören ...

III. – Während die alles erlaubende Dichtung es duldet, daß unsere Tränen, unsere Schmach und Schande, unsere Verzückungen sich in sie ergießen, untersagt uns die Prosa Wehklagen und Herzensergüsse: sie widerstreben ihrer überkommenen Abstraktheit. Sie fordert andere Wahrheiten: nachprüfbare, abgeleitete, abgemessene. Wie aber, wenn man der Poesie ihre Wahrheiten raubte, wenn man sie ausplünderte und nun ebensoviel wagte wie der Dichter? Ihre Unanständigkeiten und Demütigungen, ihre Grimassen und Seufzer – warum sollten wir sie nicht auch in unsere Redeweise aufnehmen? Warum nicht auch in der Gemeinsprache zersetzt, verwest, Kadaver, Engel oder Satan sein und mit Pathos all die ätherischen und unheimlichen Höhenflüge der Poesie verraten? Weit eher noch als in der Schule der Philosophen erlangen wir in der Schule der Dichter den Mut des Verstandes und die Kühnheit, wir selber zu sein. Vor ihren »Behauptungen« verblassen die sonderbarsten und keckesten Aussprüche der Sophisten der Antike. Niemand übernimmt sie: hat es jemals einen Denker gegeben, der so weit gegangen wäre wie Baudelaire, oder der sich erkühnt hätte, einen Zornausbruch König Lears, einen Wortergùß Hamlets in ein System zu bringen? Nietzsche vielleicht kurz vor seinem Ende, aber ach: auch da blieb er bei seiner alten Propheten-Leier ... Sollte man bei den Heiligen suchen? Gewisse Verzückungen der Therese von Avila oder der Angela von Foligno vielleicht ... Aber allzu oft begegnet man dort Gott, diesem *trostreichen Widersinn*, der mit der Stärkung ihres Mutes zugleich dessen Besonderheit einschränkte. Allein und ohne Überzeugungen zwischen den Wahrheiten einhergehen, ist nicht Sache eines Menschen, nicht einmal eines Heiligen; zuweilen jedoch Sache eines Dichters ...

Ich stelle mir einen Denker vor, der in einer Anwandlung von Stolz ausruft: »Möge ein Dichter meine Gedanken als sein Schicksal erleben!« Um diesen Wunsch jedoch zu legitimieren, müßte er lange Zeit Umgang mit Dichtern gepflegt haben, die Wonnen ihrer Verdammnis kennen und ihnen das abstrakte und vollendete Bild ihres Niedergangs und ihrer Delirien vor Augen führen; vor allem aber müßte er zusammenbrechen an der Schwelle des Gesanges und – eine Hymne *diesseits* der Inspiration gleichsam – *den Schmerz erfahren, nicht Dichter zu sein,* nicht eingeweiht zu sein in die »Wissenschaft der Tränen«, in die Qualen des Herzens, in die Orgien der Form, in die Unsterblichkeiten des Augenblicks ...
Manch einmal habe ich von einem schwermütigen und gelehrten Ungeheuer geträumt, das – in sämtlichen Sprachen bewandert und mit sämtlichen Versen und Seelen vertraut – in der Welt umherirrte, in Persien, in China, im lang verstorbenen Indien und im sterbenden Europa, um zu schwelgen in Giften, Gluten und Verzückungen, – manch einmal habe ich von einem Freund der Dichter geträumt, der sie nur darum allesamt kannte, weil er darüber verzweifelte, nicht einer der ihren zu sein.

Drangsale eines Fremdlings

Aus irgendeinem unglückseligen Stamm hervorgegangen, durchmißt er die breiten Straßen des Abendlandes. Verliebt in einander ablösende Vaterländer, hofft er nun auf keines mehr: er ist gebannt in eine zeitlose Dämmerung, ein Bürger der Welt und des Nirgends, ohne Namen und ohne Kraft. Schicksalslose Völker können auch ihren Söhnen kein Schicksal bieten; und diese Söhne lechzen nun nach neuen Horizonten, vergehen vor Liebe zu ihnen, schöpfen sie leer und enden schließlich als Schatten ihrer Bewunderung und Müdigkeit. Daheim haben sie nichts, was sie lieben könnten, und so bringen sie ihre Liebe anderswo unter, in fremden Ländern, deren Einwohner über ihre Leidenschaftlichkeit erstaunen. Die allzu sehr in Anspruch genommenen Gefühle werden immer stumpfer und schwächer – zu allererst die Bewunderung ... Und der Fremdling, der sich auf so vielen Straßen herumgetrieben hat, ruft nun aus: »Zahllose Idole habe ich mir erschaffen, allenthalben habe ich Altäre errichtet, vor einer Unmenge Götter habe ich gekniet. Ich bin des Anbetens müde, ich habe die mir zugemessene Dosis Delirium verausgabt. Die Kräfte, über die man verfügt, reichen nur für das Absolute des eigenen Stammes, die Seelen – wie die Länder – entfalten sich nur innerhalb der eigenen Grenzen: ich bezahle dafür, daß ich sie überschritten habe, daß ich mir aus dem Unbestimmten ein Vaterland und aus fremden Gottheiten einen Kult geschaffen habe, daß ich einen Fußfall tat vor Jahrhunderten, die von meinen Vorfahren nichts wissen wollten. Wo ich herkomme? Ich kann es nicht mehr sagen: in den Tempeln bin ich – und glaube an nichts; in den Städten – und kann mich für nichts mehr ereifern; unter meinen Mitmenschen – und verspüre keine Neugier; auf der Erde – und habe keinerlei Stützpunkt. Gebt mir einen präzisen Wunsch, und ich will die Welt auf den Kopf stellen. Befreit mich von meinen Handlungen, von dieser Schmach, die mich zwingt, jeden Morgen die Komödie der Auferstehung und jeden Abend die der Grablegung zu spielen! In der Zwischenzeit gibt es nichts als jene Tortur im Leichentuch der Langeweile ... Ich träume von Willenskraft – und alles, was ich will, erscheint mir wertlos. Wie ein von seiner Schwermut verzehrter Vandale, ein ichloses Ich, wende ich mich ich weiß nicht wohin ... um in irgendeinem abgelegenen Winkel einen Gott aufzuspüren, der selber ein Gottesleugner ist, und um einzuschlafen im Schatten seiner letzten Zweifel und Wunder.«

Die Langeweile der Eroberer

Paris lastete auf Napoleon – wie er selber gestand – gleich einem »bleiernen Mantel«: zehn Millionen Menschen gingen daran zugrunde. Das ist die Bilanz des »mal du siècle«, sobald ein berittener *René* ihm den Weg bahnt. Dieses »mal du siècle« – hervorgegangen aus dem Müßiggang der Salons des achtzehnten Jahrhunderts, aus der Verweichlichung einer nur allzu aufgeklärten Aristokratie – wütete nicht nur in den Städten, sondern griff tief ins Land hinein: selbst die Bauern mußten diese neue Art des Empfindens mit ihrem Blut bezahlen – und mit ihnen ein ganzer Kontinent. Außergewöhnliche Naturen, die von der Langeweile beschlichen wurden, ist jegliches Verweilen ein Greuel, sie sind besessen von dem Gedanken an ein Anderswo, und die Begeisterungsfähigkeit der Völker dient ihnen nur dazu, die Zahl der Friedhöfe zu vermehren. Dieser Kondottiere, den Werther und Ossian zu Tränen rührten, dieser *Obermann,* der seine innere Leere in den Raum projizierte, und der – wie die Kaiserin Josephine berichtet – nur kurzer Augenblicke der Hingabe fähig war, hatte es sich zur – uneingestandenen – Aufgabe gemacht, die Erde zu entvölkern. Der Träumer als Eroberer: schlimmeres Mißgeschick kann den Menschen nicht widerfahren; nichtsdestoweniger beeilen sie sich, ihn zu vergöttern, lassen sie sich hinreißen von hirnverbrannten Plänen, verhängnisvollen Idealen, krankhaftem Ehrgeiz. Kein *vernünftiges* Wesen wurde jemals zum Gegenstand eines Kults, hinterließ einen Namen, drückte auch nur einem einzigen Ereignis seinen Stempel auf. Unerschütterlich, wenn sie deutlichen Begriffen und durchsichtigen Idolen gegenübersteht, gerät die Menge angesichts des Unerweislichen und scheinbar Geheimnisvollen sofort in Erregung. Wer starb denn schon für *Gedankenstrenge?* Jede neue Generation errichtet Denkmäler zu Ehren der Henker der ihr voraufgegangenen. Allerdings ließen die Opfer sich willig hinschlachten: glaubten sie doch an den Ruhm, diesen Triumph eines Einzelnen, diese Niederlage aller ...

Die Menschheit hat stets nur diejenigen angebetet, die sie ins Verderben stürzten. Regierungszeiten, in deren Verlauf die Untertanen eines friedlichen Todes starben, werden von der Geschichte ebensowenig erwähnt wie die zu allen Zeiten von ihren Untertanen verachteten weisen Regenten. Die Menge liebt den Roman, sogar wenn sie selbst seine Kosten bestreiten muß: der Sittenskandal bildet den Schußfaden aller menschlichen Neugier, den unterirdischen Strom jeder Begebenheit. Die treulose Frau und der betrogene Ehegatte liefern der Komödie wie der Tragödie, ja sogar dem Heldenepos, so gut wie alle ihre Vorwürfe. Ehrenhaftigkeit hat weder etwas zu erzählen noch besitzt sie Charme, und so hat stets – von der Ilias bis zum Vaudeville –

nur der Zauber der Unehre unterhalten und angeregt. Daher ist es nur allzu natürlich, daß die Menschheit sich den Eroberern als Fraß anbietet, daß sie sich gern mit Füßen treten läßt, daß eine Nation ohne Tyrannen nicht von sich reden macht, und daß die Summe des Unrechts, das ein Volk begeht, das einzige Anzeichen seines Vorhandenseins und seiner Lebenskraft ist. Eine Nation, bei der keine Vergewaltigungen mehr vorkommen, befindet sich in völligem Verfall; denn nur in ihren Vergewaltigungen bekunden sich ihre Instinkte und ihre Zukunft. Man forsche nach, seit welchem Kriege sie aufgehört hat, diese Art des Verbrechens in großem Ausmaß zu begehen: man wird das erste Anzeichen ihres Niedergangs gefunden haben; seit welchem Zeitpunkt die Liebe für sie ein Zeremoniell und das Bett eine Vorbedingung dieses Spasmus geworden ist: man wird den Beginn ihrer Ohnmacht und das Zuendegehen ihres Barbarenerbes festgestellt haben.

Weltgeschichte: Geschichte des *Bösen.* Wollte man sich das Werden der Menschheit ohne Schicksalsschläge denken, so könnte man sich ebensogut die Natur ohne Jahreszeiten denken. Ihr habt zu keiner Katastrophe beigetragen? Ihr werdet aus der Welt verschwinden, ohne eine Spur zu hinterlassen. Nur insoweit gehen wir unsere Mitmenschen etwas an, als wir rings um uns Unglück stiften. »Ich habe niemandem ein Leid zugefügt!« – ein Ausruf, wie er einem Fleischgeborenen für immer fremd bleibt. Sooft wir uns für eine Gestalt der Gegenwart oder der Vergangenheit begeistern, stellen wir uns unbewußt die Frage: »Wie vielen hat er Unglück gebracht?« Wer weiß, ob nicht jeder von uns nach dem Vorrecht strebt, sämtliche Mitlebenden umzubringen? Aber nur wenigen wird dieses Vorrecht zuteil, und niemals zur Gänze: diese Einschränkung allein erklärt bereits, warum die Erde immer noch bevölkert ist. Wir sind nur mittelbare Mörder, wir bilden eine träge Masse, eine Unzahl von *Objekten* gegenüber den wahren *Subjekten* der Zeit, gegenüber den großen, an ihrem Ziel angelangten Verbrechern.

Aber trösten wir uns: unsere nahen oder fernen Nachkommen werden uns rächen. Denn es ist nicht schwer, sich den Zeitpunkt vorzustellen, da die Menschen aus Ekel vor sich selber einander umbringen werden, da ihre Langeweile die Oberhand gewinnt über ihre Vorurteile und Hemmungen, da sie auf die Straße gehen werden, um ihren Blutdurst zu stillen: den Zeitpunkt also, da der durch so viele Generationen hindurch geträumte Vernichtungstraum für alle Tatsache geworden ist.

Musik und Skepsis

Bei sämtlichen Künsten habe ich den Zweifel gesucht: wo ich auf ihn stieß, war er verkleidet, flüchtig, als wäre er den Pausen der Inspiration entschlüpft und aus einem erschlaffenden Aufschwung hervorgegangen. Ich unterließ es jedoch, ihn – selbst in dieser Form – in der Musik zu suchen, denn hier kann er nicht gedeihen: jeglicher Ironie fremd, geht die Musik keineswegs auf die Tücke des Verstandes zurück, sondern auf jene zarteren oder heftigeren Tönungen der Naivität, dieser Torheit des Erhabenen, dieser Unüberlegtheit des Unendlichen ... Da es für das *Bonmot* wohl kaum eine musikalische Entsprechung gibt, heißt es einen Musiker beleidigen, wenn man ihn *intelligent* nennt. Ein solches Attribut setzt ihn herab und ist innerhalb jener vagen Kosmogonie, in deren Verlauf er, einem blinden Gott gleich, ein Weltall ums andere improvisiert, unangebracht. Wäre er sich seiner Begabung, seines Genies bewußt, er würde umkommen vor Stolz; er kann jedoch nichts dafür; inmitten der Orakelsprüche geboren, kann er sich nicht verstehen. Mögen die Unproduktiven ihn deuten und auslegen: er ist kein Kritiker, wie ja auch Gott kein Theologe ist.
Ein Grenzfall der Irrealität und des Absoluten, eine unendlich wirkliche Fiktion, eine Lüge, die wahrhafter ist als die Welt, verliert die Musik ihren Zauber in dem Augenblick, da wir uns verdrossen von der Schöpfung loslösen: Bach selber mutet uns dann wie ein abgeschmacktes Rumoren an. Damit ist der äußerste Punkt unserer Nichtanteilnahme an den Dingen erreicht, der Tiefpunkt unserer Kälte und unseres Niedergangs. *Unser Grinsen inmitten des Erhabenen:* hämisches Siegesgelächter der *Subjektivität,* das uns zu Verwandten des Teufels macht! Ein Verlorener, wer für die Musik keine Tränen mehr hat, wer nur von der Erinnerung an jene lebt, die er einst vergossen hat: seine

unschöpferische Klarsichtigkeit hat den Sieg davongetragen über die Ekstase, aus der die Welten emportauchten ...

Der Automat

Ich atme aus Voreingenommenheit für das Atmen. Ich betrachte den Krampf der Ideen, während die Leere sich selber zulächelt... Kein *Schweiß* mehr im Raume, kein Leben mehr; ein Anflug von Gewöhnlichkeit, und es träte wieder hervor: eine Sekunde des Wartens würde genügen.

Wer seines Daseins gewahr wird, dem geht es wie einem Geistesgestörten, der zu seinem größten Erstaunen sein eigenes Irresein ertappt und nun vergebens nach einem Namen dafür sucht. Die Gewohnheit hat unser Erstaunen darüber, daß wir sind, abgestumpft: wir *sind* – und gehen darüber hinweg, aufs neue nehmen wir unseren Platz im Asyl der Seienden ein.

Ich passe mich an, ich lebe, ich versuche zu leben – durch Nachahmung, aus Achtung vor den Spielregeln, aus Abscheu gegen alles Originelle. Resignation eines Automaten: tun, als sei man mit Leib und Seele dabei, und insgeheim darüber lachen; sich den Übereinkünften fügen, um sie im Verborgenen zu verwerfen; mit seinem Namen in sämtlichen Verzeichnissen stehen, ohne dabei einen festen Wohnsitz in der Zeit zu haben; das Gesicht wahren, wo es geboten wäre, es zu verlieren ...

Wer alles verachtet, muß eine Miene vollendeter Würde aufsetzen, muß die anderen, ja sogar sich selber hinters Licht führen: das macht ihm die Aufgabe, ein *Scheinlebendiger* zu sein, leichter. Weshalb auch seinen Verfall zur Schau stellen, wenn man Wohlergehen vortäuschen kann? Die Hölle hat keine *Manieren:* sie ist das gesteigerte Abbild des freimütigen und ungezogenen Menschen, sie ist die ohne jede Vorspiegelung von Eleganz und Lebensart gedachte Erde.

Aus Höflichkeit finde ich mich mit dem Leben ab: unaufhörliches Sichempören zeugt von schlechtem Geschmack – wie die Erhabenheit des Selbstmords. Mit zwanzig Jahren tobt man gegen die Himmel und gegen den Misthaufen, den sie überwölben: dann wird man dessen müde. Die tragische Pose paßt nur zu einer in die Länge gezogenen, lächerlichen Pubertät; aber es bedarf zahlloser Prüfungen, ehe man dazu gelangt, seine Entsagung zu mimen.

Ein allen hergebrachten Grundsätzen Entwachsener ohne jede schauspielerische Begabung wäre das Urbild allen Mißgeschicks, das Unglückswesen schlechthin. Es hat jedoch keinen Zweck, sich ein solches Muster der Freimütigkeit auszudenken: *das Leben ist nur insoweit erträglich, als man es mystifiziert.* Ein solches Musterwesen würde also den jähen Ruin der Gesellschaft bedeuten, da ja das »Wohlige« eines jeden Gemeinschaftslebens darin liegt, daß wir der Unzahl unserer Hintergedanken nicht freien Lauf lassen können. Nur weil wir allesamt Hochstapler sind, ertragen wir einander. Wer das Lügen ablehnte, dem glitte die Erde unter den Füßen weg: Falschheit ist eine biologische Notwendigkeit. Kein Held der Moral, der nicht entweder kindisch oder unecht wäre; denn Echtheit bedeutet Sichbeflecken durch Betrügerei, durch die Wohlanständigkeit öffentlicher Schmeichelei und heimlicher Verleumdung. Könnten unsere Mitmenschen unsere Meinungen über sie zu Protokoll nehmen, so wären Liebe, Freundschaft, Ergebenheit für immer aus den Wörterbüchern gestrichen; und brächten wir den Mut auf, den zaghaften Zweifeln, die wir gegen uns selber hegen, offen ins Gesicht zu schauen, so brächte keiner von uns das Wort »ich« über seine Lippen, ohne sich dessen zu schämen. Der Mummenschanz reißt alles Lebende mit sich fort, vom Troglodyten bis zum Skeptiker. Nur dadurch, daß wir den äußeren Schein wahren, unterscheiden wir uns von Kadavern; es hieße umkommen, wollte man Dingen und Wesen auf den Grund sehen. Halten wir uns also an ein angenehmeres Nichts: unsere Konstitution verträgt nur eine bestimmte Dosis Wahrheit ...

Bewahren wir uns in unserem Innersten eine allerhöchste Gewißheit: das Leben hat keinen Sinn, es *kann* keinen Sinn haben. Auf der Stelle müßten wir uns das Leben nehmen, wenn irgendeine unvorhergesehene Offenbarung uns vom Gegenteil überzeugte. Gäbe es keine Luft mehr, wir würden dennoch weiteratmen; aber wir würden im Nu ersticken, wenn man uns der Freude an der Nichtigkeit beraubte ...

Über die Melancholie

Kann man sich selber nicht befreien, so ergötzt man sich an der Selbstzerfleischung. Vergebens riefe man den Fürsten des Schattenreiches an, den Spender unzweideutiger Verdammnis: man ist ein Kranker ohne Krankheit, ein Geächteter, der nicht gefrevelt hat. Die Melancholie ist der *Traumzustand des Egoismus:* kein Gegenstand mehr außer seinem Selbst, kein Anlaß mehr zu Liebe oder Haß, und dennoch dasselbe Versinken im Morast, dasselbe ewige Neubeginnen eines Verdammten ohne Hölle, dasselbe Sichwiederholen der Todesgier ... Nimmt die Traurigkeit mit jedem beliebigen Rahmen fürlieb, so bedarf die Melancholie einer Überfülle an Raum, einer wahren Unendlichkeitslandschaft, über die sie ihre verdrossene und dunstige Anmut breiten kann, ihr konturloses Siechtum, das jegliche Grenze scheut aus Angst, sie könnte seiner Nebelhaftigkeit, seinem Auf- und Niederwallen ein Ende bereiten. Sie entfaltet sich – seltsamste Blüte der Eigenliebe – inmitten der Gifte, aus denen sie ihren Saft und die Stärke all ihrer Schwächen saugt. Indem sie sich von dem sie Verderbenden ernährt, verbirgt sie unter ihrem melodischen Namen den Hochmut des Unterliegenden und das Erbarmen mit sich selber ...

Der Geltungstrieb

Ein Cäsar hat mit einem Dorfschulzen mehr gemein als mit einem überlegenen und aufgeklärten Geist ohne jeglichen Herrschertrieb. Wichtig ist, daß man befiehlt: so gut wie alle Menschen streben danach. Ob du über ein Imperium, einen Stamm, eine Familie oder einen Bediensteten verfügst, stets wirst du deine – grandiose oder karikaturhafte – Tyrannenbegabung entfalten: Welt oder Einzelperson – sie stehen zu deinen Diensten. Endloses Unglück entspringt aus diesem Geltungstrieb. Wohin wir uns wenden, stoßen wir auf Satrapen: je nach ihren Mitteln halten sie sich eine ganze Schar von Sklaven oder begnügen sich mit einem einzigen. Denn niemand genügt sich selber: noch der Bescheidenste findet einen Freund oder eine Gefährtin, an de-

nen er seinen Autoritätstraum zur Geltung bringt. Wer gehorcht, wird sich seinerseits Gehorsam verschaffen: aus dem Opfer wird ein Henker; das ist der sehnlichste Wunsch aller. Einzig die Bettler und die Weisen hegen ihn nicht – es sei denn, sie spielten ein noch weit subtileres Spiel ...
Dem Machthunger verdankt es die Geschichte, daß sie sich erneuert und dennoch in ihrem tiefsten Grund dieselbe bleibt; die Religionen versuchen ihn zu bekämpfen – und steigern ihn nur. Hätte das Christentum sich durchgesetzt: die Erde wäre eine Wüste oder ein Paradies. Unter der wechselnden Erscheinung des Menschen verbirgt sich eine Konstante, ein sichgleichbleibender Untergrund, der erklärt, warum wir bei aller scheinbaren Veränderung uns eigentlich im Kreise bewegen – und warum die Geschichte in dem gleichen Augenblick verschwände, in dem wir infolge eines übernatürlichen Eingriffs unseres Ungeheuer- und Hampelmännerdaseins verlustig gingen.
Versucht doch, frei zu sein: ihr werdet Hungers sterben. Die Gesellschaft duldet euch nur, wenn ihr nacheinander unterwürfig und herrschsüchtig seid; sie ist ein Gefängnis ohne Wächter – aus dem niemand entweicht, ohne dabei sein Leben zu lassen. Wohin sich wenden, wenn man nur innerhalb eines Gemeinwesens leben kann, dessen Instinkte man nicht besitzt, wenn man nicht unternehmungslustig genug ist, um in diesem Gemeinwesen zu betteln, und nicht ausgeglichen genug, um der Weisheit zu leben? – Zu guter Letzt bleibt man da wie alle Welt und tut geschäftig; so läßt man es aufs Äußerste ankommen im Vertrauen auf gewisse Kunstgriffe, über die man verfügt, mit Rücksicht darauf, daß es weniger lächerlich ist, das Leben zu simulieren, als es zu leben.
Solange die Menschen der Passion des Gemeinwesens verfallen bleiben, wird in diesem ein getarnter Kannibalismus herrschen. Der politische Instinkt ist eine direkte Folge der Sünde, die unmittelbare Materialisation des Sündenfalls. Jeder sollte der Aufseher seiner eigenen Einsamkeit sein; statt dessen überwacht jeder die der anderen. Engel und Räuber haben ihre Anführer: wie sollten die Geschöpfe der Zwischenstufe – die dichte Masse der Menschheit – keine haben? Nehmt ihnen den Wunsch, Skla-

ven oder Tyrannen zu sein: im Nu werdet ihr das Gemeinwesen niederreißen. Der Pakt der Affen ist auf ewig besiegelt; und die Geschichte setzt ihren Trott fort, eine keuchende Horde, hin- und hergetrieben zwischen Verbrechen und Traum. Nichts hält sie auf: selbst jene, denen sie ein Greuel ist, schließen sich ihr an ...

Stellung des Armen

Besitzende und Bettler: zwei Kategorien, die sich jeglicher Veränderung, jeglichem Umsturz widersetzen. An den beiden äußersten Enden der sozialen Stufenordnung stehend, fürchten sie jegliche Wendung zum Guten oder Bösen: sie sind gleicherweise *untergebracht,* die einen im Überfluß, die anderen in der Entbehrung. Den Zwischenraum füllen diejenigen aus, die nicht zur Ruhe kommen, die schuften und sich schinden, die nicht locker lassen, die den Unsinn ihrer Hoffnungen hochzüchten: sie sind der anonyme Schweiß, die Grundlage der Gesellschaft. Der Staat lebt von ihrer Blutarmut; gäbe es sie nicht, die Idee des Staatsbürgertums hätte ebensowenig Inhalt und Wirklichkeit wie der Luxus oder das Almosen: die Reichen und die Streuner sind die Schmarotzer des Armen ...

Wenn es auch tausend Mittel gegen das Elend gibt – es gibt keine einzige Abhilfe gegen die Armut. Wie will man denen beistehen, die es sich in den Kopf gesetzt haben, nicht Hungers zu sterben? Gott selber könnte ihr Los nicht bessern. Zwischen den Günstlingen des Glücks und den Zerlumpten treiben sich diese ehrenwerten Hungerleider herum, ausgebeutet von Prunk und Bettel, ausgeplündert von allen jenen, denen jegliche Mühsal ein Greuel ist und die sich je nach Glück oder Berufung in einem Salon oder auf der Straße niederlassen. Dies ist die Art, wie die Menschheit vorwärtsschreitet: mit ein paar Reichen, mit ein paar Bettlern – und mit all ihren Armen ...

ASPEKTE DER DEKADENZ

»Ganz vergessener Völker Müdigkeiten
Kann ich nicht abtun von meinen Lidern«

(Hugo von Hofmannsthal)

Der Verfall einer Kultur beginnt in dem Augenblick, da das Leben zu ihrer Wahnidee wird. Zeiten der Hochkultur bilden *Werte* nur um dieser Werte selbst willen aus: das Leben ist lediglich ein Mittel zu deren Verwirklichung; der Einzelne weiß nicht darum, *daß* er lebt, er lebt schlechthin, als ein glücklicher Sklave der Gebilde, die er hervorbringt, ausgestaltet und vergöttert. Sein Gemütsleben beherrscht und erfüllt ihn. Keine schöpferische Tätigkeit, an der nicht das – übrigens nicht unerschöpfliche – »Gefühl« mitwirkte. Wer jedoch Gefühl nur als Fülle erlebt, wird es für unversiegbar halten: aus dieser Illusion geht die Geschichte hervor. In der Verfallszeit wiederum läßt das verarmende Gemüt nur noch zwei Weisen des Empfindens und Begreifens zu: den Sinnesreiz und die Idee. Doch gerade das Gemüt eröffnet uns einen Zugang zur Welt der Werte und erfüllt Kategorien und Normen mit Leben. In ihren schöpferischen Zeiten besteht die Aktivität einer Kultur darin, die Ideen aus ihrem abstrakten Nichts herauszulösen, *die Begriffe in Mythen umzuwandeln.* Gewiß: noch hat das Individuum den Übergang von der Anonymität zur Bewußtheit nicht vollzogen; dieser Übergang ist indessen unvermeidlich.
Man ermesse ihn: in Griechenland von Homer zu den Sophisten, in Rom von der alten Republik und ihrer Sittenstrenge zu den »Weisheiten« des Kaiserreichs, in der modernen Welt von den Kathedralen zum Filigran des achtzehnten Jahrhunderts.
Eine Nation kann nicht unbegrenzt schöpferisch sein. Sie ist vielmehr dazu berufen, einer Summe von Werten Ausdruck und Sinn zu verleihen, die sich mit der Seele erschöpfen, von der sie hervorgebracht wurden. Der Mensch erwacht aus einer fruchtbaren Hypnose: die Herrschaft der Verstandesklarheit nimmt ihren Anfang: die Massen bedienen sich nur noch inhaltloser Denkschemata. *Aus Mythen werden wieder Begriffe:* die Dekadenz ist da. Und die Folgen machen sich fühlbar: das Individuum *will* leben, es setzt das Leben in ein Zweckbestimmtes um, es steigt zum Rang einer kleinen Ausnahme auf. Die Bilanz dieser Ausnahmen zeigt das Defizit einer Kultur und kündigt ihr bevorstehendes Erlöschen an. Alle Welt ist zartsinnig gewor-

den. Doch ist es nicht gerade die weithin sichtbare Stumpfsinnigkeit der Düpierten, die das Werk großer Zeitalter vollendet?

Montesquieu behauptet, daß gegen Ende der Kaiserzeit das römische Heer nur noch aus Kavallerie bestand. Er versäumt es jedoch, uns den Grund dafür anzugeben. Man stelle sich nun den von Ruhm, Reichtum und Völlerei übersättigten Legionär vor, der unzählige Länder durchwandert hat und bei der Berührung mit so vielen Religionen und Lastern Glauben und Kraft verloren hat – man stelle sich diesen Legionär *zu Fuß* vor! Als Fußsoldat hat er die Welt erobert; als Reiter verliert er sie. – In jeder Verweichlichung tritt die physiologische Unfähigkeit hervor, den Mythenglauben der Gemeinschaft auch weiterhin zu bejahen. Der emanzipierte Soldat und der aufgeklärte Bürger erliegen dem Barbaren. Die *Entdeckung* des Lebens macht das Leben zunichte.
Wenn ein ganzes Volk – auf verschiedenen Stufen – seltenen Sinneseindrücken auflauert, wenn es durch die Überfeinerung seines Geschmacks seine Reflexe umständlicher macht, so hat es damit eine verhängnisvolle Überlegenheit erlangt. Dekadenz bedeutet nichts weiter als Trübung der Instinkte unter Einwirkung des Bewußtseins. Daher wird man die Bedeutung der Gastronomie für die Existenz einer Gemeinschaft nie hoch genug einschätzen können. *Bewußtes* Essen ist ein alexandrinisches Phänomen; Barbaren *ernähren* sich. Intellektueller und religiöser Elektizismus, erfinderische Sinnlichkeit, Ästhetentum, erlesene Mahlzeiten als Wahnidee – all das sind nur verschiedene Aspekte ein und derselben Geistesverfassung. Gabius Apicius, der auf der Suche nach Langusten die Küsten Afrikas entlangpilgerte und sich nirgends niederzulassen vermochte, weil er keine fand, die ihm schmeckten, war bereits ein Zeitgenosse jener rastlosen Seelen, die eine Unzahl fremder Gottheiten verehrten, ohne dabei Ruhe und Befriedigung zu finden. *Seltene Sinneseindrücke – verschiedenartigste Gottheiten:* nebeneinander reifende Früchte ein und derselben Herzensdürre, ein und derselben Wißbegier ohne innere Schwingung. Das Christentum trat auf den Plan: ein *einziger Gott* – und das *Fasten.* Eine Ära der Trivialität und der Erhabenheit brach an . . .

Ein Volk, das nicht mehr die Kraft hat, sich neue Götter, neue Mythen, neuen Widersinn zu ersinnen, liegt im Sterben; seine Idole verblassen und verschwinden; es entlehnt neue – und fühlt sich einsam inmitten all der fremden Ungeheuer. Auch das ist Dekadenz. Wenn jedoch eines dieser Ungeheuer die Oberhand gewinnt, so setzt sich eine neue, rohe, finstere und unduldsame Welt in Bewegung, bis auch sie ihren Gott leergeschöpft hat und sich von ihm frei macht; denn frei – und unfruchtbar – ist der Mensch nur, solange die Götter sterben; versklavt – und schöpferisch – ist er nur während des Zeitraums, da sie – als Tyrannen – florieren.

Über seine Sinneseindrücke meditieren – *wissen,* daß man ißt – bedeutet eine Bewußtseinshaltung, dank derer ein elementarer Akt sein unmittelbares Ziel überschreitet. Neben dem intellektuellen Ekel entwickelt sich ein zweiter, tiefer gelegener und gefährlicherer: aus den Eingeweiden aufsteigend, erreicht er zuletzt die schlimmste Form des Nihilismus: den Nihilismus der Übersättigung. Selbst die Auswirkungen der bittersten aller Gedankengänge halten keinen Vergleich aus mit jener Schau, die sich nach einem Gelage einstellt. Jede Mahlzeit, die länger dauert als ein paar Minuten und an Gerichten das Notwendige überschreitet, zersetzt unsere Gewißheiten. Kulinarischer Mißbrauch und Sattheit gingen bei der Zerstörung des Römischen Weltreichs schonungsloser ans Werk als die Sekten des Orients und die – übrigens schlecht assimilierten – Lehrmeinungen der Griechen. Nur an überladenen Tafeln verspürt man den echten Schauder der Skepsis. Das »Himmelreich« mußte sich nach so vielen Exzessen wie eine Lockung darbieten, wie eine köstlich-perverse Überraschung inmitten der Eintönigkeit der Verdauung. Der Hunger sucht in der Religion einen Weg zum Heil; die Sattheit sucht darin ein Gift. »Erlösung« durch Viren finden und inmitten der Verschmelzung von Gebet und Laster die Welt fliehen, gleichzeitig sich aber in ihr sielen –: dies ist die Summe der Bitternisse einer jeden Spätzeit.

In jeder überreifen Kultur gibt es eine Art *Vielfalt im Abstieg.*

Die Instinkte werden geschmeidiger; die Sinnesfreuden weiten sich aus und entsprechen nicht mehr ihrer biologischen Funktion; die Wollust wird Selbstzweck, ihre Verlängerung eine Kunst, das Hinauszögern des Orgasmus eine Technik, die Sexualität eine Wissenschaft. Allerlei aus Büchern herausgelesene Verfahren und Eingebungen, die der Begierde neue Bahnen brechen sollen; eine zermarterte Phantasie, um die Vorfreuden des Genusses möglichst vielgestaltig zu machen; der Geist selber verlagert auf ein ihm fremdes, von ihm kaum beherrschbares Gebiet – lauter Merkmale einer Verarmung des Blutes und einer morbiden Intellektualisierung des Fleisches. Die als *Ritual* aufgefaßte Liebe macht die Intelligenz zur Herrscherin im Reiche der Dummheit. Die Automatismen tragen den Schaden davon; sie werden gehemmt und verlieren jene Eilfertigkeit im Auslösen von Verrenkungen, die nicht eingestanden werden können; die Nerven werden zum Schauplatz klarsichtiger Übelkeiten und Schauder; die *Sinneseindrücke* endlich halten über ihre eigentliche Dauer hinaus an, dank der Geschicklichkeit zweier Folterknechte der einstudierten Wollust. Das *Individuum täuscht die Gattung*, das Blut ist zu lau, als daß es den Verstand noch benebeln könnte, die Ideen haben es abgekühlt und verdünnt, es ist *rationales Blut* ...

Instinkte, zernagt von der Unterhaltung ...
Noch nie ist aus dem Dialog etwas Monumentales, Explosives, »Großes« hervorgegangen. Hätte die Menschheit sich nicht ihre Zeit mit *Gesprächen* über ihre eigenen Kräfte vertrieben, sie wäre niemals über die Schau und die Gestalten Homers hinausgekommen. Aber die mit spontanen Reflexen und jugendfrischen Mythen aufräumende Dialektik machte aus dem Helden eine wackelige Figur. Ein Achilles unserer Tage hätte mehr als nur seine Ferse zu fürchten ... Die einst nur teilweise vorhandene und folgenlose Verwundbarkeit wurde zum fluchbeladenen Privileg, zum innersten Wesen aller Lebenden. Das Bewußtsein ist überallhin eingedrungen und sitzt nun tief im Mark; so lebt auch der Mensch nicht mehr im Dasein selbst, sondern in der *Daseinstheorie* ...

Wer klar sieht, sich selbst versteht, sich deutlich auszudrücken versucht, sein Tun und Lassen meistert, wird niemals eine denkwürdige Geste vollziehen. Die *Psychologie* ist das Grab des Helden. Ein paar Jahrtausende Religion und Vernunft haben Muskel- und Entschlußkraft sowie Abenteuerlust geschwächt. Wie nicht verachten, was der Ruhm unternimmt? Jegliches Tun, dem nicht die lichtvolle Verwünschung des Geistes vorwaltet, stellt einen Überrest altvererbter Dummheit dar. Ideologien dienen lediglich dazu, das sich durch Jahrhunderte erhaltene Barbarentum zu überfirnissen und jenen Hang zum Mord zu bemänteln, der allen Menschen gemeinsam ist. Heutzutage tötet man im Namen irgendeiner Sache; man wagt nicht mehr, es spontan zu tun; selbst die Henker müssen sich auf Beweggründe berufen; Heldentum ist außer Gebrauch gekommen, und so löst jeder, der Lust dazu verspürt, lieber irgendein Problem, als daß er sein Leben hinopferte. In Leben und Tod hat sich die *Abstraktion* eingeschlichen; die »Komplexe« bemächtigen sich der Großen wie der Kleinen. *Von der Ilias zur Psychopathologie* – das ist der Weg der Menschen.

Sinkenden Kulturen bedeutet die Dämmerung ein Anzeichen edelmütiger Bestrafung. Welche Wonnen der Ironie müssen sie nicht empfinden, da sie sich nun ausgeschlossen wissen aus allem Werden, nachdem sie Jahrhunderte lang die Normen der Macht und die Kriterien des guten Geschmacks zu bestimmen hatten! Mit jeder von ihnen erlischt eine Welt! Empfindungen des letzten Griechen, des letzten Römers! Wie sich nicht begeistern für die großen Untergänge? In dem Zauber, der von der Agonie einer Kultur ausgeht, einer Kultur, die an sämtliche Probleme herangegangen war und sie allesamt wunderbar verfälscht hatte, liegt mehr Anreiz als in der jungfräulichen Unwissenheit, die sie einleitete.
Jede Kultur stellt eine Antwort auf die vom Weltganzen aufgeworfenen Fragen dar; aber das Geheimnis bleibt ungelöst. Neue Kulturen, neue Wißbegierden wagen sich nun vor – ebenso vergeblich, denn jede von ihnen ist nur ein *System von Fehlgriffen* . . .

Die Werte, die sie auf ihrem Höhepunkt hervorbrachte, schafft die Kultur in ihrer Spätzeit als abgenutzt und verblichen wieder ab. Bestrickung der Dekadenz – jener Epochen, in denen die Wahrheiten kein Leben mehr haben, in denen sie sich übereinander häufen wie Gerippe in versonnenen und verdorrten Seelen, in den Beinhäusern der Träume ...

Wie ist mir Olympius teuer, jener Philosoph aus Alexandrien, der, als er im Serapeion das Halleluja singen hörte, sein Vaterland für immer verließ! Das war gegen Ende des vierten Jahrhunderts: die düstere Torheit des *Kreuzes* warf bereits ihre Schatten auf den Geist ...
Zur gleichen Zeit konnte der Grammatiker Palladas schreiben: »Wir Griechen sind nur noch Asche. Unsere Hoffnungen ruhen, wie die der Toten, unter der Erde.« Und dasselbe gilt für alles Geistige jener Zeit.
Vergebens suchen ein Celsus, ein Porphyrius, ein Julian Apostata dem Einbruch jenes Nebelhaft-Sublimen Einhalt zu gebieten, das aus den Katakomben heraufdringt: die Apostel haben allen Seelen ihre Wundmale aufgedrückt, und in den Städten haben sie Verheerung um Verheerung gestiftet. Das Zeitalter der großen *Häßlichkeit* bricht nun an: eine ranglose Hysterie breitet sich über die Welt aus. Paulus – der bedeutendste Wahlagent aller Zeiten – unternimmt seine Werbereisen und verdüstert mit seinen Sendschreiben die wolkenlose Dämmerzeit der Antike. Ein Epileptiker trägt den Sieg davon über fünf Jahrhunderten Philosophie! Die Vernunft – beschlagnahmt von den Kirchenvätern!
Wenn ich nun nach dem Datum forsche, das den Stolz des Geistes am tödlichsten traf, wenn ich die Reihe der Unduldsamkeiten verfolge, so finde ich nichts, was jenem Jahr 529 vergleichbar wäre, dem Jahre, da auf eine Verfügung Justinians die Schule von Athen geschlossen wurde. Das Recht auf Dekadenz von Amts wegen aufgehoben. *Glauben* als Bürgerpflicht ... Es ist der schmerzlichste Augenblick in der Geschichte des Zweifels.

Einem Volk, das keinerlei Vorurteile mehr in seinem Blute hat, bleibt nur noch eine Zuflucht: sein Selbstzersetzungswillen. Dem Beispiel der Musik, dieser Disziplin der Auflösung, folgend, sagt es seinen Leidenschaften, seinem Überschwang, seiner Gefühlsschwelgerei, seiner Verblendung Lebewohl. Von nun an wird es nicht mehr ohne Ironie anbeten können: *das Gefühl für den Abstand* bleibt sein Erbteil für alle Zukunft. Das Vorurteil ist eine – an sich falsche – Wahrheit, die von Generationen gespeichert und weitergegeben wird: niemand kann sich seiner ungestraft entledigen. Ein Volk, das sich ohne Bedenken über seine Vorurteile hinwegsetzt, verleugnet sich von Mal zu Mal, so lange, bis es nichts mehr zu verleugnen hat. Eine Gemeinschaft hat nur so lange Bestand, als ihre Vorurteile fortdauern. So verdanken die Völker des Orients ihr Fortbestehen ihrer Treue zu sich selber: da sie sich kaum entwickelten, verrieten sie sich nie; auch *lebten* sie nicht in dem Sinne, in dem das Leben von sich überstürzenden Kulturen – den einzigen, mit denen die Geschichte sich beschäftigt – aufgefaßt wird; denn die Geschichte – Disziplin des Morgengrauens und der keuchenden Agonien – ist ein Roman, dem es auf eine strenge Gestaltung ankommt und der seinen Stoff aus den Archiven des Blutes schöpft . . .

Alexandrinismus: Zeitalter kunstvoller Negationen, stilgewordene Nutzlosigkeit und Ablehnung, Einhergehen der Gelehrsamkeit und des Sarkasmus inmitten des Wert- und Glaubensgewirrs. Sein ideales Zentrum wäre etwa da, wo Hellas und das Paris von einst sich überschneiden, da, wo Agora und Salon zusammentreffen. Jede Kultur entwickelt sich von der Landwirtschaft zum Paradoxon. Zwischen diesen beiden Extremen findet der Kampf zwischen Barbarei und Neurose statt: daher das labile Gleichgewicht schöpferischer Epochen. Der Kampf geht zu Ende: alle Horizonte tun sich auf, aber keiner vermag eine Wißbegierde zu erregen, die müde und zugleich wach wäre. Ein illusionsloses Individuum entfaltet sich nun inmitten der Leere, ein geistiger Vampyr labt sich am verdorbenen Blut der Kulturen.
Soll man die Geschichte ernst nehmen oder ihr als Zuschauer beiwohnen? Soll man in ihr Zielstrebigkeit erblicken oder ein Feste

feierndes Licht, das ohne Grund und Notwendigkeit bald aufflammt und bald erlischt? Die Antwort hängt von dem Grad der Illusionen ab, die wir uns über den Menschen machen; sie hängt von unserem Verlangen ab, die Weise zu erraten, in der die Mischung von Walzer und Schlachthof, die sein Werden bildet und fördert, sich zuletzt auflöst.

Es gibt einen Weltschmerz, ein »»mal du siècle«, der nur die Krankheit einer einzigen Generation ist; daneben aber gibt es einen Weltschmerz, der aus der gesamten geschichtlichen Erfahrung spricht und sich als einzige, für alles Künftige gültige Folgerung aufdrängt. Es ist jene unnennbare Schwermut, die man in der Seele spürt, es ist die Melancholie des »Weltendes«. Alles ändert seine Gestalt, selbst die Sonne; alles altert, selbst das Unglück...
Rhetorik ist nicht unsere Stärke, wir sind Romantiker deutlicher Enttäuschungen. In unseren Tagen würde ein Werther, ein Manfred, ein René sein Leid erkannt haben, es vor sich ausbreiten und nicht viel Aufhebens davon machen. Biologie, Physiologie, Psychologie – groteske Namen, die unserer Verzweiflung ihre Schlichtheit nehmen, unsere Lieder analysieren und uns alles Deklamatorische verachten lehren! Unsere gelehrten Bitterkeiten sind durch *Traktate* hindurchgegangen, sie erläutern uns nun unsere Schmach und klassifizieren unsere Wahnideen.
Wenn es dem Bewußtsein gelingt, alle unsere Geheimnisse zu überblicken, wenn auch die letzte Spur des Geheimnisvollen aus unserem Unglück getilgt ist, werden wir da noch über genügend Fieberglut und Verzücktheit verfügen, um den Verfall von Dasein und Poesie betrachten zu können?

Das Gewicht der Geschichte empfinden, die Last des Werdens und jene Bürde, unter der das Bewußtsein stöhnt, wenn es Summe und Nichtigkeit des Vergangenen und Etwaigen bedenkt... Vergebliche Sehnsucht nach einem Elan, der sich um die Lehren des Geschehenen nicht kümmert: es gibt eine Müdigkeit, der selbst die Zukunft einen Friedhof bedeutet, einen virtuellen Friedhof – wie alles, was darauf wartet, zu sein. Die Jahrhunderte sind schwerer geworden und lasten auf dem Augenblick. – Wir sind verfaulter als alle bisherigen Zeitalter, zerfallener als sämtliche Imperien. Unsere Erschöpfung legt die Geschichte aus, unsere Atemnot läßt uns das Todesröcheln der Nationen vernehmen. Bleichsüchtige Akteure, gehen wir daran, Lückenbüßerrollen zu spielen im zum Überdruß wiederholten Drama der Zeit: der Vorhang der Welt ist zerfressen, und durch die Löcher gewahrt man nichts als Masken und Schemen . . .

Der Irrtum aller jener, die die Dekadenz erfaßt haben, liegt darin, daß sie, anstatt sie zu fördern, sie vielmehr bekämpfen: denn indem sie fortschreitet, erschöpft sie sich auch und ermöglicht so das Aufkommen neuer Formen. Der wahre Verkünder ist nicht derjenige, der ein System anpreist, wenn niemand davon etwas wissen will, sondern vielmehr derjenige, der das Entstehen des Chaos beschleunigt, der sein Wegbereiter und Weihrauchstreuer ist. Es zeugt von Gewöhnlichkeit, wenn man Dogmen hinausposaunt in eine ermattete Zeit, in der jeder Zukunftstraum als Delirium oder Hochstapelei erscheint. Mit einer Blume im Knopfloch dem Ende der Geschichte zusteuern: dies ist die einzige würdige Haltung im Ablauf der Zeit. Wie schade, daß es kein Jüngstes Gericht gibt, daß man nicht Gelegenheit hat, Gott und die Welt in die Schranken zu fordern! Die Gläubigen: Komödianten der Ewigkeit. Der Glaube: Bedürfnis nach einer zeitlosen *Bühne* . . . Aber wir, die wir ungläubig sind, wir sterben mitsamt unserer Staffage, wir sind viel zu müde, als daß wir uns noch von dem Gepränge verführen ließen, das man unseren Kadavern verhieß . . .

Nach Meister Eckhart geht die *Göttlichkeit* Gott voraus, sie ist seine Wesenheit, seine unergründbare Tiefe. Was jedoch fänden wir im Innersten des Menschen, das seine Substanz bestimmte im Gegensatz zur Wesenheit Gottes? Wohl die *Neurasthenie:* sie verhält sich zum Menschen, wie sich die Göttlichkeit zu Gott verhält. Wir leben in einem Klima der Erschöpfung: Erschaffen, Formen und Bilden – all das ist nicht so sehr durch das, was es an sich ist, bedeutsam, als vielmehr durch die Leere und den Sturz, die darauf folgen. Unseren stets und unweigerlich fruchtlosen Bemühungen bleibt der unerschöpfliche göttliche Grund ein außerhalb unseres Begreifens und unserer Sinne Gelegenes. Der Mensch ist von seiner Geburt an zur Müdigkeit berufen: als er seine aufrechte Haltung annahm und so seine Möglichkeiten, *einen Halt zu finden,* einschränkte, verurteilte er sich zu Schwachheiten, von denen das Tier, das er gewesen, nichts geahnt hatte. Auf zwei Beinen soviel Materie tragen – mitsamt all dem Ekel, der daran haftet! Die Generationen häufen Müdigkeiten an und reichen sie weiter; unsere Väter vermachen uns ihre angestammte Blutleere, ihren Vorrat an Entmutigung und Zersetzung, eine Sterbenskraft, die mächtiger wird als alle unsere Lebensinstinkte. Gestützt auf unser Kapital an Müdigkeit, ermöglicht es unsere Vertrautheit mit dem eigenen Schwinden, inmitten unserer diffusen Fleischlichkeit die Neurasthenie – unsere Wesenheit – zu realisieren . . .

Es bedarf keineswegs des Glaubens an eine Wahrheit, um diese zu verfechten, und auch nicht der Liebe zu einer Epoche, um diese zu rechtfertigen: jegliches Prinzip ist demonstrierbar, jegliches Ereignis legitim. Die Gesamtheit aller Erscheinungen – gleichgültig, ob sie vom Geist oder vom Geschehen gezeitigt werden – kann je nach unserer Befindlichkeit angenommen oder abgeleugnet werden: die Argumente, mögen sie unserer Gedankenstrenge oder unseren Launen entspringen, gelten in jeder Hinsicht gleich viel. Alles ist verfechtbar – von der absurdesten These bis zum ungeheuerlichsten Verbrechen. Die Geschichte der Ideen – wie die der Fakten – verläuft in einem Klima der Widersinnigkeit: wer wollte hier in gutem Glauben einen Schiedsrichter ausfindig machen, der den Streit dieser anämischen oder blutgierigen Gorillas schlichtete? Unsere Erde – ein Ort, wo sich alles mit gleicher Wahrscheinlichkeit behaupten läßt: Axiome und Delirien sind untereinander austauschbar; Aufschwung und Zusammensacken ist ein und dasselbe; Erhabenheit und Niedrigkeit haben dieselbe Regung miteinander gemein. Man nenne mir einen einzigen *Fall,* zu dessen Unterstützung man nichts finden könnte. Die Anwälte der Hölle haben nicht minder Anrecht auf Wahrheit als die des Himmels – und mit gleichem Eifer würde ich die Sache des Weisen wie die des Narren vertreten. Die Zeit korrumpiert alles, was auftritt und wirkt: indem sie aktuell werden, nehmen Ideen und Ereignisse Gestalt an und degradieren sich. Aus dem sich in Bewegung setzenden Menschenhaufen entstand die Geschichte – und mit ihr der einzige lautere Wunsch, den sie weckte: daß sie – so oder so – ein Ende nehme.

Wir sind reif für neue Morgenröte, wir haben zuviel Jahrhunderte erfaßt, als daß wir neue begehrten, und so bleibt uns nichts übrig, als uns in der Schlacke der Kulturen zu wälzen. Nur für Milchgesichter und Fanatiker hat der Gang der Zeit noch etwas Verlockendes.
Wir sind die großen Altersschwachen, Urträume drücken uns zu Boden, nie mehr bringen wir Utopien zuwege, wir sind Techniker der Müdigkeiten, Totengräber der Zukunft, die entsetzt sind über die Verwandlungen des alten Adam. Der Baum des Lebens – er geht keinem neuen Frühling entgegen: sein Stamm ist verdorrt; man wird aus ihm Särge zimmern für unsere Knochen, Träume und Schmerzen. Unser Fleisch hat den Gestank der schönen Kadaver geerbt, die über die Jahrtausende hin verstreut liegen. Ihr Ruhmesglanz bestrickt uns: wir haben ihn ausgekostet bis zur Neige. Auf den Friedhöfen des Geistes ruhen Prinzipien und Formeln: das Schöne wurde definiert – es liegt hier begraben. Und ebenso das Wahre, das Gute, das Wissen und die Götter. Sie alle verwesen hier. [Die Geschichte: Rahmen, innerhalb dessen die Majuskeln in Staub zerfallen – und mit ihnen alle jene, die sie ersannen und denen sie teuer waren.]
... Ich gehe hier spazieren. Unter diesem Kreuz hier schläft die Wahrheit ihren letzten Schlaf; neben ihr die Anmut; weiter dort die Strenge der Gedanken; und über einer Unzahl von Grabplatten, unter denen Delirien und Hypothesen ruhen, erhebt sich das Mausoleum des Absoluten: hier sind die falschen Tröstungen bestattet und die trügerischen Höhenflüge der Seele. Doch höher noch – und dies Schweigen krönend – schwebt der Irrtum ... und hemmt die Schritte des düsteren Sophisten.

Da das Menschendasein unter allen Abenteuern der Natur das

bedeutendste und seltsamste ist, ist es unvermeidlich auch das kürzeste; sein Ende ist ebenso voraussehbar als wünschenswert: es wäre unschicklich, es endlos hinauszuziehen. Hat es sich nun einmal in die Gefahren seiner Ausnahmestellung begeben, so wird dieses paradoxe Tier noch durch Jahrhunderte, ja durch Jahrtausende seine letzte Karte ausspielen. Soll man das beklagen? Es liegt auf der Hand, daß es nie wieder an seinen vergangenen Ruhm hinanreichen wird; denn nichts weist darauf hin, daß es zu seinen Möglichkeiten gehört, eines Tages einen Rivalen Bachs oder Shakespeares aufstehen zu lassen. Denn in den Künsten macht sich die *Dekadenz* zu allererst bemerkbar: die »Zivilisation« überlebt noch eine Zeitlang deren Verfall. Ebenso wird es dem Menschen ergehen: er wird seine Ruhmestaten fortsetzen, aber sein geistiger Vorrat wird zu Ende gehen, ebenso wie die Frische seiner Eingebungen. Zu sehr haben Machthunger und Herrschsucht seine Seele in Anspruch genommen: sobald er Herr über alles ist, ist er nicht mehr Herr über sein eigenes Ende. Zwar wird er, da er noch nicht über sämtliche Mittel zur Vernichtung der anderen und seiner selbst verfügt, auch nicht so bald umkommen; aber zweifellos wird er sich ein Werkzeug für die totale Vernichtung schmieden, noch bevor er eine Panazee entdeckt – was übrigens nicht zu den Möglichkeiten seiner Natur zu gehören scheint. Er wird den Schöpfer in sich vernichten: soll man daraus schließen, daß alle Menschen von der Erde verschwinden werden? Allzu rosig darf man die Dinge nicht sehen. Ein großer Teil – die Überlebenden – wird sich auch weiterhin über die Erde schleppen: als ein Geschlecht von Untermenschen, als Zaungäste der Apokalypse . . .

Es liegt nicht in der Macht des Menschen, *nicht* zugrunde zu gehen. Sein Eroberungstrieb und sein Hang zur Analyse dehnen seine Herrschaft aus – um sodann alles zu zerstören, was ihr untersteht. Was er dem Leben hinzufügt, wendet sich sodann gegen das Leben. Ein Sklave seiner Schöpfungen, ist er – soweit er schöpferisch ist – ein Wegbereiter des Bösen. Das gilt für einen Bastler ebenso wie für einen Wissenschaftler, und – auf der Ebene des Absoluten – für das allerwinzigste Insekt und für Gott. Die Menschheit hätte auch weiterhin stagnieren und ihre Lebensdauer verlängern können, wenn sie nur aus Rohlingen und Skeptikern bestanden hätte; es ging ihr jedoch um Wirkung, und so förderte sie jene atemlose, positivistische Menge zutage, die durch ein Übermaß an Anstrengung und Wißbegier dem Untergang geweiht ist. In ihrer Gier nach dem eigenen Staub bereitete sie ihr Ende vor, bereitet sie es täglich neu vor. So ist sie ihrem Ausgang näher als ihren Anfängen und überläßt ihren Söhnen nichts als eine illusionslose Inbrunst angesichts der Apokalypse ...

Unschwer können wir uns eine Zukunft vorstellen, in der die Menschen im Chor ausrufen: »Wir sind die Letzten: der Zukunft und mehr noch unserer selbst müde, haben wir den Saft der Erde ausgepreßt und die Himmel ausgeplündert. Materie und Geist können uns keine Nahrung mehr geben: dies All ist vertrocknet, wie unsere Herzen. Keine Substanz mehr weit und breit: unsere Ahnen haben uns ihre zerlumpte Seele und ihr zerfressenes Mark hinterlassen. Das Abenteuer geht zu Ende; das Bewußtsein erlischt; unsere Lieder sind verklungen; seht, wie die Sonne der Sterbenden leuchtet!«

Wenn durch Zufall oder durch ein Wunder die Worte davonflögen: wir blieben zurück in unerträglicher Bangigkeit und Starre. Dieses jähe Verstummen setzte uns der grausamsten aller Martern aus. Denn nur, daß wir mit Begriffen umgehen, läßt uns Herr werden über unser Entsetzen. Wir sagen: der Tod – und diese Abstraktion erspart es uns, seine Unendlichkeit und Entsetzlichkeit zu empfinden. Indem wir Dinge und Ereignisse benennen, umgehen wir das *Unerklärliche:* Geistestätigkeit ist eine heilsame Betrügerei, ein Taschenspielerkunststück; sie gestattet, daß wir uns in einer milderen, bequemeren und verschwommenen Realität bewegen. Mit Begriffen umgehen lernen heißt verlernen, die Dinge anzusehen ... Die Reflexion wurde an einem Tage der Flucht geboren; das Wortgepränge war ihre Folge. Aber wenn man sich auf sich selbst besinnt und wieder allein ist – *nicht mehr in Gesellschaft der Worte* –, so entdeckt man aufs neue das eigenschaftslose Weltganze, das reine Objekt, das nackte Ereignis: wie den Mut aufbringen zu einem solchen Gegenüber? Man grübelt nicht über den Tod, man *ist* der Tod; anstatt das Leben zu verzie-

ren und ihm Ziele zu stecken, nimmt man ihm seinen Schmuck und schränkt es auf seine eigentliche Bedeutung ein, darauf nämlich, daß es ein *Euphemismus für das Böse* ist. Die großen Worte – Schicksal, Unglück, Mißgunst – verlieren ihren Glanz; und man gewahrt eine mit versagenden Organen ringende Kreatur, besiegt von einer erschöpften und entgeisterten Materie. Man entziehe dem Menschen die Fiktion des *Unglücks,* man befähige ihn, hinter diese Vokabel zu blicken: auch nicht einen Augenblick lang könnte er *sein* Unglück ertragen. Abstraktionen, vergeudete, schwülstige und inhaltslose Wortklänge haben ihn vor dem Untergang bewahrt – nicht die Religionen und Instinkte.
Als Adam aus dem Paradies vertrieben wurde, hatte er, statt seinen Verfolger zu schmähen, nichts Eiligeres zu tun, als den Dingen Namen zu geben: dies war die einzige Art, sich mit ihnen abzufinden und sie zu vergessen – die Fundamente des Idealismus waren gelegt. Und was bei dem ersten Stammler nur Geste der Abwehr war, wurde bei Plato, Kant und Hegel Theorie.
Um nicht bei unserer Zufälligkeit zu verweilen, setzten wir selbst unsere bloßen Namen in Entitäten um: wie kann man sterben, wenn man Peter oder Paul heißt? Indem er seinem unwandelbaren Namen größere Beachtung schenkt als seinem so brüchigen Sein, gibt jeder von uns sich der Illusion seiner Unsterblichkeit hin; könnten wir keine Laute bilden, wir wären völlig allein; der sich dem Schweigen vermählende Mystiker entsagt seiner Kreatürlichkeit. Stellen wir ihn uns zudem ohne Glauben vor, als nihilistischen Mystiker gleichsam, so erblicken wir die verhängnisvolle Krönung des irdischen Abenteuers.
. . . Der Gedanke liegt nahe, daß der wortmüde und zeitüberdrüssige Mensch die Dinge wieder ihrer Namen entkleidet und sie mitsamt seinem eigenen auf einen Riesenscheiterhaufen wirft, dessen Feuer auch seine Hoffnungen verschlingt. Wir alle eilen diesem Endziel entgegen – dem stummen und nackten Menschen . . .

Ich verspüre das Alter des Lebens, seine Bejahrtheit und Abgelebtheit. Seit unvordenklichen Zeiten irrt es – dank dem Wunder jener Schein-Unsterblichkeit, die die Trägheit ist – auf der Oberfläche des Erdballs umher; es säumt im Gliederreißen der noch

viel älteren *Zeit,* die erschöpft ist vor Altersblödheit, wiedergekäuten Augenblicken, faselnder Dauer.
Und ich spüre die ganze Schwere der Gattung: ihre ganze Einsamkeit habe ich auf mich genommen. Wenn sie nun endlich weichen wollte! Aber nein, ihre Agonie setzt sich fort in ein ewiges Verwesen. Jedem einzelnen Augenblick gewähre ich Spielraum genug, um mich zu zerstören: nur ein Lump errötet nicht über sein Atmen. Keinen Pakt mehr mit dem Leben, keinen Pakt mehr mit dem Tode: ich habe das Sein verlernt, ich bin bereit zu verschwinden. *Werden* – welch ein Frevel!
Die Luft ist durch alle Lungen gegangen, sie erneuert sich nicht mehr. Ein Tag speit den anderen aus, vergebens strenge ich mich an, auch nur einen einzigen Wunsch zu entwerfen. Alles fällt mir zur Last: ein ermattetes Lasttier, das man vor die Materie spannte, schleppe ich die Planeten.
Man schenke mir ein neues Universum – oder ich verende ...

Nur den Ausbruch und den Einsturz der Dinge liebe ich, nur das Feuer, das sie hervortreibt, und das Feuer, das sie verzehrt. Die Weltendauer bringt mich außer Fassung; Geburt und Schwinden der Welt entzücken mich. Im Banne der jungfräulichen und der abgelebten Sonne leben; alle Pulsschläge der Zeit überspringen, um den allerersten und den allerletzten zu erfassen; von improvisierten und sodann durchgestalteten Gestirnen träumen; die Daseinsroutine verschmähen und sich den beiden Abgründen entgegenstürzen, die sie bedrohen; sich im Erleben des Zeitenbeginns und des Zeitenendes erschöpfen ...
... So entdeckt man in seinem Innern den *Wilden* und den *Dekadenten,* ein vorbestimmtes und widerspruchsvolles Miteinander: zwei Gestalten, die beide dem Anreiz des *Übergangs* erliegen, der eine dem Übergang vom Nichts zur Welt, der andere dem von der Welt zum Nichts: Bedürfnis nach einer zweifachen Konvulsion *auf metaphysischer Ebene.* Im Bereich der Geschichte kommt dieses Bedürfnis in dem quälenden Gedanken an den aus dem Paradies vertriebenen Adam zum Ausdruck – und in dem ebenso quälenden Gedanken an jenen anderen Adam, den die Erde verstoßen wird: dies sind die beiden Extreme der *Unmöglichkeit des Menschen.*

Das »Tiefe« in uns macht uns zur Zielscheibe aller Übel: solange wir in Übereinstimmung mit unserem Sein leben, gibt es kein Heil für uns. *Etwas* muß aus unserem Gefüge verschwinden, irgendeine unselige Quelle muß versiegen; daher gibt es nur *einen* Ausweg: *die Seele abschaffen* mitsamt ihren Bestrebungen und Abgründigkeiten. Sie hat unsere Träume vergiftet: Grund genug, sie auszurotten mitsamt ihrem Bedürfnis nach »Tiefe«, ihrem »inneren« Reichtum und ihren sonstigen Verirrungen. *Geist* und *Sinnesreiz* werden uns genügen; aus ihrem Zusammenwirken wird eine *Disziplin der Unfruchtbarkeit* hervorgehen, die uns vor Hochgefühl und Bangigkeit bewahrt. Möge kein einziges »Gefühl« mehr uns stören, möge die »Seele« zum lächerlichsten Trödelkram werden . . .

DAS HEILIGE UND DIE GRIMASSEN DES ABSOLUTEN

»Ja, wahrlich, es scheint mir,
als spielten die Dämonen Ball
mit meiner Seele ...«

(Therese von Avila)

Verweigerte Fortpflanzung

Derjenige, der seine Gelüste ausgeschöpft hat und sich nun einer Grenzform der Losgelöstheit nähert, ist nicht länger gewillt, sich fortzupflanzen; er verabscheut es, in einem anderen sich selbst zu überleben, zumal er diesem anderen nichts zu übermitteln hat. Die *Gattung* schreckt ihn ab; er ist ein Monstrum – und Monstren zeugen nicht. Noch fesselt ihn die »Liebe«: eine Verirrung inmitten seiner Gedanken. Er durchforscht sie nach einem Vorwand, in das Gewöhnlich-Gemeinsame zurückzukehren; aber ein *Kind* zu haben, erscheint ihm ebenso undenkbar wie Familie, Erblichkeit, Naturgesetze. Ohne Beruf und Nachkommenschaft, vollzieht er – als letzte Hypostase – seinen Abschluß. So fern ihm jedoch jede Fruchtbarkeit auch liegen mag, ein noch weit verwegeneres Ungeheuer übertrifft ihn: der Heilige – ein faszinierendes und zugleich abstoßendes Wesen, dem gegenüber man sich stets wie auf halbem Wege und in falscher Stellung befindet. Seine, des Heiligen, Stellung dafür ist deutlich: hier ist kein Spiel mehr möglich, keinerlei Dilettantentum. Er hat die goldenen Zinnen seines Ekels erklommen, am Gegenpol der Schöpfung, aus seinem Nichts hat er seine Aureole gemacht. Noch niemals hatte die Natur einen derartigen Notstand zu verzeichnen: bezeichnet er doch, was ihr Fortdauern anlangt, ein absolutes Ende, einen radikalen Schlußakt. Traurig sein – wie Léon Bloy –, weil wir nicht Heilige sind, heißt das Verschwinden der Menschheit herbeisehnen – *im Namen des Glaubens!* Wie positiv ist demgegenüber der Teufel, der in seinem Bestreben, uns an unsere Unvollkommenheiten festzuschmieden, dazu beiträgt, uns – gegen seinen Willen und dabei seine Wesenheit verratend – zu erhalten! Man jäte die Sünden aus: im Nu wird das Leben eingehen. Eines Tages werden die Torheiten des Kinderzeugens verschwinden – weit eher aus Müdigkeit, denn aus Heiligkeit. Nicht so sehr darum, weil er nach Vollkommenheit strebte, wird der Mensch erlöschen, als vielmehr darum, weil er sich verzettelte; er wird einem *leeren Heiligen gleichen* und von der Fruchtbarkeit der Natur ebenso entfernt sein wie dieses Muster der Vollendung und der Sterilität.

Nur so lange *zeugt* der Mensch, als er dem allgemeinen Schicksal

Treue bewahrt. Kaum hat er sich dem Wesen der Engel oder der Dämonen genähert, als er auch unfruchtbar wird oder Fehlgeburten in die Welt setzt. Einem Raskolnikow, einem Iwan Karamasow, einem Stawrogin dient die Liebe lediglich als Vorwand, den eigenen Untergang zu beschleunigen; für Kirilow gilt selbst dieser Vorwand nicht mehr: er mißt sich nicht mehr mit den Menschen, sondern mit Gott. Was nun den Idioten und Aljoscha anlangt, so gesellt sie die Tatsache, daß der eine Christus und der andere die Engel nachäfft, von vornherein den Impotenten zu ...
Indem man sich aus der Kette der Lebewesen herauslöst und den Gedanken an Vorfahren und Nachkommen verwirft, mißt man sich jedoch noch keineswegs mit dem Heiligen: sein Stolz übersteigt alles irdische Maß. In Wahrheit verbirgt sich hinter dem Entschluß zu entsagen, verbirgt sich hinter der inkommensurablen Großtat dieser Demütigung eine dämonische Regung: der Ausgangspunkt, der Start der Heiligkeit, nimmt die Form einer an das Menschengeschlecht gerichteten Herausforderung an ... Später erklimmt der Heilige die Stufenleiter der Vollkommenheit, beginnt er von Liebe und Gott zu sprechen, kehrt er sich den Niedrigen zu, erregt er die Neugierde der Menge – und unseren Ärger. Immerhin hat er uns den Fehdehandschuh hingeworfen ...
Wer die »Gattung« und ihren »Genius« haßt, ist ein Anverwandter der Mörder, der Wahnsinnigen, der Gottheiten und aller großen Zeugungsunfähigen. Von einem gewissen Grad der Einsamkeit an sollte man aufhören zu lieben und die faszinierende Befleckung des Beilagers zu vollziehen. Wer sich um jeden Preis fortpflanzen will, unterscheidet sich kaum von einem Hund: er ist noch *Natur*. Niemals wird er begreifen, daß man die Herrschaft der Instinkte erdulden und zugleich gegen sie aufbegehren kann, daß man die Vorteile der Gattung genießen und verachten kann: der Letzte seines Geschlechts – *mit allen Gelüsten desselben* ...
Dies ist der Zwiespalt desjenigen, der die Frau anbetet und zutiefst verabscheut, der unschlüssig bleibt zwischen ihren Reizen und dem Ekel, den sie ihm einflößt. Es gelingt ihm jedoch nicht, die Gattung vollends zu verleugnen, und so löst er diesen Konflikt, indem er über Frauenbrüsten von Wüsten träumt und dem üblen Geruch allzu konkreter Ausdünstungen einen Klosterduft

beimengt. *Die Unaufrichtigkeiten des Fleisches* bringen ihn dem Heiligen näher ...
Einsamkeit des Hasses ... Empfindung eines der Zerstörung ergebenen, die Sphären zerstampfenden, den Azur und die Gestirne begeifernden Gottes... Eines rasenden, unreinen, aussätzigen Gottes ... Eines Demiurgen, der Paradies und Latrinen durch den Weltraum schleudert ... Kosmogonie des Delirium tremens; konvulsivische Apotheose mit gallegekrönten Elementen ... Die Kreaturen streben zu einem Urbild der Häßlichkeit hin und lechzen nach dem Inbild des Mißgestalteten ... Grimassen-Weltall, Jubilieren von Maulwurf, Hyäne und Laus ... Kein Horizont mehr – außer für Mißgeburten und Ungeziefer. Alles steuert der Häßlichkeit und dem Gangrän entgegen: dieser Erdball – er eitert, und die Lebenden stellen dabei ihre Wunden zur Schau, auf die die Strahlen des Leuchtgeschwürs herabfallen ...

Der Ästhet als Hagiograph

Daß man von dem Gedanken an die Existenz der Heiligen gequält wird, zeugt noch nicht von empfangenem Segen. Eine Vorliebe für das Kranke und eine Gier nach Verderbtheit sind diesem Gedanken beigemengt. Heiligkeit beunruhigt nur solche, die von den *irdischen* Paradoxen enttäuscht wurden; sie forschen nach neuen, von seltsamerem Gehalt, durchtränkt von unbekannten Wahrheiten und Düften. Man erhofft sich Torheiten, die schwer sind von himmlischer Exotik; – so stößt man auf die Heiligen, ihre Gebärden, ihre Verwegenheit, ihre Welt. Ungewohntes Schauspiel! Man gelobt sich, zeit seines Lebens hier zu verharren, dieses Leben in wollüstiger Hingabe zu betrachten und sich jeder anderen Verlockung zu entziehen, weil man endlich der einzig wahren und unerhörten Versuchung begegnet ist. Damit wird der Ästhet zum Hagiographen, nun rüstet er sich zu einer gelehrten Pilgerfahrt ... Er tritt sie an, ohne auch nur zu ahnen, daß es sich dabei lediglich um einen Spaziergang handelt und daß in dieser Welt alles enttäuscht, selbst das Heilige ...

Der Jünger der Heiligen

Es gab eine Zeit, da das bloße Aussprechen des Namens einer Heiligen mich entzückte, da ich die Chronisten der Klöster um ihre Vertrautheit mit so vielen unsäglichen Hysterien, mit so vielen Erleuchtungen und Erbleichungen beneidete. Der *Geheimschreiber* einer Heiligen zu sein: das erachtete ich als die höchste Karriere, die einem Sterblichen beschieden war. Und so stellte ich mir die Rolle eines Beichtigers jener inbrünstigen Glückseligen vor, alle die Einzelheiten, alle die Geheimnisse, die uns verschwiegen wurden: von Petrus von Alvastra über die heilige Brigitta, von Heinrich von Halle über Mechthilde von Magdeburg, von Raimundus von Capua über Katharina von Siena, von Bruder Arnold über Angelika von Foligno, von Johann von Marienwerder über Dorothea von Montau, von Brentano über Katharina Emmerich ... Eine Diodata degli Ademari oder eine Diana d'Andolo waren – so schien mir – durch den bloßen Nimbus ihres Namens zum Himmel aufgestiegen: sie vermittelten mir den *sinnlichen* Geschmack einer anderen Welt.

Sooft ich die Anfechtungen der Rose von Lima, der Lydwine von Schiedam, der Katharina von Ricci und so vieler anderer an mir vorbeiziehen ließ, sooft ich an ihre raffinierte Grausamkeit gegen sich selber dachte, an ihre Selbstgeißelungen, an ihre absichtlich in den Staub getretene Anmut und Grazie, haßte ich den Nutznießer ihrer Drangsal, jenen skrupellosen *Bräutigam,* jenen unersättlichen himmlischen Don Juan, der in ihren Herzen die Rechte des ersten Besitznehmers genoß. Angewidert von der irdischen Liebe mitsamt ihren Seufzern und ihrem Schweiß, wandte ich mich ihnen zu – nur weil sie bestrebt gewesen waren, anders zu lieben. »Wenn ein einziger Tropfen von dem, was ich empfinde, in die Hölle fiele«, sagte Katharina von Genua, »so würde er sie im Nu in ein Paradies verwandeln.« Ich wartete auf diesen Tropfen, der, wenn er gefallen wäre, mich am Ende seines Falls erreicht haben müßte ...

Mir die Aufschreie der Therese von Avila vergegenwärtigend, sah ich sie, wie sie mit sechs Jahren ausrief: »Ewigkeit, Ewigkeit!« – und verfolgte sodann das Fortschreiten ihrer Delirien, ihrer

Inbrunst und ihrer Herzensdürre. Es gibt nichts Fesselnderes als jene *privaten Offenbarungen,* die die Dogmen irre machen und die Kirchen in Verlegenheit bringen ... Gerne hätte ich das Tagebuch über diese zweideutigen Geständnisse aufbewahrt und mein Herz geweidet in all diesen verdächtigen Sehnsüchten ... Nicht in Betten gelangt man zu höchster Sinnenlust: wer wollte in seinen sublunarischen Ekstasen finden, was die Heiligen in ihren Verzückungen ahnen lassen? Das Besondere ihrer Geheimnisse: wir ersehen es aus Berninis Standbild der spanischen Heiligen in Rom, das uns zu mancherlei Betrachtungen über das Zweideutige ihres Schwachwerdens anregt ...

Sooft ich daran denke, wem ich es verdanke, das Alleräußerste der Leidenschaft erahnt zu haben, die verworrensten wie auch die reinsten Schauder und jene Ohnmacht, in der die Nächte in Flammen aufgehen und alles, vom geringsten Grashalm bis zu den Gestirnen, in einem einzigen Jubel- und Schmerzensschrei verschmilzt – jähe, weißglühende und tönende Unendlichkeit, wie sie nur ein seliger und wahnsinniger Gott entwerfen könnte –, wenn ich an all dies zurückdenke, drängt sich mir immer wieder ein einziger Name auf: Therese von Avila – und die Worte einer ihrer Offenbarungen, die ich mir Tag für Tag vorsprach: »Du mußt nicht mehr mit den Menschen sprechen, sondern mit den Engeln.«

Durch Jahre lebte ich im Schatten der Heiligen, denn ich glaubte nicht, daß irgendein Dichter, Weiser oder Narr ihnen jemals gleichkäme. In dieser Inbrunst habe ich alles verausgabt, was ich an Anbetungskraft besaß, an lebendiger Begierde, an glühendem Traum. Und dann ... hörte ich auf, sie zu lieben.

Weisheit und Heiligkeit

Von allen Schwerkranken verstehen es die Heiligen am besten, aus ihren Leiden Vorteil zu ziehen. Eigenwillig und hemmungslos von Natur, beuten sie gewaltsam und mit viel Geschick ihr gestörtes Gleichgewicht aus. Der Heiland – ihr Vorbild – war selbst ein Muster an Ehrgeiz und Kühnheit, ein Eroberer ohnegleichen: die Macht, mit der er überall eindrang, seine Fähigkeit, eins zu werden mit den Mängeln und Makeln der Seele, ermöglichten es ihm,

ein Reich aufzurichten, wie kein Schwert es sich je erträumt hatte. *Methodische* Leidenschaftlichkeit: darin, in dieser Gewandtheit, eiferten ihm diejenigen nach, deren Ideal er wurde.
Der Weise jedoch schätzt Schauspiel und Prunk gering, der Heilige und der Genießer sind ihm gleichermaßen fremd, er schert sich nicht um Romane, das Gleichgewicht, das er herstellt, besteht aus Illusions- und Wunschlosigkeit. – Pascal ist ein Heiliger *ohne Temperament:* die Krankheit hat aus ihm einen Mehr-als-Weisen und Weniger-als-Heiligen gemacht. Dies erklärt sein Hin-und-Herschwanken wie auch den Schatten der Skepsis, der seine Inbrunst begleitet. Ein *Schöngeist* inmitten des *Unheilbaren* ...
Vom Weisen her gesehen, kann es nichts Unreineres geben als den Heiligen; vom Gesichtspunkt des Heiligen wieder erscheint der Weise als das hohlste aller Wesen. Daran erkennt man den ganzen Unterschied zwischen dem Verstehenden und dem Strebenden.

Die Frau und das Absolute

»Während der Heiland zu mir redete und ich seine wunderbare Schönheit betrachtete, bemerkte ich die Milde und zuweilen auch die Strenge, mit der sein so schöner und göttlicher Mund die Worte sprach. Mein innigster Wunsch war, die Farbe seiner Augen und das Ebenmaß seiner Gestalt zu gewahren, um von ihnen sprechen zu können: niemals jedoch war ich würdig genug, sie zu erkennen. Jegliches Bestreben danach ist völlig fruchtlos.« (Die heilige Therese)
Die Farbe seiner Augen ... Unreinheit weiblicher Heiligkeit! Diese bis in den Himmel hinaufgetragene Neugier ihres Geschlechts wird diejenigen Männer und weit eher noch diejenigen Frauen trösten und entschädigen, die diesseits des Gottesabenteuers verbleiben. Der erste Mann, die erste Frau: hier liegt der stete Urgrund des Sündenfalls, den nichts, weder Genie noch Heiligkeit, je wieder gut machen wird. Hat man auch nur einen einzigen *neuen* Menschen gesehen, der den, der er gewesen, in jeder Hinsicht übertraf? Selbst für Christus bedeutete die Verklärung vielleicht nur ein flüchtiges, folgenloses Ereignis ...

Die heilige Therese unterschiede sich somit von den übrigen Frauen lediglich durch den Umfang ihrer Verzückungen, durch die Intensität und Ausrichtung ihrer *Anwandlungen.* Die Liebe – ob menschlich oder göttlich – macht alle Wesen gleich: irgendein Weibsbild lieben oder Gott – beides setzt ein und dieselbe Regung voraus: in beiden Fällen folgt man einem *kreatürlichen* Impuls. Nur das *Objekt* wechselt; doch welche Bedeutung soll man ihm beimessen, wo es doch nur Vorwand für unser Anbetungsbedürfnis ist und Gott nur *ein* Ausweg unter so vielen anderen?

Spanien

Auf irgendeine Weise überträgt jedes Volk die Attribute Gottes in das Geschehen; der Eifer, den Spanien hierbei bekundet, hat indessen nicht seinesgleichen; hätte die übrige Welt ihn geteilt, so wäre Gott bereits leergeschöpft, entblößt, entgottet. Um nicht zu verschwinden, läßt er – zur Selbstverteidigung – in *seinen* Ländern den Atheismus gedeihen. Die von ihm selbst entfachten Gluten fürchtend, wendet er sich gegen seine Söhne, deren Raserei ihn beeinträchtigt, deren Liebe seine Macht und sein Ansehen erschüttert. Einzig der Unglaube läßt ihn unangetastet; nicht die Zweifel nutzen ihn ab, sondern der Glaube. Seit Jahrhunderten veralltäglicht die Kirche seinen Nimbus, bereitet sie ihm, indem sie ihn mit Hilfe der Theologie in Reichweite rückt, einen Tod ohne Rätsel, eine erläuterte, aufgeklärte Agonie: wie sollte er, der von der Last der Gebete erdrückt wird, nicht erdrückt werden von der Last der Kommentare? Er fürchtet Spanien wie er Rußland fürchtet: darum vermehrt er hier die Zahl der Gottlosen. Ihre Angriffe bewirken wenigstens, daß ihm die Illusion seiner Allmacht erhalten bleibt: damit ist immerhin ein Attribut gerettet! Aber die Gläubigen! Dostojewski, El Greco: hat er je glühendere Feinde gehabt? Wie sollte er nicht einen Baudelaire einem Johann vom Kreuz vorziehen? Er fürchtet, die ihn sehen, und die, durch die er sieht.

Alle Heiligkeit ist mehr oder minder spanisch: wäre Gott ein Zyklop, so würde Spanien ihm als Auge dienen.

Ewigkeitshysterie

Ich begreife, daß man eine Vorliebe für das Kreuz haben kann; aber Tag für Tag jenes bis zum Überdruß bekannte Golgatha-Geschehen wiederholen –: das gehört in den Bereich des Wunderbaren, Unsinnigen und Stupiden. Denn schließlich ist der Heiland, wenn man mit seinem Nimbus Mißbrauch treibt, ebenso langweilig wie jeder beliebige andere.
Die heiligen Männer waren große Perverse, wie die heiligen Frauen herrliche Wollüstige waren. Die einen wie die anderen – von einer einzigen Idee betört – verwandelten das Kreuz in ein Laster. »Tiefe« ist die Dimension aller jener, die in ihrem Unvermögen, ihre Gedanken und Gelüste zu nuancieren, immer wieder ein und dieselbe Lust- und Schmerzenszone durchforschen.
Stets auf das Kommen und Gehen der Augenblicke bedacht, können wir absolute Ereignisse nicht gelten lassen: weder kann Christus die Geschichte scheiden, noch kann das jähe Erscheinen des Kreuzes den teilnahmslosen Ablauf der Zeit hemmen. Das religiöse Denken – eine Abart des manischen Denkens – entzieht dem Geschehen ein zeitlich Begrenztes und stattet es mit sämtlichen Attributen des Unbedingten aus. So wurden die Götter und deren Söhne möglich ...
Das Leben ist der Ort meiner Begeisterungen: alles, was ich der Gleichgültigkeit entreiße, erstatte ich ihr im nächsten Augenblick wieder zurück. Die Heiligen verfahren anders: sie *wählen* ein für allemal. Ich lebe, um mich von allem, was ich liebe, zu trennen; sie, die Heiligen, leben, um einem einzigen Gegenstand ergeben zu bleiben; langsam schlürfe ich die Ewigkeit – sie stürzen sich in sie hinab.
Die Wunder der Erde – und weit eher noch die des Himmels – gehen aus einer fortwährenden Hysterie hervor. Heiligkeit: Erdbeben des Herzens, Zunichtewerden vor lauter Glauben, höchster Ausdruck einer entfesselten Empfindsamkeit, transzendierendes Mißgestaltetsein ... Zwischen einem Erleuchteten und einem Albernen gibt es mehr Übereinstimmung als zwischen dem ersteren und dem Skeptiker. Daran erkennt man die ganze Strecke, die den Glauben von einer Erkenntnis ohne Hoffnung trennt, von einem Dasein *ohne Endergebnis.*

Etappen des Hochmuts

Es kann geschehen, daß ihr über dem Umgang, den ihr mit der Torheit der Heiligen pflegt, eure Grenzen, Ketten und Bürden vergeßt und ausruft: »Ich bin die Seele der Welt; von meinen Gluten rötet sich das All. Fortan wird keine Nacht mehr sein: ich habe das immerwährende Fest der Gestirne eingeleitet; die Sonne ist überflüssig: alles leuchtet, und die Steine sind leichter als die Schwingen der Engel.«

Dann, zwischen Raserei und Einkehr: »Wenn ich auch nicht diese *Seele* bin, so strebe ich immerhin danach, sie zu sein. Habe ich nicht allen Dingen meinen Namen gegeben? Alles verkündet mich, von den Misthaufen bis zu den Himmelsgewölben: bin ich nicht das Schweigen und das Lärmen der Dinge?«

... Und dann, wenn die Berauschtheit vorüber ist: »Ich bin das Grab der Funken, das Gespött des Gewürms, ein Aas, das den Azur beleidigt, ein grotesker Nacheiferer der Himmel, ein ehemaliges Nichts, das nicht einmal das Privileg besitzt, jemals verwest gewesen zu sein. Eine wie vollendete Abgründigkeit muß ich doch erreicht haben, daß ich nicht noch ein Stück tiefer sinken kann!«

Himmel und Hygiene

Heiligkeit: köstlichste Frucht der Krankheit, die, solange man sich wohlbefindet, in höchstem Grade ungeheuerlich, unfaßbar, ungesund zu sein scheint. Kaum jedoch macht die *Neurose* – dieser automatische Hamletismus – ihre Rechte geltend, als auch die Konturen der Himmel sich deutlicher abzeichnen und den Rahmen unserer Besorgtheit bilden. Man wehrt sich gegen die Heiligkeit, indem man sich *pflegt:* sie entsteht nämlich aus einem Körper- und Seelenschmutz besonderer Art. Hätte das Christentum an die Stelle des *Unerweislichen* die Hygiene gesetzt, so würde man in seiner Geschichte vergebens nach einem Heiligen suchen; es hat jedoch unsere Eiterwunden und unseren Schmutz gefördert, unseren phosphoreszierenden Wesensschmutz ...

Gesundheit: entscheidende Waffe gegen die Religion. Man erfinde das Allheilmittel: der Himmel wird verschwinden für alle Ewigkeit. Zwecklos, den Menschen mit neuen Idealen zu verlocken: sie werden schwächer sein als die Krankheiten. Gott ist der Rost, der sich in uns hineinfrißt, er ist das unmerkliche Absterben unserer Substanz: bei seinem Eindringen vermeinen wir uns emporzuschwingen – indes, wir sinken tiefer und tiefer hinab; an unserem Endziel angelangt, krönt er unser Gesunkensein, und nun sind wir für immer »erlöst«. Unseliger Aberglaube, aureolenüberglänztes Krebsgeschwür, das seit Jahrtausenden die Erde zerfrißt . . .

Ich hasse alle Götter; ich bin nicht gesund genug, um sie zu verachten. Tiefstes Gedemütigtsein des Gleichgültigen . . .

Von gewissen Einsamkeiten

Es gibt Herzen, in die Gott nicht blicken kann, ohne dabei seine Unschuld einzubüßen. Der Ursprung der Traurigkeit liegt *diesseits* der Schöpfung: wäre der Schöpfer weiter in die Welt vorgedrungen, er hätte ihr Gleichgewicht gefährdet. Wer noch an ein Sterbenkönnen glaubt, weiß nichts von gewissen Einsamkeiten und auch nichts von dem *Unvermeidlichen* der Unsterblichkeit, wie man es inmitten gewisser Seelenängste wahrnimmt.

Wir Modernen haben das Glück, daß wir die Hölle in uns lokalisiert haben: hätten wir sie in ihrer früheren Gestalt beibehalten, unsere Furcht, unterstützt von zweitausend Jahren der Drohungen, hätte uns versteinert. Kein Entsetzen mehr, das nicht ins Subjektive transponiert würde: die Psychologie ist unser Heil, unsere Ausflucht. Früher glaubte man, die Welt sei aus einem Gähnen des Teufels hervorgegangen; heute ist sie lediglich eine Täuschung der Sinne, ein Vorurteil des Geistes, eine Verwirrung des Gefühls. Wir wissen jetzt, was es mit der Vision des Jüngsten Gerichts der heiligen Hildegard oder mit der Höllen-Schau der heiligen Therese auf sich hat: jedes beliebige Lehrbuch der Geisteskrankheiten weiß das Sublime – das des Grauens wie auch das der Erhebung – einzuordnen . . . Sind unsere Übel uns auch bekannt, so sind wir darum noch lange nicht frei von Visionen; nur glauben wir nicht mehr an sie. Erfahren in der Chemie der Mysterien, *erklären* wir alles, selbst unsere Tränen. Eines jedoch bleibt unerklärlich: wenn die Seele etwas so Geringfügiges ist, woher kommt dann das Gefühl unserer Einsamkeit? Welchen Raum nimmt es ein? Und wie kann es mit einem Schlage an die Stelle der verschwundenen, unermeßlichen Realität treten?

Oszillation

Vergebens forschst du nach deinem Vorbild unter den Menschen: von denjenigen, die weiter gegangen sind als du, hast du bloß das Kompromittierende und Schädliche an ihnen übernommen: vom Weisen die Faulheit; vom Heiligen das Unzusammenhängende seines Wesens; vom Ästheten das Mürrische; vom Dichter das Schamlose – von allen schließlich die Uneinigkeit mit sich selber, die zweideutige Haltung gegenüber den Dingen des Alltags, den Haß gegen alles, was um des Lebens willen lebt. Als Reiner vermißt du den Kot; als Unflätiger die Scham; als Träumer die Roheit. Stets wirst du nur das sein, was du nicht bist; stets nur die Trauer, das zu sein, was du bist. Mit welchen Kontrasten wurde deine Substanz getränkt, aus welcher Mischung ging der Dämon hervor, der deiner Verbannung in die Welt vorwaltete? In deiner Selbstverringerungssucht machtest du dir auch die Absturzgier der anderen zueigen: die Krankheit jenes Musikers; den Makel jenes Propheten; die Schwermütigkeit der dichtenden, sittenlosen oder heiligen Frauen, die Korrumpiertheit ihres Fleisches und ihrer Träume. Die Bitterkeit – Prinzip deiner Bestimmung, Weise deines Tuns und Begreifens – ist der einzige feste Punkt inmitten deines Hin- und Herpendelns zwischen dem Ekel vor der Welt und dem Mitleid mit dir selber.

Bedrohung durch Heiligkeit

Dadurch, daß er nur diesseits oder jenseits des Lebens leben kann, ist der Mensch zwei Versuchungen ausgesetzt: der Imbezillität und der Heiligkeit: er ist Untermensch und Übermensch, niemals ist er *er selber*. Wenn er jedoch unter der Furcht, *weni-*

ger zu sein, als er ist, gar nicht leidet, so jagt ihm die Möglichkeit des *Mehr*-Seins Schrecken ein. Kaum hat er den Weg des Schmerzes betreten, als er auch schon fürchtet, ans Ziel zu gelangen: wie sollte er sich damit abfinden, in jenen Abgrund an Vollendetheit, den die Heiligkeit bedeutet, hinabzustürzen und jegliche Selbstkontrolle einzubüßen? In die Imbezillität oder in die Heiligkeit hinabgleiten, hieße sich *entselbsten* lassen. Und dennoch erschrickt man nicht über den Bewußtseinsverlust, den das Herannahen der Idiotie mit sich bringt, während der Ausblick auf die Vollkommenheit stets von einem Schwindelgefühl begleitet wird. Denn durch unsere Unvollkommenheit sind wir Gott überlegen; und die Furcht, sie zu verlieren, läßt uns vor der Heiligkeit die Flucht ergreifen! Entsetzen vor einer Zukunft, in der wir nicht mehr verzweifelt wären, in der, am Ende unserer Katastrophen, eine neue, unerwünschte Zukunft erschiene: das Heil ... Entsetzen vor dem Heiligwerden ...

Wer seine Unvollkommenheit anbetet, erschrickt vor der Verklärung, die seine Leiden ihm eintragen könnten. Im Licht der Transzendenz verschwinden ... Nein, lieber dem Absoluten der Finsternis zusteuern, der wohligen Süße der Imbezillität ...

Das schiefe Kreuz

Das Christentum – dieses sublime Sammelsurium – ist zu tief – und vor allem zu unrein –, als daß es noch fortdauern könnte: seine Jahrhunderte sind gezählt. Christus wird von Tag zu Tag fader; seine Lehren und seine Milde werden uns lästig; seine Wunderwerke und seine Göttlichkeit verleiten zum Lächeln. Das *Kreuz* neigt sich: vom Symbol wird es wieder zur Materie ... und kehrt damit in die Ordnung des Zerfalls zurück, in der die Dinge – die unwürdigen wie die achtbaren – ausnahmslos zugrunde gehen. Zwei Jahrtausende des Erfolgs! Welch unerhörte Resignation des zappeligsten aller Tiere! ... Aber unsere Geduld ist nun zu Ende. Der Gedanke, daß ich es fertigbrachte, Christ zu sein wie alle Welt, und sei es auch nur eine Sekunde lang, versetzt mich in maßloses Erstaunen. Der Heiland langweilt mich. Ich träume von einem All, das verschont bleibt von

himmlischen Vergiftungen, von einem All ohne Kreuz und Glauben.
Wie ihn nicht voraussehen, den Augenblick, da es keine Religion mehr gibt, da dem durchsichtigen und leeren Menschen kein Wort mehr zur Verfügung steht, um seine Abgründigkeit zu benennen? – Unbekannt und Bekannt sind dann gleich fahl; alles ist reiz- und geschmacklos. Und die Totenstarre über den Trümmern der Erkenntnis macht uns zu Phantomen, zu schemenhaften Helden der Teilnahmslosigkeit.

Theologie

Ich bin guter Laune: Gott ist gut; ich bin mürrisch: er ist böse; gleichgültig: er ist neutral. Seine jeweilige Stimmung stattet ihn mit den entsprechenden Attributen aus: liebe ich das Wissen, so ist er allwissend, und bete ich die Macht an, so ist er allmächtig. Die Dinge erscheinen mir existent? Er existiert. Sie scheinen mir illusorisch? Er verflüchtigt sich. Tausend Argumente stützen ihn, tausend vernichten ihn; meine Begeisterung belebt ihn, meine Verdrossenheit erstickt ihn. Kein einziges Bild könnten wir entwerfen, das veränderlicher wäre: wir fürchten ihn wie ein Untier und zertreten ihn wie einen Käfer. Wir beten ihn an: er ist das Sein; wir lehnen ihn ab: er ist das Nichts. Träte das Gebet an die Stelle der Gravitation, es würde ihm kaum eine Universal-Dauer sichern: er bliebe auch weiterhin unseren Stunden ausgeliefert. Nur in den Augen der Naiven oder der Zurückgebliebenen bleibt er unveränderlich: so will es sein Schicksal. Eine nähere Untersuchung enthüllt ihn als unnütze Ursache, sinnloses Absolutes, als Schutzherrn der Tölpel und Zeitvertreib der Einsamen, als Strohhalm oder als Phantom, je nachdem er unseren Geist belustigt oder uns in unseren Fieberträumen heimsucht.
Ich bin großzügig: er bläht sich von Attributen; verbittert: er ist schwer von Abwesenheit. In all seinen Gestalten habe ich ihn erlebt: weder vor der Neugier noch vor dem forschenden Auge bleibt er bestehen: das Geheimnisvolle, Unendliche an ihm schrumpft zusammen; sein Glanz erlischt, sein Nimbus schwindet. Er ist ein fadenscheiniges Kleid, dessen man sich entledigen

muß: wie soll man sich noch in einen zerlumpten Gott hüllen? Seine Entblößung, seine Agonie erstreckt sich über Jahrhunderte; aber er wird uns nicht überleben, er altert: sein Todesröcheln wird dem unseren vorausgehen. Sind seine Attribute einmal erschöpft, so wird niemand mehr die Kraft aufbringen, um ihm neue zu ersinnen. Und die Kreatur wird, nachdem sie diese Attribute zuerst angenommen und sodann wieder verworfen hat, ihrer höchsten Erfindung – ihrem Schöpfer – ins Nichts folgen.

Das metaphysische Tier

Wenn wir nur wieder tilgen könnten, was die Neurose unserem Geist und unserem Herzen aufgeprägt hat, all die üblen Spuren, die sie hinterließ, all die unreinen Schatten, die sie begleiten! Was nicht oberflächlich ist, ist unrein. Gott: Frucht der Unruhe in unseren Eingeweiden und des Rumorens unserer Gedanken ... Einzig das Streben nach der Leere bewahrt uns vor der Selbstbefleckung, die der Glaubensakt bedeutet. Wieviel Klarheit liegt doch in der Pflege unseres Äußeren, im Gleichgültigbleiben gegenüber Bestimmung und Unglück! An Gott denken, zu ihm hinstreben, ihn anrufen oder ihn erleiden – lauter Regungen eines zerrütteten Körpers und eines zusammengebrochenen Geistes! Die Zeitalter vornehmer Oberflächlichkeit – die Renaissance, das achtzehnte Jahrhundert – spotteten der Religion, verachteten ihr primitives Treiben. Aber ach! In uns wohnt eine Lumpenpack-Trauer, die unsere Gluten und Begriffe verdüstert. Vergebens träumen wir von einem Weltall aus Filigran; Gott, aus unseren Tiefen und Geschwüren hervorgegangen, entweiht diesen Traum von der Schönheit.

Die Verwesung, die man beherbergt, macht einen zum metaphysischen Tier. Geschichte des Denkens: eine Ohnmacht nach der anderen; Leben des Geistes: Taumel um Taumel. Es geht abwärts mit unserer Gesundheit? Das Universum trägt die Folgen, es beschreibt die Kurve unserer Vitalität.

Das Wie und Warum wiederkäuen und jeden Augenblick auf die erste Ursache – und auf sämtliche Ursachen – zurückgreifen: das zeugt von einer Störung der Funktionen und Fähigkeiten, die schließlich in ein »metaphysisches Delirium« übergeht – in eine Abgrunds-Verblödung, in ein Verkommen der Angst, in eine allerletzte Abscheulichkeit der Mysterien ...

Genese der Traurigkeit

Kein tiefes Unbefriedigtsein, das nicht religiöser Natur wäre: all unser Gesunkensein geht aus unserem Unvermögen hervor, uns das Paradies vorzustellen und es zu erstreben, wie ja auch all unser Unbehagen auf die Fragilität unserer Beziehungen zum Absoluten zurückgeht. »Ich bin ein unfertiges Glaubenstier, ich leide doppelt unter allem Übel«: Leitspruch des Sündenfalls, den der Mensch sich wiederholt, um sich zu trösten. Da ihm dies nicht gelingt, appelliert er an die Moral und ist entschlossen, ihren erbaulichen Rat zu befolgen, selbst auf die Gefahr hin, sich lächerlich zu machen. »Entschließe dich, nicht mehr traurig zu sein«, antwortet sie ihm. Und er bemüht sich nun, in die Welt des Guten und der Hoffnung einzudringen ... Aber seine Bemühungen sind erfolglos und *naturwidrig:* die Traurigkeit reicht bis zur Wurzel unseres Verderbens hinab: sie ist die Poesie der Erbsünde ...

In einem Kloster

Für den sich gerne verzettelnden Ungläubigen gibt es kein verwirrenderes Schauspiel, als das dieser Wiederkäuer des Absoluten ... Woher die Kraft zu diesem Verharren im Unerweislichen, zu diesem unentwegten Beobachten des Vagen, woher dieser glühende Eifer, seiner habhaft zu werden? Ich begreife nichts von ihren Gewißheiten, nichts von ihrer Seelenheiterkeit. Sie sind glücklich, und ich mache ihnen dieses Glücklichsein zum Vorwurf. Wenn sie sich wenigstens haßten! Aber nein, sie schätzen ihre »Seele« höher als das All; – dieser falschen Bewertung entspringen Opfer und Entsagungen von imponierender Absurdität. Während wir anderen zusammenhanglose, ungegliederte Erfahrungen machen, je nach Zufall oder Laune, machen sie nur eine, sich immer gleichbleibende – von abstoßender Monotonie und

Tiefe. Zugegeben, sie hat Gott zum Gegenstand – aber welchen Anreiz vermag ihnen das noch zu bieten? Stets sich selber gleich, ein Unendliches, dessen Art nicht wechselt, *erneuert* er sich nie; ich könnte vorübergehend über ihn nachdenken, nicht aber die Stunden damit ausfüllen!

... Noch ist es nicht Tag. Von meiner Zelle aus höre ich Stimmen, jahrhundertealte Litaneien, Opferspenden, dargebracht einem Himmel voller Latein und Banalität. Früher schon, in der Nacht, Schritte, die zur Kirche hineilten. Die Frühmette! Und dennoch: wenn Gott selber seiner Zelebrierung beiwohnte, ich würde nicht hingehen bei solch einer Kälte! Doch wie dem auch sei, es *muß* ihn geben: sonst wären diese Opfer, dargebracht von Kreaturen aus Fleisch und Blut, die ihre Faulheit abschütteln und ihn anbeten, von einer derartigen Hirnverbranntheit, daß die Vernunft den bloßen Gedanken daran nicht ertragen könnte. Die Beweise der Theologie erscheinen belanglos neben dieser Überanstrengung, die den verblüfften Ungläubigen dahinbringt, einem solchen Sichbemühen auch Sinn und Zweck zuzuschreiben. Es sei denn, dieser Ungläubige begnüge sich mit einer ästhetischen Betrachtungsweise dieser wohlüberlegten Schlaflosigkeiten und erblicke in der Eitelkeit dieser Vigilien das gigantischste aller Abenteuer, unternommen im Hinblick auf eine Schönheit des Widersinnigen und Schrecklichen ... Herrlichkeit eines an niemand gerichteten Gebets! Doch *etwas* muß sein: wenn dieses Wahrscheinliche sich in ein Gewisses verwandelt, ist Glückseligkeit kein bloßes Wort mehr, so sehr ist es wahr, daß die einzige Entgegnung auf das Nichts in der Illusion liegt. Diese Illusion – sie wird auf der Ebene des Absoluten *Gnade* genannt –: wie haben diese hier sie erworben? Durch welche Gunst gelangten sie dahin, zu erhoffen, was keine Hoffnung der Welt uns in Aussicht stellt? Mit welchem Recht lassen sie sich in dieser Ewigkeit nieder, die uns von allem versagt wird? Diese Besitzenden – die einzig *wahren*, denen ich jemals begegnet bin –, durch welche List wurden sie zu Eigentümern und Nutznießern des Mysteriums? Gott ist ihr Besitz: vergeblich wird man versuchen, ihn ihnen zu entwenden: sie selber wissen gar nicht, wie sie dazukamen, sich seiner zu bemächtigen. *Eines schönen Tages* glaubten sie. Der eine wurde durch bloßen Anruf bekehrt: er glaubte, ohne sich dessen bewußt zu sein. Als er es dann war – legte er die Kutte an. Der andere wieder erlitt sämtliche Seelenqualen: sie verstummten plötzlich vor einem jähen Licht. Man kann den Glauben nicht *wollen:* wie eine Krankheit beschleicht oder befällt er dich; niemand kann ihn anfordern; und es ist sinnlos, ihn herbeizusehnen, wenn man nicht dazu prädestiniert ist. Man ist gläubig, oder man ist es nicht, so wie man verrückt oder normal ist. – Weder kann ich glauben, noch kann ich wünschen, daß ich glaubte: der Glaube – Delirium, zu dem ich nicht neige ... Ungläubigsein ist ebenso unergründlich wie Gläubigsein. Ich gebe mich den *Freuden des Enttäuschtseins* hin: es ist das Wesen der Weltlichkeit; über den *Zweifel* stelle ich nur das Wohlbehagen, das ihm entspringt ...

Und all diesen Mönchen, den rotwangigen wie den bleichsüchtigen, antworte ich: »Ihr bemüht euch umsonst. Auch ich habe aufgeschaut zum Himmel, aber ich habe nichts erblickt. Gebt es auf, mich überzeugen zu wollen: wenn es mir bisweilen auch gelang, Gott auf dem Wege der Beweisführung zu finden – in meinem Herzen habe ich ihn niemals aufgefunden. Fände ich ihn darin, ich könnte euch nicht folgen auf dem Wege, den ihr geht, nicht Gesichter schneiden wie ihr, und schon gar nicht die Schautänze eurer Messen und Kompleten aufführen. Keine Wonnen, die größer wären als die des Müßiggangs: und käme das Ende der Welt herbei, ich würde mich nicht erheben von meinem Bett, wenn die Zeit mir nicht paßte: wie soll ich also mitten in der Nacht hinauslaufen und meinen Schlaf hinschlachten auf dem Altar des *Ungewissen!* Selbst wenn die Gnade mich umnachtete und ohne Unterlaß Ekstasen mich erschauern ließen, würden ein paar Sarkasmen genügen, um mich abzulenken. Denn seht ihr, ich hätte Angst, ich vermöchte zu grinsen inmitten meiner Gebete und mich auf diese Weise weit eher durch den Glauben zu verdammen als durch den Unglauben. Erspart mir eine allzu große Anstrengung: meine Schultern sind ohnehin zu müde, um den Himmel zu tragen ...«

Übung im Ungehorsam

Wie sehr ist mir, Herr, die Schändlichkeit deines Werkes verhaßt und dies klebrige Gewürm, das dich beweihräuchert und dir so ähnlich sieht! Indem ich dich hasse, gehe ich dem Zuckerwerk deines Reiches, dem Gefasel deiner Strohpuppen aus dem Wege. Du erstickst all unser Glühen und Aufbegehren, du wachst über unser Verblöden. Noch ehe ich dich in eine Formel verwies, verhöhnte ich bereits deine Geheimmittel, verachtete ich die Kniffe und Künste, mittels deren du dir deine Unerklärlichkeit zusammenschminkst. Du hast mich reich bedacht mit jener Galle, die deine Barmherzigkeit deinen Sklaven erspart hat. Nur im Schatten deiner Nichtigkeit gibt es Ruhe, und so genügt es dem Dummen, sich dir oder irgendeinem Abklatsch deines Bildes zu überantworten, um sein Heil zu finden. Ich weiß nicht, wen ich mehr betrauern soll, deine Altardiener oder mich: alle stammen wir in gerader Linie von deiner Unzuständigkeit ab. *Brocken und Brösel:* Hauptvokabeln der Schöpfung, d. h. deiner Pfuscherei ...

Unter allem, was diesseits des Nichts unternommen wurde, gibt es nur *ein* Jämmerlicheres als diese Welt: den Gedanken, der sie entwarf ... Überall, wo etwas atmet, gibt es auch ein neues Gebrechen: keine Regung, die nicht den Nachteil des Vorhandenseins bestätigte. Beim Anblick all des Fleisches packt mich Entsetzen: diese Männlein und Weiblein – lauter Gedärm, das zuckt und rumort ... Ich will nichts mehr gemein haben mit diesem Planeten: jeder Augenblick ist nur ein Stimmzettel mehr in der Urne meiner Verzweiflung.

Dein Werk höre auf oder dauere fort – gleichviel! Deine Untergebenen werden dein unbegabtes Wagestück nicht vollenden. Wohl werden sie aus der Blindheit, mit der du sie schlugst, wieder ans Licht kommen; doch werden sie noch die Kraft haben, sich zu rächen, und wirst du die Kraft haben, dich zu verteidigen? Dies Geschlecht ist vom Rost zerfressen, und du selber bist es noch weit mehr. Ich wende mich nun deinem Erzfeinde zu, um den Tag zu erwarten, da er dir deine Sonne stiehlt, um sie an einem anderen Himmel aufzuhängen.

DER DEKOR DES WISSENS

Unsere Wahrheiten sind nicht mehr wert als die unserer Vorfahren. Wir haben ihre Mythen und Symbole durch Begriffe ersetzt und halten uns nun für »fortgeschritten«; diese Mythen und Symbole bringen jedoch kaum weniger zum Ausdruck als unsere Begriffe. Der Baum des Lebens, die Schlange, Eva, das Paradies – sie bedeuten ebensoviel wie: Leben, Erkenntnis, Versuchung, Unbewußtheit. Die konkreten Gestaltungen des Bösen und Guten in der Mythologie besagen ebensoviel wie Gut und Böse in der Ethik. Das Wissen – soweit es Tiefe hat – verändert sich nie: nur sein Dekor wechselt. Die Liebe dauert fort, auch ohne Venus, ebenso der Krieg ohne Mars, und wenn die Götter auch nicht mehr in das Geschehen eingreifen, so ist dieses Geschehen darum nicht erklärlicher oder weniger verwirrend: nur ersetzt jetzt der Formelkram den Prunk der alten Legenden, ohne daß die Konstanten des menschlichen Lebens dadurch geändert würden und ohne daß die Wissenschaft tiefer in ihr Wesen einzudringen vermöchte als die Poesie.

Der Eigendünkel der Moderne kennt keine Grenzen: wir halten uns für aufgeklärter und tiefer als alle vergangenen Jahrhunderte und vergessen dabei, daß die Lehre eines Buddha Tausende von Wesen vor das Problem des Nichts gestellt hat, vor ein Problem, das wir entdeckt zu haben glauben, weil wir seine Terminologie abgewandelt und ihm ein Quentchen Gelehrsamkeit beigemengt haben. Aber welcher abendländische Denker würde den Vergleich mit einem buddhistischen Mönch aushalten? Wir verlieren uns in Texten und Terminologien: für die moderne Philosophie ist die *Meditation* eine unbekannte Größe. Wollen wir intellektuellen Anstand wahren, so muß die Begeisterung für die Zivilisation aus unserem Geist verbannt werden, ebenso wie der Geschichts-Aberglaube. Was die großen Probleme anlangt, so befinden wir uns unseren älteren oder jüngeren Vorgängern gegenüber keineswegs im Vorteil: man hat jederzeit *alles* gewußt, zumindest was das Wesentliche betrifft; die moderne Philosophie fügt der chinesischen, indischen oder griechischen Philosophie nichts hinzu. Im übrigen kann es gar kein *neues Problem* geben, wiewohl unsere Einfältigkeit und unser Dünkel uns gerne das Gegenteil weismachen möchten. Denn wer ist in dem *Spiel der Ideen* jemals einem chinesischen oder griechischen Sophisten gleichgekommen, wer hat das kühne Wagnis der Abstraktion weiter vorgetrieben als sie? Die äußeren Grenzen des Denkens sind von je – und in allen Kulturen – erreicht. Vom Dämon des Noch-nicht-Dagewesenen verführt, vergessen wir nur allzu schnell, daß wir Abkömmlinge jenes ersten Pithekanthropus sind, der sich mit Nachdenken abgab.

Hegel ist der große Verschulder des modernen Optimismus. Wie konnte er es nur übersehen, daß das Bewußtsein nur seine Formen und Weisen wechselt, aber keineswegs fortschreitet? Das Werden schließt eine absolute Vollendung, ein Ziel aus: das Abenteuer der Zeit rollt ohne jede außerhalb seiner selbst liegende Zielsetzung ab und wird zu Ende gehen, wenn seine Möglichkeiten, sich fortzusetzen, erschöpft sind. Der Grad des Bewußtseins ist je nach den Zeiten verschieden, ohne daß dieses Bewußtsein durch das Nacheinander der Zeiten an Umfang zunähme. Wir leben heute nicht bewußter als die Antike, die Renaissance und das achtzehnte Jahrhundert; jedes Zeitalter ist in sich vollkommen – und vergänglich. Es gibt zwar bevorzugte Augenblicke, in denen das Bewußtsein an sich selber verzweifelt, aber noch nie hat die Klarsicht des Menschen sich derart verfinstert, daß dieser Mensch nicht imstande gewesen wäre, die wahrhaft wesentlichen Probleme aufzugreifen; denn die Geschichte ist nur eine ständige Krise, ja ein Bankrott der *Naivität*. Die *negativen Zustände* – und gerade sie bringen das Bewußtsein zur Verzweiflung – sind verschieden verteilt, aber in allen Perioden der Geschichte vorhanden; sind sie ausgewogen und »glücklich«, so wird ihnen die Langeweile zuteil, – diese natürliche Schlußphase des Glücklichseins; sind sie haltlos und tumultuarisch, so kommt die Verzweiflung über sie und all die religiösen Krisen, die aus dieser entstehen. Die Idee eines Paradieses auf Erden ist aus allen jenen Elementen entstanden, die unvereinbar sind mit der Geschichte, mit dem Raum, in dem die negativen Bewußtseinszustände florieren.

Sämtliche Wege und Weisen der Erkenntnis haben ihre Gültigkeit: Spekulation, Intuition, Ekel, Begeisterung, Stöhnen. Eine auf

Begriffe gestützte Weltanschauung ist nicht minder legitim als eine aus Tränen hervorgegangene: Argumente oder Seufzer – zwei Arten der Erkenntnis, die gleich beweiskräftig und gleich nichtig sind. Ich gebe dem Weltall eine *Gestalt:* ich glaube daran, und es *ist* das Weltall, das allerdings unter dem Ansturm einer neuen Gewißheit oder eines neuen Zweifels zusammenstürzt. Der unwissendste aller Analphabeten und Aristoteles sind gleich unwiderlegbar – und fragwürdig. Ein Werk, das Jahre brauchte, um zu reifen, und ein Gedicht, das sein Entstehen der Gunst eines Augenblicks verdankt, werden in gleicher Weise durch Absolutheit und Hinfälligkeit gekennzeichnet. Ist in der *Phänomenologie des Geistes* mehr Wahrheit enthalten als im *Epipsychidion?* Plötzliche Eingebung und beflissenes Sichvertiefen führen zu den gleichen endgültigen – und lächerlich belanglosen – Resultaten. Heute ziehe ich diesen Schriftsteller jenem anderen vor; morgen ist ein anderes Werk – das ich früher verabscheute – an der Reihe. Die Schöpfungen unseres Geistes – und die ihnen vorwaltenden Prinzipien – haben das gleiche Schicksal wie unsere Launen, unser Alter, unsere Begeisterungen und unsere Enttäuschungen. Alles, was wir einst liebten, stellen wir in Frage, und jedesmal haben wir recht und unrecht; denn alles ist gültig – und alles ohne jeden Belang. Ich lächle: eine Welt wird geboren; ich verdüstere mich: sie verschwindet, und eine neue nimmt Gestalt an. Keine Meinung, kein System, kein Glaube, die nicht gleichzeitig richtig und ungereimt wären, je nachdem ob wir ihnen zustimmen oder uns von ihnen lossagen.

Man begegnet in der Philosophie keiner größeren Strenge als in der Dichtung, und im Geist keiner größeren als im Herzen; denn Strenge gibt es überhaupt nur insoweit, als man eins wird mit den Gedanken oder Dingen, an die man herangeht oder die man erleidet; von außen gesehen, ist alles zufallsbestimmt: Vernunftgründe so gut wie Gefühle. Was man Wahrheit nennt, ist ein nicht zur Genüge erlebter, noch nicht leergeschöpfter Irrtum, der bald veraltet sein wird, ein neuer Irrtum, der Eile hat, seine Neuheit Lügen zu strafen. Unser Wissen gedeiht und verdorrt mit unseren Gefühlen. Und wenn wir sämtliche Wahrheiten der Reihe nach aufsuchen, so nur deshalb, weil wir uns gemeinsam erschöpft haben, weil wir ebenso kraftlos sind wie sie. Wo es nichts *Enttäuschendes* gibt, ist die Geschichte undenkbar. Und so zeichnet sich immer deutlicher der Wunsch ab, uns der Melancholie zu ergeben und an ihr zu sterben ...

Wahres Wissen heißt Wachbleiben im Dunkeln: einzig durch die Summe unserer Schlaflosigkeiten unterscheiden wir uns von den Tieren und unseren Mitmenschen. Welche großartige oder absonderliche Idee war jemals der Ertrag eines Schläfers? Du hast einen guten Schlaf und ruhige Träume? Du bist einer mehr im Haufen der Namenlosen. Der Tag ist den Gedanken feind, die Sonne verdüstert sie; erst wenn die Nacht am dunkelsten ist, erschließen sie sich ... Ergebnis des nächtlichen Wissens: wer zu beruhigenden Schlüssen gelangt, liefert damit den Beweis seiner Schwachsinnigkeit oder seiner falschen Barmherzigkeit. Wer hat jemals auch nur eine einzige frohgemute Wahrheit gefunden, die gültig gewesen wäre? Und hat jemals ein am hellen Tage gesprochenes Wort die Ehre des Intellekts gerettet? Glücklich, wer zu sich sagen kann: »Mein Wissen ist Düsternis.«

Geschichte ist Fortschreiten der Ironie, Grinsen des Geistes mitten durch Mensch und Geschehen. Dieser oder jener Glaube, der heute triumphiert, wird morgen besiegt, verpönt und ersetzt sein: die zu ihm standen, erliegen mit ihm. Eine neue Generation kommt herauf: der alte Glaube tritt wieder in Kraft, seine niedergerissenen Denkmäler werden neu errichtet ... um abermals zerstört zu werden. Keinerlei unwandelbares Prinzip bestimmt Milde und Härte des Schicksals: ihre Aufeinanderfolge ist ein Teil der großen Posse des Geistes, in deren Spiel Heuchelei und Inbrunst, Arglist und Hingabe durcheinandergewürfelt werden. Ein Blick auf die Polemiken eines jeden Jahrhunderts zeigt, daß sie weder begründet noch notwendig waren. Und dennoch waren sie das Leben jenes Jahrhunderts. Kalvinismus, Quietismus, Port-Royal, Enzykoplädie, Revolution, Positivismus usw. –: welch eine Kette von Ungereimtheiten, die es geben *mußte,* welch ein unnützer und dabei zwangsläufiger Aufwand! Von den ökumenischen Konzilen bis herunter zu den Kontroversen der Gegenwarts-Politik: stets haben Orthodoxien und Häresien die Wißbegier des Menschen mit ihrem unwiderstehlichen Nonsens bedrängt. Immer wird es, wenn auch unter verschiedenen Verkleidungen, ein Für und ein Wider geben, gleichgültig ob es dabei um den Himmel oder um das Bordell geht. Tausende haben für die Spitzfindigkeiten bezüglich der Heiligen Jungfrau oder des Gottessohnes gelitten; Tausende wieder haben sich mit Dogmen abgequält, die weniger unbegründet, aber ebenso unwahrscheinlich waren. Alle Wahrheiten führen zur Bildung von Sekten und gehen dem Schicksal von Port-Royal entgegen: sie werden verfolgt und vernichtet, um später, wenn die Trümmer alt und kostbar geworden sind, sich in Wallfahrtsorte zu verwandeln, die der Nimbus des erlittenen Unrechts umstrahlt ...

Nicht weniger unvernünftig ist es, den Diskussionen über die Demokratie und ihre Formen größere Bedeutung beizumessen als den Auseinandersetzungen zwischen den Realisten und Nominalisten des Mittelalters: jedes Zeitalter vergiftet sich mit einem zwar minderwertigen und langweiligen, dem Anschein nach aber einmaligen Absoluten; es läßt sich nicht vermeiden, daß man der Zeitgenosse einer Glaubenslehre, eines Systems oder einer Ideologie ist, kurz, daß man ein Kind seiner Zeit ist. Um sich davon frei zu machen, müßte man die Kälte eines *Gottes der Verachtung* besitzen ...

Die Geschichte hat keinerlei Sinn: wir haben also Grund zur Freude. Sollten wir vielleicht Qualen ausstehen um eines günstigen Ausgangs des Geschehens willen, um eines letzten Festes willen, dessen Kosten von unserem Schweiß und unserem Scheitern bestritten würden? Künftigen Idioten zuliebe, die über unsere Qual frohlocken und auf unserer Asche umherhüpfen? Die Vision eines paradiesischen Endzustandes übertrifft in ihrer Absurdität die schlimmsten Verirrungen der Hoffnung. Alles, was man zur Entschuldigung der Zeit vorbringen könnte, wäre, daß man in ihr Augenblicke findet, die einträglicher sind als andere, folgenlose Zufälligkeiten inmitten der unerträglichen Monotonie unserer Ratlosigkeit. Das Weltall hebt an und hört auf mit einem jeden einzelnen, mag dieser Shakespeare oder Soundso heißen; denn jeder einzelne erlebt *im Absoluten* seinen Wert und seine Nichtigkeit . . .

Durch welchen Kunstgriff entzog sich das Scheinbar-Seiende der Kontrolle des Nicht-Seienden? Ein Augenblick der Unachtsamkeit, der Schwachheit im Schoße des Nichts: die Larven machten sich ihn zunutze; eine Lücke in seiner Wachsamkeit: da sind wir auch schon da. Und so wie das Leben das Nichts verdrängte, wurde es seinerseits von der Geschichte verdrängt: die Existenz schlug den Weg der Häresien ein, die die Orthodoxie des Nichts untergruben.

ABDANKUNG

Der Strick

Ich weiß nicht mehr, wie es kam, daß mir folgendes anvertraut wurde: »Ich habe weder Stand noch Gesundheit, weder Pläne noch Erinnerungen, ich habe Zukunft und Wissen in die fernsten Fernen verwiesen, ich besitze nichts als ein elendes Bett, auf dem ich mich der Sonne und des Seufzens entwöhne. Hier habe ich mich hingestreckt und spule nun die Stunden ab; rundherum lauter Werkzeuge und Gegenstände, die mich zum Untergang auffordern. Der Nagel da flüstert mir zu: Durchbohre getrost dein Herz, die paar Tropfen, die hervorkommen, brauchen dich nicht zu erschrecken. – Das Messer raunt mir zu: Meine Klinge ist unfehlbar; eine Sekunde der Entschließung, und du hast gesiegt über Elend und Schmach. – Das Fenster fliegt von selber auf, ich höre es knarren inmitten des Schweigens: Mit den Besitzlosen teilst du die Höhen der Stadt; schwinge dich hinaus, ich bin weit geöffnet: im Nu liegst du zerschmettert auf dem Pflaster und mit dir der Sinn oder Unsinn des Lebens. – Und ein Strick rollt sich zusammen, als legte er sich um einen idealen Hals, und redet im Tonfall einer flehenden Macht: Ich erwarte dich seit eh und je, ich habe dein Entsetzen, deine Niedergeschlagenheit und deine Verdrossenheit miterlebt, ich habe dein zerwühltes Bett gesehen, das Kissen, in das deine Wut sich verbiß, ich habe die Flüche vernommen, mit denen du die Götter bedachtest. Ich bin barmherzig, du dauerst mich, ich biete dir meine Dienste an. Denn du bist geboren, um dich zu erhängen, wie alle jene, die eine Antwort auf ihre Zweifel und eine Flucht aus ihrer Verzweiflung verschmähen.«

Hintergründe eines Wahngedankens

Nicht den Arbeitsamen eignet die Idee des Nichts: sie haben weder Zeit noch Lust, das Häuflein Staub, das sie sind, zu wägen; resigniert finden sie sich mit den Härten oder Albernheiten des Schicksals ab; sie hoffen: Hoffnung ist eine Sklaventugend.
Die Eitlen dagegen, die Gecken und die Koketten fürchten sich vor weißem Haar, vor Runzeln und Röcheln, und füllen ihre tägliche Vakanz mit der Vorstellung ihres Verwestseins aus: in ihrer

Eigenliebe bringen sie sich selber zur Verzweiflung. Ihre Gedanken flattern hin und her zwischen Spiegel und Friedhof und entdecken in ihren gefährdeten Gesichtszügen Wahrheiten, die ebenso schwerwiegend sind wie die Religionen. Jegliche Metaphysik beginnt mit einer körperlichen Angst, die allmählich auf alles andere übergreift; der aus bloßer Frivolität Besorgte erscheint also als eine Vorform des wahrhaft geängstigten Geistes. Der vom Gespenst des Alterns geplagte oberflächliche Müßiggänger hat mit einem Pascal, Bossuet oder Chateaubriand mehr gemein als ein um sich selbst unbekümmerter Weiser. Eitelkeit mit einem Anflug von Genie: daran erkennt man den großen Hochmütigen, der sich mit dem Tod nicht abfindet, weil er ihn als *persönliche Beleidigung* empfindet.

Selbst der alle Weisen übertreffende Buddha war nur ein Geck in *göttlichem Maßstab*. Er entdeckte den Tod, *seinen* Tod, war verletzt, entsagte allem und machte nun auch allen übrigen diese Entsagung zur Pflicht. – So entstehen die furchtbarsten und sinnlosesten Leiden aus einem verletzten Stolz, der, um sich dem Nichts gegenüber behaupten zu können, sie aus Rache zum Gesetz macht.

Epitaph

»Es war sein Stolz, niemals zu befehlen, über nichts und niemand zu verfügen. Ohne Untergebene und Gebieter, erteilte er keinerlei Befehle und nahm auch keinerlei Befehle entgegen. Der Macht der Gesetze entzogen und Gut und Böse gleichsam vorhergegangen, fügte er keiner Menschenseele ein Leid zu. Die Namen der Dinge erloschen in seiner Erinnerung; er schaute, ohne wahrzunehmen, er lauschte, ohne zu vernehmen: Düfte und Aromen verflüchtigten sich vor seinem Geruch und Geschmack. Sinne und Begierden waren seine einzigen Sklaven: darum empfanden und begehrten sie nichts. Er vergaß Glück und Unglück, Lust und Furcht; und geschah es, daß er sich auf sie besann, so verschmähte er es, sie zu nennen: er wollte nicht hinabsinken zu Hoffen und Bedauern. Die allerleiseste Geste kostete ihn mehr Anstrengung, als andere brauchen, um Reiche zu gründen oder zu stürzen. Von Geburt des

Geborenseins müde, suchte er ein Schatten zu sein: wann lebte er also? und infolge welcher Geburt? Und wenn er als Lebender bereits sein Leichentuch trug, durch welches Wunder gelang es ihm, zu sterben?«

Verweltlichung der Tränen

Erst seit Beethoven wendet die Musik sich an die Menschen: vor ihm hielt sie nur mit Gott Zwiesprache. Bei Bach und den großen italienischen Meistern gab es jenes Abgleiten ins Menschliche keineswegs und ebensowenig jenes falsche Titanentum, das seit dem *Tauben* die reinste der Künste alteriert. An die Stelle des Anmutigen trat ein krampfhaftes Wollen; an die der naiven Regung der Widerstreit der Gefühle; an die der verhaltenen Seufzer das Hingerissensein: der *Himmel* war aus der Musik geschwunden, und der Mensch hatte sich in ihr angesiedelt. Früher war die Sünde ein leises Weinen gewesen; nun breitete sie sich vor aller Augen aus: das Gebet trat hinter den Vortrag zurück und der wohltemperierte Verfallstraum hinter die Romantik des Sündenfalls ...
Bach: kosmogonisches Dahinschmachten; Tränenstufen, die unser Gottesverlangen emporklimmt; Gefüge unserer Gebrechlichkeiten; positive – und sublimste – Auflösung unseres Willens; himmlisches Verfallen inmitten unserer Hoffnung; einzige Weise, unterzugehen ohne zu stürzen, zu schwinden ohne zu sterben ...
Ist es denn zu spät, um ein solches Verlöschen wieder zu lernen? Müssen die Akkorde der Orgel auch weiterhin an unseren Ohnmächten vorbeitönen?

Schwankungen des Willens

»Kennt ihr jenen Schmelzofen des Willens, in dem nichts euren Wünschen zu widerstehen vermag, in dem Fatalität und Schwerkraft sich vor der Magie eurer Macht verflüchtigen? Euer Blick könnte die Toten erwecken, das Auflegen eurer Hand die Materie erbeben machen, unter eurer Berührung würden die Steine aufzucken, würden die Friedhöfe in einem Unsterblichkeitslächeln aufstrahlen« – das alles wißt ihr und sagt euch dabei wieder und wieder: »Fortan wird es nur noch einen ewigen Frühling geben, einen einzigen Reigen des Wunderbaren, und keinerlei Schlaf mehr. Ich habe ein neues Feuer mitgebracht: die Götter verblassen, die Kreatur frohlockt; die Himmel sind sprachlos vor Bestürzung, und der Spektakel ist in die Gräber hinabgestiegen.«

... Und der außer Atem geratende Liebhaber solcher Paroxysmen verstummt nun, um gleich darauf im Tonfall des Quietismus Worte der Ergebung zu sprechen:

»Habt ihr jemals jene auf alle Dinge übergreifende Schläfrigkeit empfunden, jenes Erschlaffen, das die Lebenskräfte von einem Herbst träumen läßt, der alle übrigen Jahreszeiten niedergerungen hat? Wo ich vorbeikomme, sinken die Hoffnungen in Schlaf, verkümmern die Blumen, wanken die Instinkte: alles hört auf zu wollen, alles bereut, je gewollt zu haben. Ein jedes Wesen raunt mir zu: ›Ich wünschte, ein anderer lebte mein Leben, sei es Gott, sei es die Wegschnecke. Ich sehne mich nach einem Willen zur Untätigkeit, nach einer noch unausgelösten Unendlichkeit, nach einer ekstatischen Atonie der Elemente, nach einem sonnenüberglühten Winterschlaf, der alles erstarren ließe, vom Schwein bis zur Libelle ...‹«

Theorie der Güte

»Wenn es für dich weder ein höchstes Kriterium, noch ein endgültiges Prinzip, noch irgendeinen Gott gibt – was hält dich also vom Verbrechen zurück?«

»Ich entdecke in meinem Inneren ebensoviel Böses wie bei jedem beliebigen andern, aber da ich die Tat, die Mutter aller Übel, verabscheue, füge ich niemandem ein Leid zu. Harmlos, ohne jegliches Verlangen und auch ohne genügend Energie oder Unanständigkeit, um den anderen entgegenzutreten, belasse ich die Welt in dem Zustand, in dem ich sie vorfand. Rache setzt unausgesetzte Wachsamkeit voraus, systematisches Denken, kostspielige Kontinuität: die Gleichgültigkeit des Verzeihenden und Verachtenden dagegen verleiht den Stunden eine angenehme Leere. Jegliche Ethik stellt für die Güte eine Gefahr dar, aus der allein die Fahrlässigkeit sie rettet. Indem ich mich für das Phlegma des

Imbezillen und die Apathie der Engel entschied, schloß ich mich von jeglichem Tun aus, und da Güte und Leben unvereinbar sind, überließ ich mich der Selbstauflösung, um gut sein zu können.«

Die Schattenseite der Dinge

Um sich irgendeinem Gegenstand, gleichviel welchem, ohne Vorbehalte hingeben zu können, ist ein gut Teil Gedankenlosigkeit vonnöten. Die Frommen, die Liebenden und die Jünger sehen nur *eine* Seite ihrer Gottheiten, Idole und Lehrmeister. Der Begeisterte bleibt unweigerlich naiv. Gibt es auch nur *ein* reines Gefühl, in dem sich nicht eine Mischung aus Begnadung und Stumpfsinn erkennen ließe, gibt es denn ein seliges Bewundern ohne gleichzeitige Verdunkelung des Verstandes? Wer zur gleichen Zeit sämtliche Aspekte eines Wesens oder Dinges wahrnimmt, bleibt auf immer unschlüssig zwischen Aufschwung und Bestürzung. Man zergliedere irgendeinen beliebigen Glauben: wieviel Herz – und darunter: wieviel Schändlichkeit! Es ist die in einer Kloake erträumte Unendlichkeit — mit all ihrem Gepränge und all ihrem Gestank. In jedem Heiligen steckt ein Notar, in jedem Helden ein Krämer, in jedem Märtyrer ein Hausmeister. Hinter den Seufzern verbergen sich Grimassen: jedem Opfer und jeder Andacht sind die Ausdünstungen des irdischen Bordells beigemengt. – Man betrachte die Liebe: welche Herzensergießung ist edler, welche Anwandlung weniger verdächtig? Ihre Schauder nehmen es mit der Musik auf, mit den Tränen der Einsamkeit und der Ekstase: es ist das Sublime, ja, aber ein mit den Harnwegen untrennbar verbundenes Sublimes, es sind Verzückungen, benachbart mit der Exkretion, es ist ein Himmel der Drüsen, eine jähe Weihe der Leibesöffnungen ... Ein Augenblick der *Aufmerksamkeit* – und du wirst aus dieser Trunkenheit hinabgeschleudert in den Unrat des Physiologischen; ein Augenblick der Ermattung –, und du stellst fest, daß all diese Glut nur eine Abart von Schleim produziert. Offene Augen entkräften die Räusche. Man kann nicht lieben und zugleich erkennen, ohne daß die Liebe daran Schaden nähme und unter den Blicken des Geistes verginge. – Prüft eure

Bewunderungen, faßt die Nutznießer eurer Anbetung und Hingabe schärfer ins Auge: auch unter ihren uneigennützigsten Gedanken werdet ihr die Eigenliebe entdecken, den Stachel des Ruhmes, die Herrschsucht und den Machthunger. Alle Denker sind Gescheiterte der Tat, die sich mittels ihrer Begriffe für ihr Fiasko rächen. *Diesseits* der Tat geboren, preisen sie oder schmähen sie diese, je nachdem sie nach Dankbarkeit oder Haß – dieser anderen Form des Ruhmes – streben. Ihre eigenen Unzulänglichkeiten und ihr eigenes Elend erheben sie wider Gebühr zu Gesetzen, ihre Nichtssagendheit zum Prinzip. Denken ist Lüge, ebenso wie Liebe oder Glaube. Denn Wahrheiten sind Schwindel und Leidenschaften üble Gerüche; und letzten Endes hat man nur die Wahl zwischen dem Lügenden und dem Stinkenden.

Wunderwerk des Lasters

Muß der Denker, der sich von der Welt lösen will, eine Unzahl von Fragen erhoben haben, so hat der Lasterhafte von vornherein ein Einzelschicksal. Das Laster, Spender von Einsamkeiten, stattet jeden von ihm Gezeichneten mit einem Sonderdasein aus. So den Invertierten: er weckt zwei entgegengesetzte Gefühle: Abscheu und Bewunderung; seinen Mitmenschen ist er zugleich unterlegen und überlegen; er findet sich mit sich selbst nicht ab, rechtfertigt sich immer wieder vor sich selbst, erdenkt allerlei Ursachen und Gründe, wird hin- und hergerissen zwischen Schande und Stolz. Wir anderen dagegen frönen dem Unsinn der Fortpflanzung und marschieren mit der Herde. Wehe dem, der kein sexuelles Geheimnis hat! Werden wir jemals die Vorteile wahrnehmen, die all diese übelriechenden Verirrungen bergen? Oder bleiben wir für alle Ewigkeit Sprößlinge der Natur, Opfer ihrer Gesetze, kurzum, menschliche Gewächse?

Die Mängel der einzelnen bestimmen Veränderlichkeit und Subtilität einer Kultur. Ungewöhnliche Sinneseindrücke wecken und verfeinern den Geist: der verirrte Instinkt wird zum Antipoden des Barbarentums. Daraus folgt, daß der Impotente differenzierter ist als der Kraftmensch mit seinen unverbrauchten Reflexen, daß er also besser als irgendein anderer die Wesenheit des Men-

schen – dieses Fahnenflüchtigen aus der Tierwelt – realisiert, daß er reicher ist um alle seine Unzulänglichkeiten und all sein Unvermögen. Man schaffe Laster und *fleischliche Not* aus der Welt: man wird keine einzige *Seele* mehr antreffen: denn was mit diesem Namen benannt wird, ist nur ein Produkt innerer Skandale, eine Beziehung für verborgene Scham und Schande, eine Idealisierung der Verworfenheit . . .
Im Grunde seines Herzens beneidet der Denker alles Widernatürliche um die ihm offenstehenden Möglichkeiten des Erkennens und glaubt – nicht ohne innere Widerstände – an die Vorzugsstellung derartiger »Monstren« . . . Da das Laster ein Leiden ist und zugleich die einzige Form des Ruhmes, die der Mühe lohnte, »muß« der Lasterhafte tiefer veranlagt sein als alle anderen Menschen – von denen ihn eine unnennbare Kluft trennt: er fängt dort an, wo die anderen aufhören . . .
Eine natürliche, aus der Evidenz geschöpfte Sinnesfreude hebt sich in sich selber auf, scheitert an ihren eigenen Mitteln, geht an ihrer Aktualität zugrunde; dagegen ist ein ungewöhnlicher Sinneseindruck ein *gedachter* Reiz, eine Reflexion der Reflexe. Das Laster erreicht auf diese Weise die höchste Bewußtseinsstufe – ohne jede Mitwirkung der Philosophie. Der Denker braucht ein ganzes Leben, um die *Gefühls-Bewußtheit* zu erlangen, mit der der Perverse beginnt. Beide haben jedoch miteinander den Hang gemein, sich von den anderen abzusondern – der eine durch die Meditation, der andere, indem er sich den Wundern seiner Neigung anvertraut.

Der Spielverderber

»Deine Stunden – wohin sind sie verronnen? Die Spur einer Geste, die Narbe einer Leidenschaft, der Glanz eines Abenteuers, irgend ein schöner und flüchtiger Wahn –: nichts von alledem in deiner Vergangenheit! Keine Sucht, die deinen Namen trüge, kein Laster, das dich ehrte. Spurlos bist du vorbeigeglitten – was war denn dein Traum?«
»Mein Wunsch war, den *Zweifel* ins Innerste des Erdballs zu senken und die gesamte Materie mit ihm zu durchdringen, so daß

er zu herrschen vermocht hätte, wo der Geist nicht hingelangte, so daß er die Ruhe der Steine erschüttert und sie mit den Schwächen und der Unsicherheit des Herzens begabt hätte, um sodann das innerste Mark der Kreatur anzugreifen. Ein Baumeister, hätte ich dem Verfall einen Tempel errichtet; ein Prediger, hätte ich das Gebet als Farce entlarvt; ein König, hätte ich das Wappen der Rebellion geführt. Da alle Menschen insgeheim das Verlangen hegen, sich zu verwerfen, hätte ich allüberall die Untreue gegen sich selbst gefördert, hätte ich die Unschuld in Bestürzung versetzt, die Zahl der Selbstverräter vertausendfacht und die Menge daran gehindert, im Pfuhl der Gewißheiten zu verfaulen.«

Der Höhlen-Architekt

Theologie, Moral, Geschichte und Alltagserfahrung lehren uns, daß es keineswegs einer Unzahl von Geheimmitteln bedarf, um das Gleichgewicht zu erlangen; ein einziges genügt: *sich unterwerfen.* »Nehmet das Joch auf euch«, wiederholen sie alle, »und ihr werdet glücklich sein; seid *irgend etwas,* und ihr werdet erlöst sein von euren Mühen.« Hienieden ist nämlich alles *Gewerbe:* wir sind Beamte der Zeit, Angestellte der Atmung, Würdenträger der Hoffnung; noch ehe wir geboren sind, wartet ein *Posten* auf uns: bereits im Mutterschoß wird unsere Berufslaufbahn vorbereitet. Glieder eines amtlichen Alls, nehmen wir alle den uns angewiesenen Platz darin ein, gehorchen wir dem Mechanismus eines starren Geschicks, das sich allenfalls zugunsten der Narren auflockert; sie zumindest werden nicht gezwungen, Anhänger eines Glaubens, einer Institution, einer Idee zu sein oder dies und das zu unternehmen. Seitdem es die Gesellschaft gibt, wurden alle jene, die sich ihr zu entziehen versuchten, verfolgt und verhöhnt. Alles wird euch verziehen, vorausgesetzt, daß ihr einen Beruf ausübt, daß eurem Namen ein Untertitel folgt, daß euer Nichts ein Siegel trägt. Keiner ist kühn genug, um auszurufen: »Ich will nichts tun!« Einem Mörder gegenüber ist man nachsichtiger als gegenüber einem Geist, der sich von allem Tun losgesagt hat. Indem er die Möglichkeiten, sich zu unterwerfen, verhundertfachte, indem er seine Freiheit verabschiedete und den Müßiggänger in sich abtötete, verfeinerte der Mensch sein Sklaventum, gab er sich den Phantomen anheim. Selbst eine Verachtung und Empörung förderte er nur, um von ihnen besser beherrscht zu werden: er ist ein Sklave seiner Attitüden, Gebärden und Stimmungen. Er hat die Höhlen verlassen – um sie anzubeten; er war ihr Gefangener – er ist ihr Architekt geworden. Er setzt seinen Urzustand fort – mit mehr Erfindungsgabe und Raffinement. Mag er jedoch seine Karikatur vergrößern oder verkleinern – im Grunde plagiiert er in schamloser Weise sich selber. Er gleicht einem Scharlatan, *der nicht weiter weiß*, dessen Verrenkungen und Grimassen aber immer noch täuschen ...

Geregelte Atonie

Unter dem Einwirken der Sonne schmelze ich tagsüber wie Wachs, und nachts erstarre ich aufs neue: es ist eine Alternanz, die mich auflöst und mich mir selber zurückgibt, eine Metamorphose inmitten von Trägheit und Faulenzerei ... Dahin also mußte ich mit all dem Gelesenen und Gewußten gelangen, dies also bildet den Abschluß all meines Wachens? Vor Faulheit wurden meine Begeisterungen stumpf, meine Gelüste zögernd, mein Zorn wankend. Wer nicht nachgibt und sich nicht gehen läßt, kommt mir wie ein Ungeheuer vor: ich reibe meine Kräfte auf im Erlernen des Dahintreibens, ich übe mich im Nichtstun, ich halte meinen Anwandlungen und Launen die Paragraphen einer *Kunst des Verwesens* entgegen.

Lauter *Wollende* rundumher ... Mummenschanz der dem Belanglosen oder Undurchsichtigen Entgegenhastenden; einander durchkreuzende Willensregungen; jedermann will; die Menge will; Tausende, die irgendwohin streben. Ich kann ihnen nicht folgen – noch weniger aber kann ich ihnen trotzen. Verblüfft bleibe ich stehen: woher dieser Elan? Gespenstische Beweglichkeit: soviel Kraft und Hysterie in so wenig Fleisch! Diese Zitterwürmer, die keinerlei Skrupel beruhigt, keinerlei Weisheit beschwichtigt, keinerlei Bitterkeit irre macht ... Gelassener als die Helden begegnen sie der Gefahr: sie sind unbewußte Apostel der Tatkraft, Heilige des unmittelbaren Effekts – Götter auf den Jahrmärkten der Zeit ... Ich wende mich ab, ich verlasse die Gehsteige der Welt ...

Und dennoch hat es eine Zeit gegeben, da ich die Eroberer und die Bienen bewunderte, da ich selber beinahe gehofft hätte; jetzt jedoch macht Bewegung mich kopflos und Tatkraft betrübt. Es liegt mehr Weisheit darin, sich von den Fluten fortreißen zu lassen, als gegen sie anzukämpfen. Ein Nachgeborener meiner selbst, gedenke ich der Zeit wie einer Kinderei oder einer Geschmacksverirrung. Ohne Begierden, ohne Stunden, die ihr Entstehen begünstigen könnten, besitze ich nichts als die Gewißheit, mich von je überlebt zu haben: ein Fötus, zerfressen von einer allwissenden Idiotie, noch ehe seine Augenlider sich öffneten — eine wissende Totgeburt …

Äußerste Verbrauchtheit

Es gibt etwas, das an Schmutzigkeit, Abgenütztheit und Zerrüttung selbst der gesunkensten aller Dirnen nicht nachsteht – ein den Zorn Reizendes und zugleich Irremachendes, einen allaugenblicklichen Gipfelpunkt unserer Wut: das *Wort, jedes* Wort, oder, genauer gesagt, das Wort, dessen man sich gerade bedient. Ich sage: *Baum, Haus, ich, herrlich, dumm;* was ich auch sagen mag, jedesmal träume ich dabei von einem Mörder, der endlich mit all diesen Haupt- und Beiwörtern, mit all diesem ehrwürdigen Gerülpse aufräumte. Manchmal will es mir scheinen, als seien sie alle bereits tot und als wolle niemand sie begraben. Aus Feigheit betrachten wir sie als lebendig, ertragen wir immer noch ihren eklen Geruch. Und dennoch: weder *sind* sie, noch drükken sie irgend etwas aus. Wenn man bedenkt, wie viele sie im Munde geführt haben, wieviel Atem sie verhunzt hat, wie oft sie ausgesprochen wurden – wird man sich da auch nur eines einzigen bedienen können, ohne sich zu beschmutzen?
Zerkaut wirft man sie uns hin: wären es Speisen, die von anderen gekaut wurden, wir würden sie nicht schlucken. Der materielle Akt des Sprechens erregt Erbrechen; ein Augenblick des Mißmuts genügt, um bei jedem beliebigen Wort den Nachgeschmack fremden Speichels zu spüren.
Um die Sprache aufzufrischen, müßte die Menschheit zu sprechen aufhören: es würde ihr zum Nutzen gereichen, wenn sie zur Zei-

chensprache oder – und dies wäre noch weit wirksamer – zum Schweigen Zuflucht nähme. Das Prostituiertsein des Wortes ist das sichtbarste Zeichen seiner Entwertung: keine Vokabel mehr, die noch unangetastet, keine Lautbildung, die noch rein wäre; alles, selbst das Bezeichnete, wird verhunzt durch Wiederholung. Warum sollte nicht jede Generation ein neues Idiom lernen, und sei es auch nur, um den bezeichneten Gegenständen neue Kraft zuzuführen? Wie soll man lieben und hassen, schwelgen und leiden können, wenn die Symbole blutleer sind? »Leben« und »Tod«: metaphysische Abgedroschenheiten, veraltete Rätsel ... Eine neue Wirklichkeits-Illusion sollte der Mensch sich zu erschaffen suchen und zu diesem Zweck neue Worte erfinden: seinen gegenwärtigen Worten fehlt es an Blut, und in dem jetzigen Stadium ihrer Agonie ist keine Transfusion mehr möglich.

Bestattung der Begierde

Eine winzige Kaverne klafft in jeder Körperzelle ... Wir wissen, wo die Krankheiten sich einnisten, wir kennen ihren Sitz, kennen die bestimmte Karenz der Organe. Dies nicht lokalisierbare Übel jedoch, diese Beklommenheit unter der Wogenlast von tausend Ozeanen, dies Dürsten nach dem idealen Gift ...
Niedertracht der sich erneuernden Natur, Provokationen der Sonne, des Grüns, der Säfte ... Mein Blut zersetzt sich, wenn die Knospen aufbrechen, wenn Vögel und Vieh sich ergehen...
Wie bin ich neidisch auf die heillos Verrückten, auf die Starre des Siebenschläfers, auf die Winter des Bären, auf die Trockenheit des Weisen! Gerne würde ich meine Erregtheit – dies Gezappel eines von unblutigem Totschlag träumenden Mörders – gegen ihre Reglosigkeit eintauschen! Und mehr als auf sie alle bin ich eifersüchtig auf die verdrossenen und grausamen Kaiser der römischen Verfallszeit, die man meuchelte, als ihr Morden im besten Gange war!
Wie die Träne eines Blinden überlasse ich mich dem Raum. Wessen Wille bin ich denn, wer *will* in mir? Ich wünschte, ein Dämon zettelte eine Verschwörung gegen den Menschen an: ich stieße zu ihm, denn ich bin es müde, der Bestattung meiner Be-

gierden beizuwohnen – nun hätte ich endlich einen Vorwand für ein Ideal. Denn die Langeweile ist das Martyrium derer, die für keinerlei Glauben leben oder sterben.

Die unwiderlegbare Enttäuschung

Alles läuft auf sie hinaus, speist und festigt sie. Weise und unanfechtbar, krönt sie Geschehen, Gefühle, Gedanken. Kein Augenblick, der sie nicht bestätigte, kein Elan, der sie nicht hervorhöbe, keine Überlegung, die sie nicht bekräftigte. Eine Gottheit, deren Reich keine Grenzen hat, mächtiger als die ihr zu Diensten stehende und sie verherrlichende Fatalität, ist sie das Vereinende zwischen dem Leben und dem Tod: sie bringt sie zusammen, verschmilzt sie und nährt sich von ihnen. Neben ihrer Beweisführung nehmen sich die Wissenschaften wie lauter Grillen und Schrullen aus. Nichts vermag die Heftigkeit ihrer Abneigungen zu mindern: welche in einem Frühling der Axiome erblühte Wahrheit kann es mit ihrem visionären Dogmatismus, mit ihrer stolzen Unvernunft aufnehmen? Kein noch so jugendliches Temperament, nicht einmal der gestörte Geist hält ihre Gewißheit aus – einstimmig verkünden Weisheit und Irrsinn die Triumphe, die sie feiert. Vor ihrer lückenlosen Gewalt, ihrer unumschränkten Souveränität beugen sich unsere Knie: anfangs wird sie von allen ignoriert, zuletzt unterwirft sich ihr alles. Kein Tun, das ihr nicht zu entrinnen suchte; keines, das nicht zu ihr zurückkehrte. Sie hat das letzte Wort hienieden, sie allein enttäuscht nie ...

Die Moralisten und ihr Geheimnis

Haben wir das All mit Traurigkeiten vollgepfropft, so bleibt uns, um den Geist zu entfachen, nur noch die Freude – die schier unmögliche, seltene, jäh uns durchstrahlende Freude. Und erst wenn wir unsere Hoffnung aufgegeben haben, erleben wir ihre Faszination: das Leben – Geschenk der Todessüchtigen an die Liebenden ... Die Ausrichtung unserer Gedanken ist nicht dieselbe wie die unserer Herzen, und so bewahren wir insgeheim eine Zuneigung zu dem von uns Zertretenen. So verzeichnet der eine das Geräusch des Weltengetriebes: gar zu lange hat er von Sphärenharmonien geträumt, und nun, da er nichts vernommen hat, lauscht er gedemütigt dem Lärm seiner Umwelt. Eine gefolterte Sensibilität, ein verletztes Zartgefühl führt bittere Reden. Die Giftigkeit eines La Rochefoucauld oder eines Chamfort ist nichts anderes als ihre Rache an einer auf Rohlinge zugeschnittenen Welt. Bitterkeit birgt stets ein Rachegefühl und gelangt schließlich in einem System zum Ausdruck: im Pessimismus – in der *Grausamkeit der Besiegten,* die es dem Leben nicht verzeihen können, daß es sie in ihren Erwartungen getäuscht hat.

Fröhlichkeit, die tödliche Schläge austeilt... Heiterkeit, die unter einem Lächeln den Dolch verbirgt... Ich denke an gewisse Sarkasmen Voltaires, an die Schlagfertigkeit Rivarols, an den beißenden Spott der Madame du Deffand, an das durch soviel Eleganz durchscheinende Grinsen, an die aggressive Leichtfertigkeit der Salons, an die so unterhaltsamen und dabei mörderischen Geistesblitze, an die in übertriebener Höflichkeit enthaltene Bitterkeit... Und ich denke mir einen *idealen Moralisten* – eine Mischung aus lyrischem Schwung und Zynismus: exaltiert und eiskalt, zerstreut und voll beißendem Spott; einem Rousseau ebenso nahe wie einem Choderlos de Laclos; Sade und Vauvenargues, Taktgefühl und die Hölle in sich vereinend... Die Sitten an *sich selber* beobachtend, braucht er nirgends Erfahrungen zu sammeln: die allergeringste, sich selbst geschenkte Aufmerksamkeit würde ihm die Widersprüche des Lebens enthüllen, und so vollkommen würde er sämtliche Aspekte des Lebens widerspiegeln, daß dieses sich vor Scham über seine *Überflüssigkeit* verflüchtigen würde...

Keine unausgesetzte Beachtung des Lebens, die nicht zu einem Akt der Vernichtung führte: hierin liegen das Verhängnis jeglichen Beobachtens und all die Mißlichkeiten, die dem Beobachtenden erwachsen – von den Moralisten bis herunter zu Proust. Vor dem forschenden Auge zerfließen sie alle: die Leidenschaften, die erprobten Zuneigungen, die Begeisterungen – sie eignen nur den einfachen, sich und den anderen Treue bewahrenden Geistern.

Eine Spur von Aufgeklärtheit im »Herzen« – und dieses wird zum Sitz erheuchelter Gefühle und macht aus dem Liebenden einen *Adolphe* und aus dem Unbefriedigten einen *René*. Wer liebt, untersucht nicht die Liebe, wer handelt, meditiert nicht über das Tun: studiere ich meinen »Nächsten«, so hat er auch schon aufgehört, es zu sein; analysiere ich mich, so bin ich nicht mehr ich, sondern ein *Objekt*, ebensogut wie jeder beliebige andere. Der Gläubige, der seinen Glauben wägt, wird zuletzt auch Gott in die Waagschale werfen und seine Frömmigkeit nur darum bewahren, weil er sie zu verlieren fürchtet. Der sich am Gegenpol jeglicher Naivität, jeglicher integralen und echten Existenz befindende Moralist reibt sich in einem ständigen *Gegenüber* mit sich und den anderen auf: ihm, der ein Possenreißer, ein Mikrokosmos von Hintergedanken ist, ist das Machwerk unerträglich, das die Menschen, um leben zu können, spontan akzeptieren und ihrer Natur einverleiben. Alles scheint ihm bloße Konvention: er demaskiert die Beweggründe der Gefühle und Handlungen, die Trugbilder der Zivilisation: er leidet nämlich darunter, daß er sie im voraus erkannt und überwunden hat. Denn diese Trugbilder spenden Leben, *sind* das Leben, während sein Dasein, indem es sie betrachtet, irregeleitet wird von der Suche nach einer »Natur«, die es nicht gibt, und die, gäbe es sie, ihm ebenso fremd wäre wie das Machwerk, das man ihr hinzugefügt hat. Die Zurückführung psychischer Vielgestaltigkeit auf ihre Elemente stellt – ebenso wie ihre Explikation und Zergliederung – eine Operation dar, die für den sie Durchführenden weit unheilvoller ist als für sein Opfer. Man löst seine Gefühle auf, wenn man ihnen auf all ihren Wegen und Umwegen folgt, wie man ja auch seinen Elan aufhebt, wenn man seinem Ansteigen nachspäht; und wenn man die Bewegungen der anderen zerlegt, so sind es nicht diese anderen, die unterwegs straucheln ... Alles, woran man keinerlei Anteil hat, scheint unvernünftig; die sich Bewegenden jedoch können nicht umhin, fortzuschreiten, während der sie Beobachtende, wohin er sich auch wenden mag, ihren unsinnigen Triumph nur verzeichnet, um seine eigene Niederlage zu entschuldigen. Denn Leben ist nur bei Nichtbeachtung des Lebens möglich.

Zeiten, da die Frauen den Schleier nahmen, um der Welt – und gleichsam sich selber – ihr Altern, das Verblassen ihres Glanzes und das Schwinden ihrer Reize zu verbergen ... Zeiten, da die Männer, des Ruhmes und Prunkes müde, das Hofleben aufgaben und sich in die Frömmigkeit flüchteten ... Mit dem Grand Siècle verschwand auch die Mode, sich *aus Schamgefühl* zu bekehren: wie ein unsichtbarer Nimbus legte sich der Schatten Pascals und seiner Schwester Jacqueline über den geringsten Höfling, über die frivolste Schönheit. Indes, Port-Royal wurde für allezeit zerstört und mit ihm sämtliche Orte, die ein verschwiegenes und einsames Sterben begünstigten. Vorbei das Liebäugeln mit dem Kloster! Wo nun den – düsteren und zugleich prunkvollen – Rahmen finden, der uns das Scheitern gelinder macht? Ein Epikureer wie Saint-Evremond entwarf das Bild eines solchen: seinem Geschmack entsprechend, war er ebenso trostspendend und locker wie seine Lebenskunst. Damals mußte Gott noch berücksichtigt werden, mußte er dem Unglauben angepaßt und in die Einsamkeit mit einbezogen werden. Ein Unternehmen voller Annehmlichkeiten, mit dem es jedoch unwiderruflich vorbei ist! Klöster, so ausgeplündert und leer wie unsere Seelen, brauchten wir Heutigen: um uns darin zu verlieren ohne jeglichen Beistand des Himmels, umgeben von der Reinheit eines abwesenden Ideals, Klöster für Engel, die eines Besseren belehrt wurden und die dank so vieler zerstörter Illusionen ihre Unbeflecktheit bewahrten. Und sodann hoffen auf zahllose Eingezogenheiten in einer Ewigkeit ohne Glauben, auf ein Mönchwerden im Nichts, auf einen jeglichem Mysterium entwachsenen Orden, dessen »Brüder« sich auf nichts berufen und das eigene wie das fremde Seelenheil verschmähen – auf einen *Orden des unmöglichen Heils* ...

Dem Wahnsinn zu Ehren

»Better I were distract:
So should my thoughts be sever'd from my griefs.«

Ein Ausruf Gloucesters, den der Wahnsinn König Lears ihm abnötigt ... Um uns von unserem Gram zu lösen, bleibt uns als letzte Flucht das Delirium: auf seinen Irrwegen begegnen wir unserer Trübsal nicht mehr: neben unseren Schmerzen und Traurigkeiten einhergehend, schweifen wir durch heilsame Finsternisse. Hat man diese »Leben« genannte Räude und das Jukken der Daseinsdauer satt bekommen, so wird die Sicherheit, mit der sich der Wahnsinnige inmitten seiner Umnachtung bewegt, Versuchung und Vorbild: möge uns doch ein gnädiges Schicksal unserer Vernunft entheben! Kein Ausweg, solange der Intellekt auf die Regungen des Herzens achtet, solange er sich ihrer nicht entwöhnt hat! Ich strebe nach der Umnachtung des Idioten, nach seinen Schmerzen, die wie die Schmerzen des Gesteins sind, nach dem Glück gleichgültigen Seufzens [so als wären meine eigenen Seufzer die eines anderen], nach einem Leidensweg, auf dem man sich selber fremd bleibt, auf dem die eigenen Schreie anderswoher kommen, nach einer Hölle ohne Namen, in der man sich tanzend und grinsend vernichtet ... Leben und sterben in der dritten Person ... Verbannt sein in mich selber, getrennt sein von meinem Namen, für immer abgesondert von dem, der ich war ... und schließlich – da ja das Leben nur um diesen Preis zu ertragen ist – die Weisheit des Wahnsinns erlangen ...

Meine Helden

Als junger Mensch sucht man sich Helden aus – auch ich habe die meinen gehabt: Heinrich von Kleist, Karoline von Günderode, Gérard de Nerval, Otto Weininger ... Mich an ihrem Selbstmord berauschend, hatte ich die Gewißheit, nur sie allein seien bis zum Äußersten gegangen, nur sie allein hätten, indem sie in den Tod gingen, aus ihrer beleidigten oder beantworteten Liebe, aus ihrem zerrissenen Geist oder ihrer philosophischen Verkrampfung die einzig richtige Schlußfolgerung gezogen. Ein

Mensch, der seine Leidenschaft überlebt hatte, war in meinen Augen verächtlich oder verworfen: das besagt, daß ich die Menschheit satt hatte: ich entdeckte bei ihr ein paar Entschlüsse von hohem Rang und daneben ein tausendfaches Einwilligen ins Altern – ich kehrte ihr also den Rücken und war entschlossen, Schluß zu machen, ehe ich die Dreißig erreicht haben würde. Indes, die Jahre vergingen und ich verlor den Stolz meiner Jugend; jeder Tag, als wollte er mich Demut lehren, erinnerte mich daran, daß ich noch lebte, daß ich meine Träume verriet mitten unter Menschen, die vor Leben strotzten. Überanstrengt vom Warten auf das Nichtsein, hielt ich es für eine Pflicht, sich den Leib zu durchbohren, wenn über einer Liebesnacht der Morgen heraufdämmerte, und eine namenlose Rohheit schien es mir zu sein, ein Übermaß an Seufzern durch Erinnerung zuschande zu machen. Oder es kamen Augenblicke, da ich mich fragte, weshalb man die Zeit immer noch mit seiner Gegenwart beleidigte, wo man doch bereits kraft einer Selbstausweitung, die den Stolz auf den Himmelsthron erhob, alles erfaßt hatte. Ich dachte also, die einzige Tat, die der Mensch vollbringen könne, ohne sich ihrer schämen zu müssen, bestehe darin, sich das Leben zu nehmen; ich dachte, daß er nicht das Recht habe, sich durch das Nacheinander der Tage und die Trägheit des Unglücks herabwürdigen zu lassen. Es gibt keine Auserwählten, so sagte ich mir immer wieder, außer denen, die sich den Tod geben. Heute noch achte ich einen Hausmeister, der sich erhängt, mehr als einen lebenden Dichter. Der Mensch ist ein befristeter Selbstmörder: dies ist sein einziger Ruhm, seine einzige Entschuldigung. Allerdings ist er sich dessen nicht bewußt und zeiht diejenigen, die sich durch ihren Tod über sich selber zu erheben wagten, der Feigheit. Durch eine stillschweigende Übereinkunft haben wir uns gegenseitig verpflichtet, bis zum letzten Atemzug weiterzumachen. Dieser Pakt festigt zwar unsere Solidarität, verdammt uns aber auch: hat er doch unser ganzes Geschlecht mit Schmach bedeckt. Außer dem Selbstmord gibt es kein Heil. Seltsam: der Tod, obgleich ewig, ist in die Sitten der Menschen nicht eingedrungen: als *einzige* Realität kann er nicht *in Schwang kommen.* So sind wir alle, soweit wir Lebende sind, *Rückständige...*

Die Albernen

Man beobachte den Tonfall, in dem ein Mensch das Wort »Wahrheit« ausspricht, die Gewißheit oder den Vorbehalt, den er darin mitklingen läßt, seine überzeugte oder zweifelnde Miene – und man wird Aufschluß erhalten haben über die Natur seiner Ansichten und die Beschaffenheit seines Geistes. Keine Vokabel ist hohler – und dennoch machen die Menschen sie zu ihrem Idol und verwandeln ihre Unsinnigkeit in ein Kriterium und zugleich in ein Endziel des Denkens. Dieser das Allerweltsdenken entschuldigende und den Philosophen disqualifizierende Aberglaube geht aus dem Übergreifen der Hoffnung auf die Logik hervor. Immer wieder wird uns gesagt, daß die Wahrheit zwar unerreichbar sei, daß man sie aber dennoch suchen müsse, nach ihr streben müsse, sich um sie bemühen müsse. – Darin liegt eine Einschränkung, die einen kaum von denen trennt, die da behaupten, sie gefunden zu haben: *wichtig ist, die Wahrheit für möglich zu halten:* sie besitzen oder nach ihr streben – das sind zwei Tätigkeiten, die aus der gleichen Einstellung hervorgehen. Man macht bald aus diesem, bald aus jenem Wort eine Ausnahme: entsetzliche Vergewaltigung der Sprache! Einen Albernen nenne ich denjenigen, der von der Wahrheit mit Überzeugung spricht: er besitzt nämlich einen Vorrat an Majuskeln und bedient sich ihrer auf naive Weise, ohne Hintergedanken und ohne jede Überheblichkeit. – Was nun den Philosophen anlangt, so ist er in dem gleichen Augenblick entlarvt, in dem er auf diese Götzendienerei eingeht: in seinem Innern hat der Kollektivmensch über den Einsamen gesiegt. Aus einem Gedanken aufsteigende Hoffnung stimmt traurig oder macht einen lächeln ... Es zeugt von mangelndem Anstand, wenn man in die großen Worte zuviel Seele legt: jede Begeisterung für das Erkennen ist eine Kinderei ... Und es wird Zeit, daß die Philosophie die Wahrheit in Mißkredit bringt und sich von allen Majuskeln freimacht.

Das Elend als Stimulans des Geistes

Um den Geist wachzuhalten, gibt es nicht nur Kaffee, Krankheit, Schlaflosigkeit oder fortwährendes Denken an den Tod; das Elend trägt ebensoviel dazu bei und ist womöglich noch wirksamer: die Angst vor dem morgigen Tage wie die Angst vor der Ewigkeit, Geldsorgen ebenso wie metaphysische Bangigkeit machen Ruhe und Entspannung unmöglich. – *Alle unsere Demütigungen beruhen darauf, daß wir uns nicht entschließen können, Hungers zu sterben.* Diese Feigheit kommt uns teuer zu stehen. In Abhängigkeit von den Menschen leben, ohne zum Bettler berufen zu sein! Sich von diesen kleiderbehangenen, vom Glück begünstigten, eingebildeten Pavianen verneigen! Diesen Karikaturen, die nicht einmal Verachtung verdienen, ausgeliefert sein! Die Beschämung, bitten zu müssen – gleichviel worum –, erweckt die Lust, diesen Planeten zu zerstören – mitsamt seinen Rangordnungen und den darin mit einbegriffenen Erniedrigungen. Die Gesellschaft ist kein Übel, sie ist eine Katastrophe: welch ein blödsinniges Wunder, daß man in ihr leben kann! Wenn man sie – halb wütend und halb gleichgültig – betrachtet, so wird es unbegreiflich, daß niemand ihr Gebäude niederzureißen vermochte, daß sich bisher noch kein einziger wohlgesinnter Geist fand, um es dem Erdboden gleichzumachen.

Mehr als nur *eine* Ähnlichkeit besteht zwischen dem, der seinen Mitbürgern einen Groschen abzubetteln sucht, und dem, der sich vom schweigenden All eine Antwort erhofft. Der Geiz waltet sowohl den Herzen als auch der Materie vor. Pfui über dieses knauserige Dasein! Es hortet die Goldstücke und die Mysterien: die Geldbörsen sind nicht minder unzugänglich als die Tiefen des Unbekannten. Doch wer weiß? Vielleicht tritt eines Tages dieses Unbekannte doch noch in Erscheinung und erschließt uns seine Schatzkammern ... Nie und nimmer, solange Blut durch seine Adern fließt, wird der Reiche seine Silberlinge ausgraben ... Seine Schande, seine Laster, seine Verbrechen wird er eingestehen – was sein Vermögen anlangt, wird er lügen. Er wird euch zu seinen Vertrauten machen, ihr werdet über sein Leben verfügen dürfen – sein letztes Geheimnis, das Geheimnis seines Geldsacks, werdet ihr nicht teilen ...

Das Elend ist kein vorübergehender Zustand: es fällt mit der Gewißheit zusammen, daß wir niemals, was immer auch geschehen möge, etwas besitzen werden, daß wir von Geburt außerhalb des Güterumlaufs stehen, daß wir kämpfen müssen, um nur atmen zu können, daß wir uns selbst Luft, Hoffnung und Schlummer erkämpfen müssen, und daß die Natur, selbst wenn die Gesellschaft verschwände, nicht weniger gnadenlos und pervers wäre. Keinerlei elterliches Prinzip wachte über der Schöpfung: allüberall vergrabene Schätze: der Weltenschöpfer – ein Harpagon, der Allerhöchste – ein Knicker und Geheimniskrämer. Er ist es, der euch den Schrecken vor dem morgigen Tag eingejagt hat: was Wunder, daß die Religion eine Spielart dieses Schreckens ist!
Den Notleidenden aller Zeiten bedeutet das Elend gleichsam ein Stimulans, das sie ein für allemal eingenommen haben, dessen Wirkung aufzuheben ihnen jedoch kein Mittel zu Gebote steht; oder aber eine angeborene Wissenschaft, die, noch ehe sie das Leben kennt, bereits seine Hölle zu beschreiben vermag ...

Anrufung der Schlaflosigkeit

Ich war siebzehn Jahre alt, und ich glaubte an die Philosophie. Was nicht mit ihr zusammenhing, schien mir Sünde oder Unflat. Die Dichter? Hanswurste zur Unterhaltung der Weibsbilder. Handeln und Tun? Delirierender Schwachsinn. Liebe und Tod? Vorwände aus dem Hinterhaus, die sich der Ehre der Begrifflichkeit entziehen. Pestilenz eines Weltalls, das der Wohlgerüche des Geistes unwürdig ist ... Das Konkrete – welch ein Schandfleck! Sich freuen oder leiden – welch eine Schmach! Einzig die Abstraktion schien mir lebendig zu pulsen. Ich verrichtete Heldentaten bei Dienstmädchen, aus Furcht, ein vornehmerer Gegenstand vermöchte mich gegen meine Prinzipien verstoßen zu lassen und mich der Ohnmacht des Herzens auszuliefern. Immer wieder sagte ich mir: nur das Bordell ist mit der Metaphysik vereinbar; und so lauerte ich, um der Poesie zu entgehen, auf die Blicke der Hausmädchen und auf die Seufzer der Dirnen.
... Und da kamst du, Schlaflosigkeit, um mein Fleisch und

meinen Stolz wachzurütteln, du, die du den Ungeschlachten verwandelst, seine Instinkte abstufst und seine Träume entfachst, die du in einer einzigen Nacht mehr Wissen spendest als all die in Ruhe beschlossenen Tage, da enthülltest du dich den schmerzenden Augenlidern als ein Ereignis von größerer Bedeutung als die Krankheiten ohne Namen oder die Katastrophen der Zeit! Du ließest mich das Schnarchen der Gesundheit vernehmen, die Menschen, wie sie untertauchten in einem sonoren Vergessen, während meine Einsamkeit eins ward mit der Finsternis ringsumher und noch ausgedehnter als sie. Alles schlief, alles schlief für alle Zukunft. Kein Morgen mehr, der heraufdämmert: ich werde wach bleiben bis ans Ende der Zeiten: dort wird man mich erwarten und Rechenschaft verlangen über meine nichtgeträumten Träume... Eine Nacht glich der anderen, jede Nacht war immerwährend. Und ich fühlte mich eins mit allen jenen, die nicht schlafen können, mit all den unbekannten Brüdern. Wie die Lasterhaften und die Fanatiker hatte auch ich mein Geheimnis; wie sie hätte auch ich gern einen Clan begründet, dem man alles verzeihen, hingeben, hinopfern konnte: den Clan der Schlaflosen. Der erste beste, dessen Lider schwarz waren vor Müdigkeit, galt mir als genial, und für einen Geist, der schlafen konnte, mochte er auch eine Zierde der Wissenschaften und der Künste sein, hatte ich keinerlei Bewunderung übrig. Ich hätte mit einem Tyrannen Kult getrieben, der, um sich für seine Nächte zu rächen, die Ruhe verboten, das Vergessen bestraft, Unglück und Fieber zum Gesetz erhoben hätte.

Und das war der Augenblick, da ich an die Philosophie appellierte: aber keine Idee kann Trost sein im Dunkel, kein System hält den durchwachten Nächten stand. Unter der Analyse der Schlaflosigkeit fallen die Gewißheiten auseinander. Solcher Zerstörungen müde, war ich so weit, mir zu sagen: Genug des Zögerns, nun heißt es schlafen oder sterben, den Schlummer zurückerobern oder verschwinden...

Aber diese Wiedereroberung ist nicht leicht: wenn sie beinahe schon gelungen ist, merkt man, wie sehr man von den Nächten gezeichnet ist. Du liebst? Mit deiner Beschwingtheit ist es für immer vorbei; aus jeder »Ekstase« wirst du hervorkommen wie aus einer Wonnenschrecknis: den Blicken deiner allzu nahen Nachbarin wirst du das Gesicht eines Verbrechers zuwenden; ihrem aufrichtigen Sinnestaumel wirst du mit der Erregtheit einer vergifteten Wollust begegnen und ihrer Unschuld mit der Poesie des Schuldigen – denn alles wird für dich Poesie werden, jedoch Poesie der Schuld ... Kristallklare Ideen, eine glückliche Verkettung der Gedanken? Du wirst nicht mehr denken: es wird ein Vulkanausbruch sein, ein Lavastrom von Begriffen, ohne Festigkeit und Zusammenhang, ausgespieene, feindselige, den Eingeweiden entquollene Begriffe, Strafen, die das Fleisch sich selber auferlegt, da der Geist, Opfer der Launen, unbeteiligt ist ... Unter allem wirst du – über alle Maßen – zu leiden haben: ein leichtes Wehen wirst du wie einen Wirbelsturm empfinden; eine leise Berührung wie einen Dolchstoß; ein Lächeln wie eine Ohrfeige; eine Bagatelle wie eine Naturkatastrophe. – Denn die durchwachten Nächte können zwar ein Ende nehmen; ihr Licht jedoch lebt in dir fort: nicht ungestraft blickt man in die Finsternis, nicht ungefährdet geht man bei ihr in die Lehre; es gibt Augen, die nichts mehr zu lernen vermögen von der Sonne, und Seelen, die krank sind von Nächten. von denen sie niemals genesen werden ...

Bildnis eines Bösen

Wem verdankt er es denn, daß er nur soviel Böses getan hat als unbedingt notwendig war, daß er weder einen Mord beging noch auf irgendeine besonders spitzfindige Weise Rache übte, daß er den Befehlen des ihm zu Kopfe steigenden Blutes nicht gehorchte? Seinen Launen vielleicht, seiner Erziehung? Gewiß nicht, und noch weniger einer angeborenen Gutmütigkeit; vielmehr der ständigen Gegenwart des Todesgedankens. Er neigt dazu, niemanden auch nur das geringste zu verzeihen – und verzeiht allen; die geringste Beleidigung reizt seine Instinkte auf – im nächsten Augenblick hat er sie auch schon vergessen. Es genügt ihm, sich seine eigene Leiche vorzustellen und sodann die der anderen, um mit einem Mal beschwichtigt zu sein: das Bild des Zerfallenden macht ihn klug – und feige: keine Weisheit (und keine Barmherzigkeit) ohne makabre Vorstellungen. Der gesunde, daseinsstolze Mensch übt Rache, hört auf sein Blut, reagiert, paßt sich den Vorurteilen an, repliziert, ohrfeigt und tötet. Der von den Schrecknissen des Todes unterhöhlte Geist jedoch reagiert nicht mehr auf äußere Reize: er plant Taten und läßt sie unvollbracht, er sinnt über die Ehre nach und büßt sie ein, er versucht sich in der Leidenschaft und zerpflückt sie ... Jener Schrecken, der all sein Tun und Lassen begleitet, nimmt ihm die Kraft; vor der Vision der allgemeinen Bedeutungslosigkeit schwinden seine Begierden. Notgedrungen gehässig – aus Überzeugung kann er es nicht sein –, geraten seine Intrigen und Untaten noch während ihrer Ausführung ins Stocken; wie alle Menschen birgt auch er den Mörder in sich, allerdings einen resignierten Mörder, der zu müde ist, seine Feinde umzubringen oder sich neue zu schaffen. Die Stirn auf den Dolch gestützt und gleichsam enttäuscht von sämtlichen, obgleich noch nicht begangenen Verbrechen, träumt er vor sich hin. Er, den jedermann für gut hält – er wäre böse, wenn es ihm nicht so sinnlos vorkäme, es zu sein.

Betrachtungen über die Toleranz

Lebenszeichen: Grausamkeit, Fanatismus, Unduldsamkeit. Verfallszeichen: Sanftmut, Verständnis, Nachsicht ... Solange eine Institution sich auf starke Instinkte stützt, läßt sie weder Feinde noch Ketzer zu: sie metzelt sie nieder, verbrennt sie oder kerkert sie ein. Scheiterhaufen, Blutgerüste, Gefängnisse: nicht Bösartigkeit hat sie ersonnen, sondern Überzeugung, irgendeine restlose Überzeugung. Ein Glaube wird aufgerichtet? Früher oder später wird die Polizei über seine »Wahrheit« wachen ... Christus hätte, da er bei den Menschen zu siegen gedachte, Torquemada – diese unvermeidliche Folgeerscheinung des *in die Geschichte übertragenen Christentums* – voraussehen müssen. Und wenn das *Lamm* diesen Folterer im Namen des Kreuzes, seinen zukünftigen Verteidiger, nicht vorausgesehen hat, so trägt es seinen Namen zu Recht. Wie die Könige durch ihre Willkür, so bewies die Kirche durch die Inquisition, wie lebendig sie noch war. Jegliche Autorität hat ihre Bastille: je mächtiger eine Institution ist, um so unmenschlicher ist sie. Die Tatkraft einer Epoche ist an der Zahl der in ihr Leidenden zu ermessen, und ein religiöser oder politischer Glaube setzt sich kraft der von ihm verursachten Opfer durch: Bestialität ist das Hauptmerkmal jeglichen Erfolges in der Zeit. Wo eine Idee den Sieg davonträgt, rollen Köpfe; denn sie kann nur siegen auf Kosten anderer Ideen und auf Kosten der Köpfe, in denen diese entstanden und von denen sie verfochten wurden.

Die Geschichte bestätigt den Skeptizismus; allerdings *ist* und *lebt* sie nur, indem sie ihn mit Füßen tritt; aus dem Zweifel ist zwar noch kein einziges Ereignis hervorgegangen, aber alle Betrachtungen über das Geschehen führen zu ihm hin und rechtfertigen ihn. Das besagt, daß die Toleranz – das höchste aller irdischen Güter – gleichzeitig auch das Übel ist, an dem die Erde krankt. Sämtliche Gesichtspunkte, Glaubenslehren und Meinungen gelten lassen: das setzt einen Zustand allgemeiner Erschlaffung und Sterilität voraus. So kommt es zu folgendem Wunder: die Gegner koexistieren, – aber gerade darum, weil sie nicht mehr Gegner sein können; einander entgegengesetzte Lehren billigen sich gegenseitig Verdienste zu, weil keine von ihnen die Kraft hat, sich zu behaupten. Eine Religion erlischt, wenn sie Wahrheiten, die sie ausschließen, duldet; und der Gott, in dessen Namen nicht mehr getötet wird, ist und bleibt tot. Ein Absolutes schwindet: ein schwacher Schimmer eines irdischen Paradieses glimmt auf – und ist sogleich wieder erloschen: die Intoleranz durchwaltet alle menschlichen Dinge. Kollektivgebilde werden nur unter Tyrannen gefestigt; unter einem Regiment der Milde zerfallen sie ... Dann, in einem plötzlichen Aufflackern ihrer Lebenskraft, gehen sie daran, ihre Freiheiten zu drosseln und ihre bürgerlichen oder gekrönten Kerkermeister anzubeten.

Die Zeitalter des Schreckens überwiegen die ruhigen; Ereignislosigkeit ärgert den Menschen mehr als Ereignisfülle; und so ist die Geschichte das blutige Resultat seiner Weigerung, sich zu langweilen.

Philosophie der Bekleidung

Mit wieviel Zärtlichkeit und wieviel Neid wandern meine Gedanken zu den Mönchen der Wüste und zu den Zynikern! Welch ein Greuel, auch nur den allergeringsten Gegenstand zu besitzen: diesen Tisch, dieses Bett, diese Lumpen ... Unser Kleid ist die Scheidewand zwischen uns und dem Nichts. Betrachtet euren Körper im Spiegel: ihr werdet erkennen, daß ihr sterblich seid; lasset eure Finger über eure Rippen wie über die Saiten einer Mandoline gleiten, und ihr werdet merken, wie nahe ihr dem Grabe seid. Nur weil wir bekleidet sind, schmeicheln wir uns, unsterblich zu sein: wie soll man denn sterben können, wenn man eine Krawatte trägt? Der Leichnam, der sich herausputzt, erkennt sich nicht wieder, er malt sich die Ewigkeit aus und hält sie für seine eigene. Das Fleisch verdeckt das Gerippe, und das Gewand verdeckt das Fleisch: Winkelzüge der Natur und des Menschen, instinktive und vereinbarte Fopperei: ein *Herr* kann nicht aus Kot und Staub geknetet worden sein ... Würde, Ehrbarkeit, Anstand – alles Flucht vor dem Unabdingbaren. Und wenn ihr euch einen Hut aufsetzt, wer würde dann noch sagen, daß ihr euch in Eingeweiden aufgehalten habt oder daß die Würmer sich von eurem Fett mästen werden?

... Darum will ich diesen Plunder fahren lassen, die tägliche Maske fortwerfen und der Zeit den Rücken kehren, in der ich mich – im Einverständnis mit den anderen – nach Kräften bemühe, zum Verräter an mir selbst zu werden. Früher gab es Einsame, die sich entblößten, um eins zu werden mit sich selber: in der Wüste oder auf der Straße sich gleichermaßen ihrer Blöße erfreuend, erlangten sie das höchste Glück: sie waren den Toten gleich ...

Bei den Räudigen

Um mich über die Gewissensbisse der Faulheit zu trösten, suche ich den Abhub der Menschheit auf und bin voller Ungeduld, selber zu verkommen. Ich kenne es gut, dieses großschnäuzige, stinkende, grinsende Lumpenpack; in seinem Schmutz versinkend, ergötze ich mich an seinem verpesteten Atem nicht minder als an seiner Verve. Diese Erbarmungslosigkeit gegen die Erfolgreichen, diese Genialität im Nichtstun nötigen Bewunderung ab, wenn auch das Schauspiel, das hier geboten wird, das traurigste dieser Welt ist: Dichter ohne Talent, Dirnen ohne Kundschaft, Geschäftsleute ohne einen Groschen, Verliebte ohne Drüsen, Hölle von Frauen, die niemand begehrt... Da ist sie nun endlich, sage ich mir, die negative Vollendung des Menschen, da steht es nun in seiner ganzen Nacktheit, dieses Wesen, das von göttlicher Aszendenz zu sein behauptet, da ist er nun, dieser erbärmliche Falschmünzer des Absoluten... Dahin also mußte er gelangen, zu diesem Abklatsch seiner selbst! Ein Kot, an den Gott niemals seine Hand gelegt hat, ein Tier, das kein Engel verändern kann, ein unter Grunzen gezeugtes Unendliches, eine aus einem Spasmus hervorgegangene Seele... Ich betrachte diese dumpfe Verzweiflung der an ihrem Ziel angelangten Spermatozoen, diese Begräbnisvisagen der Gattung Mensch. Ich beruhige mich wieder: mir bleibt noch ein Stück Weges zurückzulegen... Plötzlich wandelt mich Furcht an: werde ich ebenso tief sinken wie sie? Und ich hasse sie auf einmal alle: die zahnlose Alte, den Reimschmied ohne Verse, die Impotenten der Liebe und des Geschäfts, diese Muster der Fleisches- und Geistesschmach... Die Blicke der Menschen schmettern mich nieder: aus der Berührung mit diesen Wracks hatte ich neuen Stolz gewinnen wollen – einen Schauder trage ich davon, ähnlich dem, den ein Lebender empfände, der, um seine Freude darüber, daß er nicht tot sei, zu bekunden, in einen Sarg stiege und darin wichtig täte.

Über einen, der in Ideen macht

Er unternimmt alles, und alles gelingt ihm auch; denn es gibt nichts, das einen Vorsprung vor ihm hätte. So viel Tüchtigkeit in sämtlichen Kunstgriffen des Intellekts, so viel Leichtigkeit im Umgang mit sämtlichen Erscheinungen des Geistes und der Mode – von der Metaphysik bis zum Film – das betört, daß muß betören. Kein Problem, das ihm Widerstand leistete, kein Phänomen, das ihm fremd bliebe, keine Verlockung, die ihn kalt ließe. Er ist ein

Eroberer, und als solcher hat er nur *ein* Geheimnis: den *Mangel an Gemüt:* es kostet ihn nichts, an irgend etwas, was immer es auch sei, heranzugehen, denn er bleibt innerlich unbeteiligt. Seine Konstruktionen sind grandios, aber ohne jeden Reiz: innere Erfahrungen werden hier zu Kategorien zusammengefaßt, als wären sie eingeordnet in einer Kartei der Katastrophen oder in einem Katalog der Ängste. Die Drangsale des Menschen haben hier ihren festen Platz ebenso wie die Poesie seiner Zerrissenheit. Das Unabänderliche wird in ein System gebracht – oder ist vielmehr zum Gegenstand einer Besichtigung geworden, gleichsam ein Schaufensterartikel. Das Publikum beruft sich darauf; der Korso-Nihilismus und die Bitterkeit der Gaffer weiden sich daran.
Ein Denker ohne eigenes Schicksal, unendlich leer und wunderbar umfassend, schlachtet er seine Ideen aus und möchte sie auf den Lippen aller sehen. Keinerlei Verhängnis verfolgt ihn: wäre er im Zeitalter des Materialismus geboren, so hätte er sich dessen Einseitigkeit zueigen gemacht und ihr ungeahnte Ausmaße verliehen; zur Zeit der Romantik geboren, hätte er deren Träumereien zu einer gewaltigen »Summe« zusammengefaßt; und in der Blütezeit der Theologie lebend, wäre er mit Gott wie mit einem x-beliebigen Begriff umgegangen. Die Geschicklichkeit, mit der er die großen Probleme bei den Hörnern packt, ist irreführend: durch alles fällt sie auf – außer durch Echtheit. Er ist von Grund auf amusisch, und wenn er auch vom Nichts spricht, so verspürt er nicht dessen Schauder; seine Abneigungen sind wohlüberlegt; seine Erbitterung ist beherrscht und gleichsam hinterher erfunden; aber sein Wille ist so stark und zugleich so zielbewußt, daß er, *wenn er wollte,* ein Dichter sein könnte und, möchte ich hinzufügen, ein Heiliger – wenn er darauf Wert legte ... Seine Ansichten entsprechen weder einer Vorliebe noch einer Voreingenommenheit – sie sind reiner Zufall; man bedauert, daß er an sie glaubt, denn nur seine Gedankengänge sind interessant. Und wenn ich ihn auch von der Kanzel herab predigen hörte: es würde mich gar nicht wundernehmen, so sehr ist er erhaben über sämtliche Wahrheiten, so sehr meistert er sie alle, so wenig entspricht auch nur eine von ihnen einer inneren Notwendigkeit.
Wie ein Forscher vorstoßend, erobert er ein Gebiet nach dem an-

deren; jeder seiner Schritte – wie jeder seiner Gedanken – ist eine Unternehmung; sein Gehirn ist keineswegs der Feind seiner Instinkte, er erhebt sich über seine Mitmenschen, weil ihm ihre Müdigkeit und ihre haßerfüllte, die Begierden lähmende Selbstkasteiung unbekannt geblieben sind. Ein Sohn seiner Zeit, ist er auch der Ausdruck ihrer Widersprüche, ihres unnützen Fortwucherns; und als er ihre Eroberung unternahm, bekundete er soviel Zielstrebigkeit und Beharrlichkeit, daß seine Erfolge den Ruhm von Waffentaten ernteten und so die Ehre des Geistes mit bisher verschmähten oder ihm unbekannten Mitteln wiederherstellten.

Subjektive Wahrheiten

Den Denkern ohne Pathos, Eigenart und inneren Drang, die sich an die Formen ihrer Zeit anschmiegen, stehen andere gegenüber, bei denen man *spürt,* daß sie, wann immer sie auch auf den Plan getreten wären, stets sich selber treu geblieben wären und, ohne sich um ihre Epoche zu kümmern, ihre Gedanken aus ihrem Innern geschöpft hätten, aus den Ewigkeitsbeständen ihrer spezifischen Belastung. Mit ihrer Umwelt haben sie nur das Äußere gemein, ein paar Eigentümlichkeiten des Stils, ein paar charakteristische Wendungen der jeweiligen Entwicklungsstufe. In ihrer Begeisterung für das eigene Verhängnis erinnern sie an Ausbrüche von Vulkanen, an ein tragisches und einsames Wetterleuchten, benachbart mit Apokalypse und geistiger Umnachtung. Wären Kierkegaard oder Nietzsche in einer noch so belanglosen Zeit hervorgetreten – ihre Eingebungen wären nicht weniger erschütternd und zündend gewesen. Sie kamen in den eigenen Flammen um; ein paar Jahrhunderte früher wären sie auf dem Scheiterhaufen umgekommen: den landläufigen Wahrheiten gegenüber waren sie zu Ketzern vorherbestimmt. Es kommt jedoch kaum darauf an, daß man in den eigenen Flammen umkommt oder von den anderen verbrannt wird: Wahrheiten, *die man seiner Gemütsart verdankt,* müssen auf die eine oder auf die andere Weise bezahlt werden. Um sie entstehen zu lassen, haben Eingeweide, Blut, Übelkeiten und Laster sich verabredet. Sie sind mit Subjektivität getränkt, hinter jeder spürt man das *Ich:* alles wird zum Bekenntnis: ein Aufschrei des Fleisches steht am Ursprung der harmlosesten Interjektion; selbst eine dem Anschein nach unpersönliche Theorie verrät ihren Urheber, seine Geheimnisse und seine Leiden: keine Verallgemeinerung, die nicht seine Maske wäre: bis hin zur Logik ist alles ihm Vorwand für eine Selbstbiographie; sein Ich hat die Ideen verseucht, seine Angst ist zum Kriterium geworden, zur alleinigen Realität.

Der Geschundene

Was ihm an Leben übrigbleibt, raubt ihm, was er noch an Vernunft besitzt. Bagatellen oder Katastrophen – das Vorüberfliegen einer Mücke oder die Konvulsionen des Planeten – beunruhigen ihn in gleichem Maße. Nur noch ein Bündel Nerven, wünscht er, die Erde wäre aus Glas und er könnte sie in Scherben schlagen; und mit welcher Gier stürzte er sich nicht auf die Sterne, um sie – einen nach dem anderen – zu Staub zu zermahlen ... In seinen Augen flammt das Verbrechen; seine Hände krampfen sich, um zu würgen – umsonst: wie Aussatz pflanzt sich das Leben fort – zu viele Geschöpfe für einen einzigen Mörder. Es liegt in der Natur dessen, der sich nicht umzubringen vermag, daß er sich an allem rächen will, was gern existiert. Und da es ihm nicht gelingt, ist er verdrossen wie ein Verdammter, der erkennt, daß die Zerstörung unmöglich ist. Ein Satan in der Rumpelkammer, weint er, schlägt er sich an die Brust, verhüllt er sein Haupt; das Blut, das er vergießen wollte, färbt ihm seine Wangen nicht rot, aus ihrer Blässe spricht vielmehr der Ekel vor den von den vorwärts marschierenden Geschlechtern ausgeschiedenen Hoffnungen. Ein Anschlag auf die Schöpfung – das war sein großer Traum ... Nun nimmt er Abstand davon, sinkt in sich zusammen und stimmt das Klagelied auf sein Fiasko an: neue Maßlosigkeiten folgen daraus. Ihm brennt die Haut: das Fieber durchwütet das All; sein Hirn fängt Feuer: die Luft droht in Flammen aufzugehen. Seine Leiden erfüllen den Weltraum; von seinem Gram erbeben die Pole. Und alles, was auf das Dasein anspielt, der leiseste Lebenshauch, läßt ihn einen Schrei ausstoßen, der Sphärenharmonie und Weltenlauf in Frage stellt.

Wider sich selbst

Nur durch das Unvereinbare in seinem Innern, durch die Spannung zwischen seinen verschiedenen Regungen und durch den Zwiespalt zwischen seinen Ansichten und seinen Neigungen vermag ein Geist uns zu fesseln. Mark Aurel, der Feldzüge in ferne Länder unternimmt, denkt kaum an das Imperium und vertieft sich vielmehr in Gedanken über den Tod; Julian sehnt sich als Kaiser nach einem beschaulichen Leben, beneidet die Weisen und verbringt seine Nächte mit dem Verfassen von Schriften gegen die Christen; der von Lebenskraft strotzende Luther quält sich mit dem Gedanken an die Sünde ab und versucht vergebens, seinen Zartsinn mit seiner Grobschlächtigkeit in Einklang zu bringen; Rousseau, seine wahren Instinkte verkennend, lebt einzig in der Vorstellung von seiner Aufrichtigkeit; Nietzsche, dessen ganzes Werk ein einziges Loblied auf die Kraft ist, schleppt sich durch ein kümmerliches Leben von entsetzlicher Monotonie ... Denn jeder Geist ist nur insoweit bedeutsam, als er sich Täuschungen hingibt in bezug auf das, was er will, liebt oder haßt. Da er nicht *einer*, sondern *mehrere* zugleich ist, kann *er* nicht *sich selbst* wählen. Ein Pessimist, der nicht trunken, ein Hoffnungsverkünder, der nicht bitter ist, verdient bloß Verachtung. Unserer Gefolgschaft würdig ist nur derjenige, der keine Rücksicht nimmt auf seine Vergangenheit, auf Schicklichkeit, Logik oder Ansehen: wie soll man einen Eroberer lieben, der sich in das Geschehen stürzt, ohne insgeheim an seine Niederlage zu denken, – oder einen Denker, der seinen Selbsterhaltungstrieb nicht niedergerungen hat? Der sich auf seine Nutzlosigkeit Besinnende hat den Wunsch, ein Leben zu haben, bereits hinter sich ... Hätte er eines, oder hätte er keines – das ginge in beiden Fällen nur die anderen etwas an ... Verkünder seines Hin- und Herschwankens, belastet er sich nicht mehr mit einem idealen Selbst; sein Temperament ist seine einzige Doktrin, seine jeweilige Laune sein einziges Wissen.

Restaurierung eines Kults

Ich habe mein Menschsein *verbraucht,* und so ist mir nichts mehr von Nutzen. Weit und breit sehe ich nichts als lauter von Idealen durchdrungenes Vieh, das sich zusammenrottet, um seine Hoffnungen hinauszublöken ... Selbst jene, die niemals zusammenlebten, werden als Schemen dazu gezwungen – wozu denn sonst hat man die »Gemeinschaft« der Heiligen ersonnen? ... Auf der Suche nach einem wahrhaft Einsamen schreite ich die Jahrhunderte ab – und finde nur den Teufel, kann nur auf ihn eifersüchtig sein ... Die Vernunft weist ihn ab, das Herz fleht ihn an ... Der *Lügengeist,* der *Fürst der Finsternis,* der *Verdammte,* der *Böse Feind* – wie wohl wird mir, wenn ich mir die Namen ins Gedächtnis zurückrufe, die seine Einsamkeit zuschanden machten! Und wie liebe ich ihn, seitdem er Tag für Tag verstoßen wird! Könnte ich ihn doch wieder einsetzen in sein ursprüngliches Amt! Mit meiner ganzen Glaubensunfähigkeit glaube ich an Ihn! Seine Gesellschaft ist mir unentbehrlich: der Einsame strebt zum Einsameren hin, zum Allereinsamsten ... Ich bin es mir schuldig, hinzustreben: mein Bewunderungsvermögen nötigt mich dazu – aus Furcht, unbenutzt zu bleiben. Und so stehe ich nun meinem Vorbild gegenüber: indem ich mich zu ihm geselle, bestrafe ich meine Einsamkeit dafür, daß sie unvollständig blieb, und erschaffe mir aus ihr eine neue, größere Einsamkeit: dies ist meine Art, *demütig* zu sein ...

Jeder sucht Gott zu ersetzen, so gut er kann; denn jeder Gott ist gut genug, vorausgesetzt, daß er unseren Wunsch nach einer kapitalen Einsamkeit in alle Ewigkeit fortdauern läßt ...

Wir Troglodyten ...

Werte können nicht gespeichert werden: nur dann bringt eine Generation *Neues,* wenn sie das Einmalige der ihr vorausgegangenen mit Füßen tritt. In noch höherem Maße gilt dies von den aufeinanderfolgenden Zeitaltern: die Renaissance hat die Tiefe, Versponnenheit und Schroffheit des Mittelalters nicht zu »retten« vermocht; die Aufklärung hat ihrerseits von der Renaissance nur den Sinn für das Universale bewahrt, nicht aber das Pathos, das ihm sein besonderes Gepräge gab. Die Illusion der Moderne wiederum hat den Menschen den Synkopen des Werdens ausgeliefert: damit ging er seines Fundaments in der Ewigkeit, seiner »Substanz« verlustig. Jede Eroberung, mag sie politischer oder geistiger Natur sein, bedeutet einen Verlust; jede Eroberung ist eine Selbstbehauptung tödlicher Art. Im Bereich der Kunst – dem einzigen, wo von einem geistigen *Leben* gesprochen werden kann – kann ein »Ideal« nur auf den Trümmern des ihm vorangegangenen errichtet werden; jeder wahre Künstler übt Verrat an seinen Vorgängern ... In der Geschichte gibt es keinerlei *Superiorität:* Republik und Monarchie, Romantik und Klassik, Liberalismus und Planwirtschaft, Naturalismus und abstrakte Kunst, Irrationalismus und Intellektualismus –: die Institutionen – ebenso wie die verschiedenen Geistes- und Gefühlsrichtungen – gelten gleich viel. – Eine Denkweise kann keine andere übernehmen; nur durch *Ausschließung* eines anderen ist man selbst *etwas:* niemand kann Ordnung und Unordnung, Abstraktion und Unmittelbarkeit, Elan und Resignation miteinander versöhnen. Zeitalter der Synthese sind unschöpferisch: sie *resümieren* lediglich den Schaffensdrang der vorhergegangenen, und dieses Resümee ist verworren, chaotisch –: jeder Eklektizismus bedeutet ein *Ende.*

Auf jeden Schritt vorwärts folgt ein Schritt zurück: dies ist das ewig unfruchtbare Auf und Ab der Geschichte. Werden ... Stillstehen ... Bedenkt man, daß der Mensch sich vom Trugbild des Fortschritts täuschen ließ, so erkennt man, wie lächerlich seine sogenannte Gedankenschärfe ist. Der Fortschritt? – Man findet ihn vielleicht in der Hygiene ... Aber sonst? In den Errungenschaften der Wissenschaften etwa? Sie sind nur eine Summe unseliger Ruhmestaten ... Wer will *bona fide* zwischen den Werkzeugen der Steinzeit und denen der Moderne *eine Wahl treffen?* In dem einen wie in dem anderen Zeitalter sind wir dem Affen gleich nahe; wenn wir heute zu den Wolken emporklettern, so geschieht dies aus den gleichen Gründen wie damals, als wir auf die Bäume kletterten: einzig die Behelfe unserer – reinen oder verbrecherischen – Neugier sind andere geworden: wir sind – mit verkleideten Reflexen – Raubtiere geblieben, nur sind wir darin differenzierter als früher. Eine bloße Laune ist es, ob wir ein Zeitalter akzeptieren oder verwerfen: die Geschichte kann nur *en bloc* akzeptiert oder verworfen werden. Der Fortschrittsgedanke macht uns alle zu Gecken auf den Gipfeln der Zeit; aber diese Gipfel bestehen gar nicht: der Troglodyt, der in seiner Höhle vor Furcht erschauerte, zittert in seinen Wolkenkratzern fort. Unser Kapital an Unglück bleibt durch alle Zeiten hindurch unangetastet; allerdings haben wir unseren Ahnen den Vorteil voraus, daß wir dieses Kapital besser angelegt haben: wir haben nämlich unseren Bankrott besser organisiert.

Gepräge eines Fiaskos

Monströse Träume bevölkern Kramläden und Kirchen: jeder, den ich dort antraf, lebte in einem Delirium. Da schon der geringste Wunsch einen Wahnsinnskeim in sich birgt, genügt es, dem Selbsterhaltungstrieb gemäß zu leben, um für das Irrenhaus reif zu sein. Das Leben: Wahnsinnsanfall, von dem die Materie geschüttelt wird ... Ich atme: Grund genug, mich einzusperren. Unfähig, in die Klarheit des Todes einzugehen, schleppe ich mich durch die Düsternis der Tage und *bin* nur kraft meines Willens, nicht mehr zu sein.

Früher bildete ich mir ein, ich könnte den Raum mit einem einzigen Fausthieb zerschmettern, mit den Sternen spielen, die Dauer zum Stehen bringen und je nach Laune mit ihr schalten und walten. Die großen Heerführer kamen mir wie Angsthasen vor, die Dichter wie armselige Stammler; da ich den Widerstand nicht kannte, den die Dinge, die Menschen und die Worte uns entgegensetzen, da ich mehr zu *fühlen* glaubte, als das Weltall es zuließ, ergab ich mich einer fragwürdigen Unendlichkeit, einer Weltenerschaffung, die einer kein Ende findenden Pubertät entsprang. Wie leicht ist es doch, sich vom Herzen her für einen Gott zu halten, wie schwer dagegen, es vom Geist her zu sein! Wie viele Illusionen muß ich doch von Geburt mitbekommen haben, um täglich eine verlieren zu können! Das Leben ist ein Wunder, das von Bitterkeit zerstört wird.

Den Zeitraum, der mich von meinem Leichnam trennt, empfinde

ich als Wunde; aber vergebens strebe ich nach dem so verlockenden Grabe: da ich mich keines Dinges zu entäußern vermag und das Pochen meines Herzens nicht hemmen kann, spricht alles dafür, daß die Würmer an meinen Instinkten nicht viel zu nagen haben werden. Für das Leben ebenso wenig zuständig wie für den Tod, bin ich erfüllt von Haß gegen mich selber, und in diesem Haß träume ich von einem anderen Leben, von einem anderen Tod. Und weil ich ein Weiser hatte sein wollen, wie es noch keinen gegeben hat, bin ich nun ein Tor unter Toren ...

Prozession der Untermenschen

Der Mensch, der sich außerhalb seiner eigentlichen Bahnen und außerhalb seiner Instinkte bewegte, ist schließlich in einer Sackgasse angelangt. Nirgends hat er haltgemacht – nun hat er sein Ende eingeholt. Ein zukunftsloses Tier, mußte er in seinem Ideal versinken: sein eigenes Spiel wurde ihm zum Verhängnis. Weil er ununterbrochen über sich selbst hinausgelangen wollte, ist er erstarrt und kann nicht weiter; nun bleibt ihm nichts übrig, als seine Torheiten zu rekapitulieren, sie zu büßen und ein paar neue zu begehen ...

Es gibt indessen auch andere, denen selbst dies versagt bleibt: »Wir, die wir des Menschseins entwöhnt sind«, so sagen sie sich, »gehören wir denn noch einem Stamm, einem Geschlecht, irgendeiner Sippe an? Solange wir noch am Vorurteil des Lebens festhielten, waren wir in einem Irrtum befangen, der uns den anderen gleichstellte ... Doch wir sind ausgebrochen aus der Gattung Mensch ... Indem er unseren Knochenbau zerbrach, hat unser Scharfblick uns zu Weichtieren gemacht, hingeräkelt auf der Materie und sie beschmutzend mit Speichel und Schleim. Da sind wir also: mitten unter den Schnecken! Da sind wir nun endlich angelangt – an dieser lächerlichen Endstation, wo wir dafür büßen, daß wir unsere Fähigkeiten und Träume so schlecht angewandt haben ... Das Leben war keineswegs unser Los: gerade in den Augenblicken, da wir uns an ihm berauschten, kamen alle unsere Freuden aus Verzückungen, die über das Leben hinausreichten; um sich zu rächen, stößt es uns nun zu seinem Abschaum hinab –:

eine Prozession von Untermenschen ist auf dem Weg zu einem Unter-Leben ...«

Quousque eadem?

Auf ewig sei der Stern verflucht, unter dem ich geboren wurde, möge keinerlei Himmel ihn schützen, möge er im Raum zerbröckeln und zerstieben! Und jener heimtückische Augenblick, der mich mitten unter die Geschöpfe stieß, möge auch er für immer ausgelöscht sein aus den Verzeichnissen der Zeit! Keine Übereinkunft mehr zwischen meinen Begierden und diesem Gemisch von Leben und Tod, das täglich die Ewigkeit herabwürdigt! Ich bin der Zukunft müde, ich habe die Ewigkeit durchschritten, und dennoch quält mich ein übermäßiger Durst. Einem wütenden Weisen gleich, der der Welt abgestorben ist und gegen sie tobt, entkräfte ich meine Illusionen, um sie besser aufzustacheln. Dieses erbitterte Verharren in einem Weltall, in dem nichts sich vorhersehen läßt und in dem dennoch alles sich wiederholt – wird es denn niemals ein Ende haben? Wie lange noch wird man sich immer wieder und wieder sagen müssen: »Dies Leben, das ich so abgöttisch liebe, ist mir ein Greuel!« Jedes unserer nichtigen Delirien macht aus jedem von uns einen Gott, der einem abgeschmackten Geschick unterworfen ist. Wozu uns noch gegen die Symmetrie dieser Welt auflehnen, wo doch das Chaos selber nur ein *System* der Unordnung ist? Unser Schicksal will, daß wir gemeinsam mit den Kontinenten und Sternen vermodern, und so werden wir bis ans Ende aller Zeiten wie resignierte Kranke neugierig sein auf die erwartete, schreckliche und nutzlose Lösung des Knotens.

INHALT

LEHRE VOM ZERFALL

DER GELEGENHEITSDENKER

ASPEKTE DER DEKADENZ

DAS HEILIGE UND DIE GRIMASSEN DES ABSOLUTEN

CIP-Kurztitelaufnahme der Deutschen Bibliothek

Cioran, Emile M.:
Lehre vom Zerfall / E. M. Cioran. Übertr. von Paul Celan.
– 2. Aufl. – Stuttgart: Klett-Cotta, 1979.
Einheitssacht.: Précis de décomposition ⟨dt.⟩
ISBN 3-12-901861-1

Essays bei Klett-Cotta
— Eine Auswahl —

Jean Améry
Der integrale Humanismus
Zwischen Philosophie und Literatur
Aufsätze und Kritiken eines Lesers 1966–1978.
Herausgegeben und mit einem Nachwort versehen
von Helmut Heißenbüttel.
280 Seiten, Leinen, ISBN 3-608-95386-8

Raymond Aron
Über die Freiheiten
Aus dem Französischen übersetzt von Arend Kulenkampff.
163 Seiten, engl. brosch., ISBN 3-12-930140-2

Erwin Chargaff
Kritik der Zukunft
Cotta's Bibliothek der Moderne Bd. 18
142 Seiten, Pappband, ISBN 3-608-95217-9

Henry D. Thoreau
Leben ohne Grundsätze
Eine Auswahl aus seinen Schriften. Ausgewählt, aus dem
Amerikanischen übersetzt und mit einem Vorwort versehen
von Philipp Wolff-Windegg.
144 Seiten, engl. brosch., ISBN 3-12-908060-0

Klett-Cotta